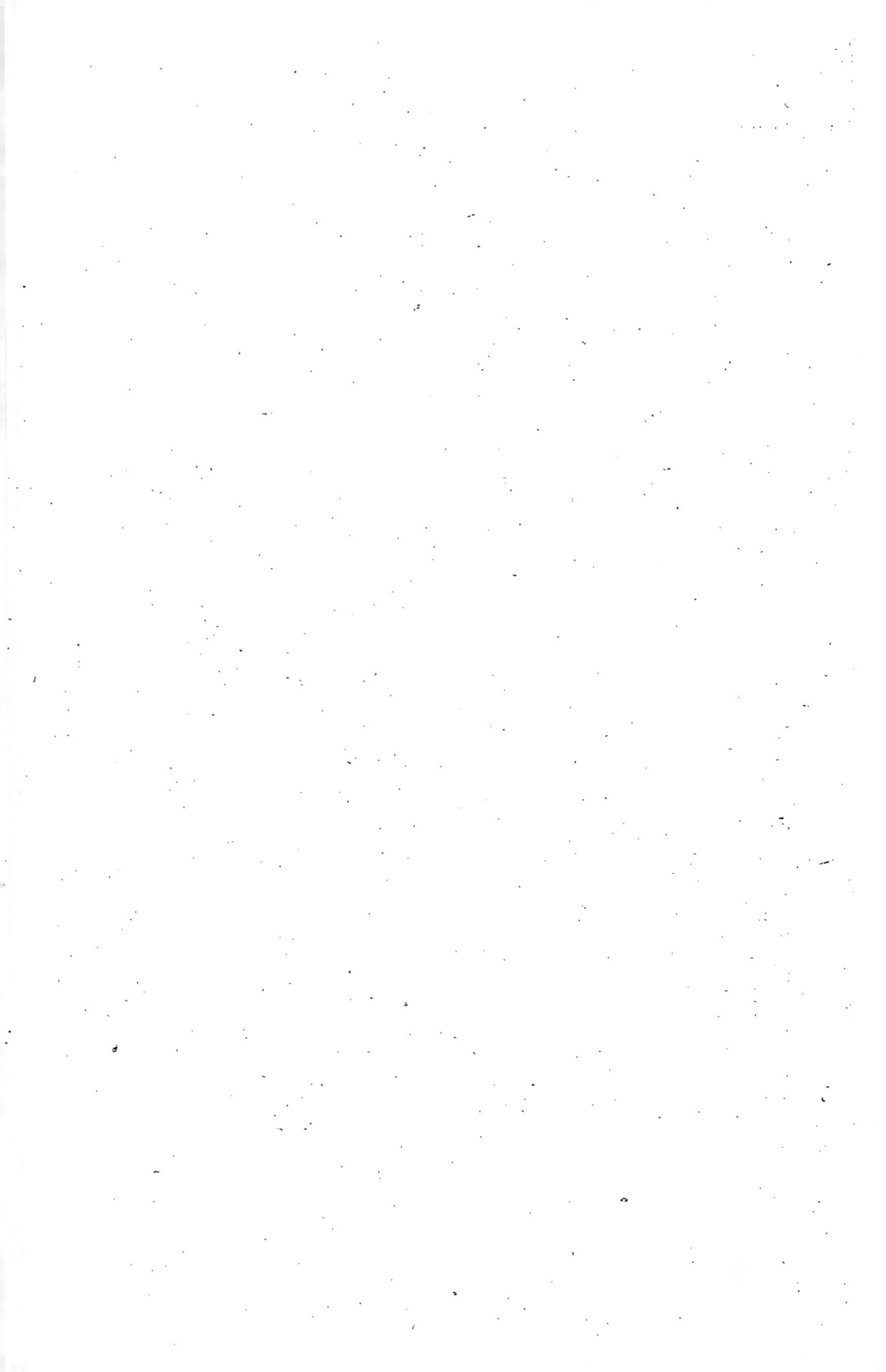

THÈSE

POUR LE DOCTORAT

DE

L'IMPOT DES SUCCESSIONS

EN DROIT ROMAIN

DU

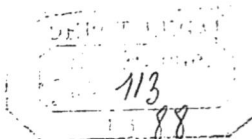

PRIVILÈGE DU TRÉSOR

POUR

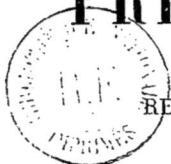

RECOUVREMENT DES DROITS DE SUCCESSIONS EN DROIT FRANÇAIS

THÈSE POUR LE DOCTORAT

PRÉSENTÉE ET SOUTENUE LE 17 DÉCEMBRE 1887.

PAR

CABANIS JEAN-EMMANUEL

Lauréat de la Faculté (1882-83-84)
Receveur de l'Enregistrement, des Domaines et du Timbre.

Président : M. VIGIÉ ...... *Professeur-Doyen.*

Assesseurs. { MM. LAURENS... *Professeur.*
GIRARD.... *Agrégé.*
CHARMONT. *Agrégé.*

PARIS

LIBRAIRIE NOUVELLE DE DROIT ET DE JURISPRUDENCE

ARTHUR ROUSSEAU, ÉDITEUR

14, RUE SOUFFLOT ET RUE TOULLIER, 13.

1887

FACULTÉ DE DROIT DE MONTPELLIER

MM. Vigié, doyen, professeur de Code civil, et chargé du cours de notariat et enregistrement.

Valabrègue, professeur de Droit commercial, et chargé du cours de Droit maritime.

Brémond, professeur de Droit administratif, et chargé du cours de Droit constitutionnel.

Gide, professeur d'Économie politique.

Laurens, professeur de Code civil, et chargé du cours de Code civil approfondi.

Pierron, professeur de Droit romain.

Glaize, professeur de Procédure civile, et chargé du cours des voies d'exécution.

Laborde, professeur de Droit criminel, et chargé du cours de Droit industriel.

Girard, agrégé, chargé d'un cours de Droit romain, et du cours de Pandectes.

Charmont, agrégé, chargé d'un cours de Code civil.

Chausse, agrégé, chargé du cours de Droit international privé, et du cours d'histoire du Droit pour le doctorat.

X......, chargé du cours d'histoire du Droit français.

Giraud, secrétaire.

A MON PÈRE, A MA MÈRE

A MES PARENTS

A MES AMIS

TABLE BIBLIOGRAPHIQUE

BACHOFEN .... Die Erbschaftsteuer (Ausgewœhlte Lehren des rœmischen Civilrechts. — Bonn 1848.)

BALDUINUS .... Vicesima hereditatis (Jurisprudentia Romana et Attica de Heineccius. — Lugduni Batavorum (Leyde 1738).

BOUCHARD .... Étude sur l'administration des finances de l'empire romain. — Paris, 1872.

BOUCHAUD .... De l'Impôt du vingtième sur les successions à Rome. (Mémoire à l'Académie des inscriptions et belles-lettres. — Paris, 1766).

id .... Mémoire sur les Sociétés que formèrent les publicains pour la levée des impôts (id. 1774.)

BOUCHÉ-LECLERCQ .... Manuel des Institutions Romaines. — Paris, 1886.

BURMANN............... De Vectigalibus populi Romani. — Amsterdam, 1694.

CAGNAT................. Étude historique sur les impôts indirects, chez les Romains. — Paris, 1882.

DUREAU DE LA MALLE Économie politique des Romains. — Paris, 1840.

GIRARD .... Le Droit public romain (trad. de Mommsen). — Paris, 1887 (en cours de publication).

KLENZE .... Zeitschrift für geschichtliche Rechtwissenschaft herausgegeben von Savigny. Eichhorn und Rudorff, tome VI.

HIRSCHFELD............ Untersuchungen auf dem Gebiet der rœmischen Verwaltungsgeschichte. — Berlin, 1876.

HUSCHKE .... Uber den Census und die Steuerverfassung. — Berlin, 1847.

LABOULAYE............. Le testament de Dasumius (Revue de législation 1845, t. II).

id.......... .... Des impositions de la Gaule dans les derniers temps de l'empire romain (Revue historique 1861).

LAFERRIÈRE............ Histoire du Droit français, t. II. — Paris, 1838.

LEDRU .... Des Publicains et des Societates Vectigalium. — Paris, 1876.

MADWIG .... L'État Romain, sa constitution et son administration (traduction Moore). — Paris, 1884.

MARCQUARDT.......... Handbuch des rœmischen Rechts, t. V. — Leipzig, 1875.

MISPOULET............. Institutions politiques des Romains. — Paris, 1883.

MOMMSEN............. Rœmisches Staatsrecht.—Leipzig, 1876-77.

NAQUET................ Des impôts indirects chez les Romains. — Paris, 1875.

PELLAT................ Sur le système des impôts chez les Romains au temps des empereurs (Themis, 1831, t. X).

POISNEL............... Recherches sur l'abolition de la vicesima hereditatium (Mélanges d'archéologie et d'histoire ; Ecole Française de Rome,

PRAX.................... 1883. Essai sur les Sociétés vectigaliennes. — Montauban, 1884.

ROULEZ................ De l'impôt d'Auguste sur les successions. (Bulletin de l'Académie de Belgique, 1849 t. XVI).

RUDORFF............... Das testament des Dasumius (Zeitschrift fur geschichtliche Rechtwissenschaft etc, 1845, t. XII).

REIN................... Real Encycoplédie de Pauly, Verbo Vicema hereditatis.

SAVIGNY.............. Uber die rœmische Steuerverfassung unter der Kaiserzeit (Zeitschrift fur geschichtliche, etc., 1828, t. VI).

SERRIGNY .... Droit public et administratif romain. — Paris, 1862.

TROPLONG............. De l'impot sur les successions (Revue de législation, 1848, t. II).

de VALROGER .... De l'impôt sur les successions chez les Romains (Revue critique de législation. 1859, t. XIV).

VIGIÉ................... Etude sur les impôts indirects romains, — Paris 1881.

id..................... Des douanes dans l'empire romain (Bulletin de la Société languedocienne de géographie, t. VI).

WILLEMS .... Le Droit public romain depuis la fondation de Rome jusqu'à Justinien. Louvain 1880.

XENOPOULQUS.,.,......., De Societatum publicanorum Romanarum historia ac natura judiciali. — Berlin 1871.

DROIT ROMAIN

—

DE L'IMPOT DES SUCCESSIONS

Si l'on étudie dans son ensemble le système fiscal romain, il est curieux de constater que la plupart des impôts existant aujourd'hui chez nous, étaient aussi connus à Rome.

Comme chez nous, les impôts se divisaient en deux grandes classes : les impôts directs, qui, sous le nom de *tributa*, comprenaient la contribution foncière et la contribution personnelle, auxquelles il faut joindre un impôt sur certaines professions ; et les impôts indirects, qui, sous le nom de *vectigalia*, apparurent plus tard que les premiers, mais dont quelques-uns étaient connus déjà à la fin de la République.

Or, chacun des impôts directs qui précèdent, se retrouve, au moins en principe, dans notre système fiscal : la contribution foncière, *terrena jugatio* ou *capitatio*, correspond à notre impôt foncier ; — la contribution personnelle, *humana capitatio*, à notre impôt personnel ; — enfin l'impôt sur certaines professions, qui, sous le nom de *lustralis collatio, functio auraria, vecti-*

gal artium, atteignait les professions ayant pour objet le luxe et les objets précieux, les banquiers et les prêteurs sur gage, présente certainement quelque analogie, avec notre droit des patentes.

Il en est de même des impôts indirects : c'est ainsi que l'on pourrait comparer à nos douanes, les taxes établies, sous le nom de *portoria,* sur la circulation des marchandises ; — le *salinarium vectigal,* à notre impôt sur le sel ; — les taxes frappant les comestibles, le *vectigal macelli,* à nos droits d'octroi, etc.

On peut enfin mentionner, comme formant une classe à part, des impôts spéciaux, créés par Auguste, ou tout au moins empruntés à d'autres législations et réorganisés par lui, qui correspondent à certains de nos droits d'enregistrement. Ce sont : 1° les impôts sur les transmissions à titre onéreux : la *centesima auctionum* ou *rerum venalium,* applicable d'abord, seulement aux ventes aux enchères, *auctiones,* faites par l'intermédiaire d'un commissaire-priseur, et étendue plus tard aux ventes amiables ; — et la *quinta* et *vicesima venalium mancipiorum,* atteignant les ventes d'esclaves ; — 2° l'impôt sur les transmissions par décès, la *vicesima hereditatium.*

C'est de ce dernier impôt que nous ferons l'objet exclusif de cette étude.

Il correspond chez nous aux droits de mutation par décès, établis par les lois des 5-19 décembre 1790, et du 22 Frimaire an VII. Est-ce à dire qu'il faille voir dans l'impôt perçu à Rome, l'origine des droits perçus chez nous ? Il serait téméraire de l'affirmer. Quelque douteuse que soit, en effet, la date précise de la disparition de la *vicesima,* il est certain qu'elle n'existait plus sous

Justinien. Notre très ancien Droit ne put donc l'emprunter à la législation romaine.

L'étude de l'impôt des successions, en Droit romain, présente cependant un certain intérêt, soit au point de vue historique, soit au point de vue de la comparaison des règles établies par la loi de Frimaire et la *lex vicesima hereditatium*. Mais il faut bien reconnaître que cette étude, qui présente certaines difficultés, ne peut être absolument complète, à cause de la pénurie des documents et des sources.

Parmi les textes juridiques, nous ne possédons, en effet, que les documents suivants :

1°. — Dans les *Compilations* de Justinien : au Digeste, cinq textes principaux, empruntés tous à un commentaire de la *lex vicesima*, d'Æmilius Macer, jurisconsulte du IIIᵉ siècle ; (1) — et au Code, une constitution de cet empereur (C. 3, *de edicto divi Hadriani tollendo*, VI, 33).

2° — Un titre des *Sentences* de Paul, le titre 6 du livre IV, intitulé *de vicesima*.

Mais chacun de ces textes ne fournit que des détails tout à fait particuliers. Les textes du Digeste ne parlent pas d'ailleurs directement de la *vicesima*, car elle avait disparu ; les règles qui lui étaient applicables ont été transportées dans d'autres matières. De même, la constitution de Justinien ne parle de l'impôt que pour en constater la disparition. Enfin, dans le titre des *Sentences* de Paul, il n'est question que de certaines for-

---

(1) F. 13, de transactionibus II, 15 ; — f. 37, de Religiosis et sumptibus funerum XI, 7 ; — f. 7, qui testamenta facere possunt, XXVIII, 1 ; — f. 68, ad legem Falcidiam XXXV, 2 ; — et f. 154, de Verborum significatione L, 16.

malités qui étaient nécessaires pour l'ouverture des testaments.

Les textes littéraires fournissent aussi très peu de renseignements. Nous n'avons, comme se rapportant particulièrement à notre sujet, que quelques fragments de Pline-le-Jeune, dans son *Panégyrique de Trajan* (§§ 37 à 40), relatifs aux modifications apportées par cet empereur à la perception de l'impôt ; et deux passages de Dion Cassius, qui vivait au second siècle de notre ère, dans lesquels ne se trouvent que des renseignements sur l'histoire de la *vicesima* (*Histoire Romaine* LV, 25 et LXXVII, 9).

Nous possédons enfin des monuments épigraphiques, dont l'un surtout est très important : c'est le testament d'un noble Romain, Dasumius (1), écrit vers l'an 109 de notre ère (862 de Rome). Deux fragments de ce testament ont été retrouvés en 1820 et 1830, près de la voie Appienne. Quoique très mutilés, les travaux remarquables entrepris par Puggi, Niebuhr, Borghesi, Parti, et surtout par Rudorff, ont permis d'arriver à la reconstitution à peu près complète du texte, dont la connaissance est très importante pour la solution de certaines questions que nous aurons à étudier.

Dans cette étude, nous rechercherons d'abord l'origine et la disparition de la *vicesima*.

Nous déterminerons ensuite le champ d'application de l'impôt.

Nous verrons dans les deux chapitres suivants : les

_____

(1) Giraud : Novum Enchiridion p. 657. — Rudorff: das testament des Dasumius (Zeitschrift für geschichtliche Rechtswissenschaft herausgegeben, von Savigny, Eichborn und Rudorff, t. XII, 1845 p. 301 ; Laboulaye: *Revue de législation* 1845, t. II, p. 273,

règles applicables à la liquidation et à la perception ; — les délais accordés pour le paiement et les peines en cas de retard.

Nous examinerons enfin les voies d'exécution et les garanties existant au profit du fisc, pour le recouvrement de la *vicesima*.

CHAPITRE PREMIER

L'idée de la création d'un impôt sur les transmissions héréditaires n'appartient pas à Auguste. Il résulte en effet d'un passage de l'*Histoire Romaine* de Dion Cassius (LV, 25), qu'antérieurement à cet empereur, cet impôt avait déjà existé.

Trois périodes doivent être distinguées : la première, antérieure à Auguste, dans laquelle se place le premier établissement de l'impôt ; la seconde, pendant laquelle l'impôt fut rétabli et réorganisé par Auguste dans la *lex vicesima hereditatium* ; la troisième, postérieure à cet empereur, dans laquelle l'impôt tomba en désuétude ou fut aboli.

SECTION PREMIÈRE

Première période. — Création de l'impôt.

Si l'on est généralement d'accord pour admettre que l'impôt des successions ne fut pas créé par Auguste, des divergences existent sur le point de savoir quelle est la date précise de son apparition.

La généralité des auteurs allemands prétend trouver l'origine de l'impôt dans la loi *Voconia* (585 de Rome ; 169 av. J.-C.) (1).

A l'appui de cette manière de voir, ils invoquent le paragraphe 42 du *Panégyrique de Trajan*, qu'ils rapprochent du passage de Dion Cassius (LV, 25), cité plus haut.

Dans ce texte, Pline déclare que le trésor public et le trésor particulier de l'empereur s'enrichissaient au moyen des lois *Voconia* et *Julia* : « *Locupletabant et fiscum et ærarium non tam Voconia et Julia leges, quam majestatis singulare et unicum crimen eorum, qui crimine vacarent* »

La loi *Julia*, dont il est parlé dans ce texte, dit-on, est la *lex Julia de vicesima hereditatium*, votée sous Auguste. Or, si Pline met sur la même ligne que la loi *Julia*, la loi *Voconia*, c'est que celle-ci devait, comme la première, s'occuper de l'impôt des successions. Et ce qui confirme très-bien cette manière de voir, c'est précisément le passage dans lequel Dion Cassius indique incidemment que l'impôt des successions existait déjà avant Auguste ; car il fait probablement allusion à la loi *Voconia*.

Cette opinion ne doit pas être admise.

Que l'impôt sur les successions ait existé avant Auguste, cela est reconnu par tout le monde ; c'est ce qui résulte du passage de Dion Cassius et d'un texte d'Appien (*de Bello Civili*, n° 67), que nous retrouverons plus loin. Mais que cet impôt ait été établi par la loi

_____

(1) Bachofen : die lex Voccnia, 1843, in-8 p. 121 ; — Ausgewœhlte Lehren des rœmischen Civilrechts, p. 322 ; — Huschke : Uber den census und die Steuerverfassung, p. 74 ; — Marcquardt : Handbüch des rœmischen Alterthümer, V. p. 258 ; — Rudorff : loco citato.

Voconia, l'argument qu'on invoque est loin d'en faire la preuve.

Cet argument aurait peut-être quelque valeur, s'il était démontré que dans le passage de Pline, celui-ci, quand il cite la loi *Julia*, entend parler de la loi *Julia de vicesima hereditatium*. Mais, c'est là une affirmation toute gratuite, qu'on ne démontre point, parce qu'elle est sinon impossible, du moins fort difficile à démontrer. Si la loi *Julia de vicesima* enrichissait en effet les trésors du peuple et de l'empereur, on trouve mentionnées dans les différents textes du *Digeste*, d'autres lois que les jurisconsultes désignent aussi du nom de lois *Juliæ*, et qui pouvaient également fournir au Trésor public des revenus plus ou moins importants.

Il en est ainsi, par exemple : de la *lex Julia de peculatus*, qui punit d'une amende du quadruple, le détournement du butin pris sur l'ennemi (f. 13 ou 15 *ad legem Juliam peculatus, Dig.* XLVIII, 13) ; — de la *lex Julia de vi privata*, qui entraînait contre celui qui s'était emparé d'une chose par violence, la confiscation du tiers de ses biens, et l'infamie (f. 1 *pr. ad legem Juliam de vi privata, Dig.* XLVIII, 7) ; — de la *lex Julia de maritandis ordinibus*, qui faisait profiter le Trésor public, des dispositions testamentaires, échappant aux *cælibes* et aux *orbi*, quand il n'y avait ni institués, ni légataires *patres* (Gaïus, II, 286 a), et qui attribuait les biens vacants au peuple (Gaïus, II, 150 ; — Ulpien, *Reg.* XXVIII, 7 *in fine*).

Or, rien ne prouve qu'en parlant d'une loi *Julia*, Pline n'ait pas entendu parler d'une des lois qui précèdent. La première partie de l'argument n'est donc pas concluante.

2

Quant au rapprochement que l'on fait du texte de
Pline et du passage de Dion Cassius, il ne prouve rien ;
car l'on peut expliquer ces textes, sans être obligé d'admettre que la loi *Voconia* avait établi un impôt sur les
successions. Avant Auguste, en effet, un impôt de cette
nature avait été créé, en 714, sous le triumvirat (Appien,
loc. cit. V. nº 67) ; or, cette constatation suffit pour
expliquer le passage de Dion Cassius.

Au reste, on peut remarquer encore que le passage
de Pline que l'on invoque, n'est que le paragraphe 42.
or, il est très probable que si les lois *Voconia* et *Julia*
dont il parle, s'étaient occupées de l'impôt des successions, il les aurait déjà mentionnées dans les paragra-
phes 37 à 40, où il s'occupe plus spécialement de la
vicesima.

On peut enfin dans le même sens faire valoir deux
considérations.

Les auteurs, qui se sont occupés de l'étude des institutions égyptiennes, soutiennent que sur plus d'un
point de l'administration, les Romains ont copié l'Égypte.
Un auteur italien (1) fait notamment remarquer que les
triumvirs, Antoine, César et Octave, ayant habité longtemps ce pays, purent en étudier les institutions ; et
que plus d'une réforme, opérée de leur temps, dans les
institutions Romaines, peut être rapprochée de quelque
institution égyptienne. Or le même auteur constate qu'au
temps des Lagides, il existait en Égypte, un impôt sur
les successions, qui était probablement du dixième des
valeurs héréditaires (*loc. cit.* p. 307 et 309). On peut
donc admettre que l'édit des triumvirs ne fut que la

---

(1) Lumbroso : Recherches sur l'économie politique de l'Égypte, au temps
des Lagides, Turin, 1870, p 308.

reproduction de ce qui existait déjà en Égypte ; d'où résulte alors cette conséquence que l'idée première de cet impôt ne saurait être attribuée au législateur de la loi Voconia.

La seconde considération est tirée d'une lettre de Cicéron à Atticus (de 695), dans laquelle il se plaint des suppressions d'impôts faites à son époque : «... *portoriis Italiæ sublatis, agro Campano diviso, quod vectigal superest domesticum, præter vicesimam?* » (1).

Tous les auteurs qui ont commenté ce texte, l'ont entendu en ce sens que Cicéron entend parler de la *vicesima libertatis* (2). On peut donc argumenter de ce passage, pour soutenir qu'en 695, l'impôt des successions n'existait pas en Italie ; car Cicéron en eut parlé, ou eut rappelé sa suppression, dans ce texte où précisément il se plaint de la suppression des impôts.

Il faut donc conclure, il semble, que l'impôt sur les transmissions héréditaires ne fut pas créé par la loi Voconia.

Quoiqu'il en soit d'ailleurs sur ce point, il est absolument certain que cet impôt fut établi en 714 de Rome (50 av. J. C.), sous le consulat de L. Marcius Censorinus et C. Calvisius Sabinus, ainsi que cela résulte expressément d'un passage d'Appien (*loc cit.* V. n° 67) : «... Le peuple, dit cet historien, demandait avec instance qu'on se réconciliât avec Pompée. Octave, n'adoptant point ce parti, Antoine luï conseilla d'entreprendre la guerre sans différer, pour faire cesser la famine. Mais

---

(1) Cicéron : *Ad atticum*, II, 16.

(2) Cet impôt existait encore sous Macrin, qui en ramena le taux au vingtième, que Caracalla avait doublé. (Dion Cassius, *loc cit.* LXXVII, 9 et LXXVIII).

comme il n'y avait point d'argent pour cette expédition, il rendit un édit par lequel... tous ceux qui recueilleraient quelque chose par testament, paieraient un impôt... εἰσφέρειν δε καὶ μοῖραν τοὺς ἐκ διαθήκης τε καρπομένους. »

C'est tout ce que l'on connaît de l'impôt des successions avant Auguste. Ni l'assiette, ni le mode de perception ne sont connus. Tout ce que l'on sait d'une façon précise, c'est qu'il n'atteignait, ainsi qu'il résulte du texte même d'Appien, que les successions testamentaires.

Quant à la date de la disparition de l'impôt, pendant cette première période, il est absolument impossible de se faire une opinion certaine.

Peut-être pourrait-on même mettre en doute l'application de l'édit des triumvirs. Appien fait connaître en effet l'accueil que lui fit le peuple : « Le peuple furieux... était indigné qu'après avoir mis à sec le trésor public..., qu'après avoir épuisé l'Italie à force de contributions, d'impôts, de confiscations..., les deux triumvirs cherchassent encore à dépouiller les citoyens du peu qui leur restait. Le peuple donc se souleva,.. et l'insurrection devint générale ».

En présence de ce texte, on pourrait donc soutenir que l'impôt ne fut jamais perçu. Mais, s'il est vrai de dire que la perception ne dut pas en être faite pendant longtemps, et que peut-être elle ne le fut que pendant la durée de la guerre contre Sextus Pompée, deux arguments conduisent à admettre qu'elle eut cependant lieu.

On peut, en effet, invoquer d'abord ce fait que l'année même de l'édit des triumvirs, fut rendue la loi Falcidie (714), aux termes de laquelle l'ensemble des legs contenus dans le testament ne pouvait dépasser les trois quarts de l'hérédité, et qui décidait que dans le cas contraire, il serait fait une réduction proportionnelle, telle que l'héritier institué aurait toujours le quart des valeurs héréditaires (*Instit.* II, 22 pr. ; Gaïus II, 225 à 227.

On connaît le but poursuivi par la loi Falcidie. La loi des XII Tables, n'ayant pas limité la faculté de léguer, il était à craindre que l'héritier institué ne fut amené à répudier une succession, absorbée peut-être complètement par les legs. Or, il serait résulté de là de graves inconvénients : le testateur d'abord aurait été considéré comme mort intestat ; les dispositions testamentaires se seraient évanouies. L'intérêt du défunt, comme l'intérêt des légataires exigeait donc que l'on put trouver un moyen qui conduisit l'héritier à ne pas répudier la succession.

C'était pour remédier à ces inconvénients, qu'avaient été rendues les lois *Furia testamentaria* et *Voconia*. Mais ces lois n'ayant pas atteint le but poursuivi, un nouveau système fut créé par la loi Falcidie.

Or, si l'on rapproche le but de ces lois successives, qui était le maintien des dispositions testamentaires, de ce fait que ces dispositions seules étaient soumises à l'impôt, il ne paraît pas absolument téméraire d'affirmer que l'un des motifs de la loi fut un motif fiscal ; — ce qui conduirait alors à admettre l'application de l'édit des triumvirs.

On peut enfin invoquer dans ce sens, le f. 2, 44 *de origine juris, Dig.* I, 2. De ce texte, où Pomponius, parlant des jurisconsultes qui l'ont précédé, mentionne parmi les disciples de Gallus Aquilius, Aulus Ofilius ami intime de César qui «... *de legibus vicesimæ primus conscripsit* », il résulte qu'Ofilius aurait écrit sur deux lois Vicesimæ, au moins. Or, si l'une d'elles doit être certainement la *lex vicesima libertatis*, rendue en l'an 396 de Rome, l'autre doit être, il semble, la *lex vicesima hereditatis* des triumvirs. Ofilius était mort en effet, quand Auguste faisait voter la loi *Julia vicesima* (1).

Au reste, si l'on voulait objecter à cet argument qu'il n'est pas absolument démontré qu'Ofilius ait écrit sur la *lex vicesima hereditatium*, un fait à première vue insignifiant, mais qui n'en a pas moins une certaine importance permet de répondre à l'objection.

Dion Cassius, faisant connaître en effet les expédients auxquels dut recourir l'empereur pour faire voter la loi par le Sénat, nous apprend qu'Auguste déclara avoir trouvé dans les écrits laissés par César, l'idée même de l'impôt. Or, s'il en est ainsi, pourquoi ne pas admettre que l'intimité d'Ofilius, qui d'après Pomponius était le familier de César, *familiarissimus*, ait pu influer sur les intentions de ce dernier? On pourrait ainsi conclure qu'Ofilius a écrit sur la *vicesima hereditatis*.

Quoiqu'il en soit d'ailleurs de l'application de l'édit des triumvirs, il est certain qu'il n'était plus en vigueur à l'avènement d'Auguste.

---

(1) C'est ce qui résulte du f. 2, 47 de origine juris, dans lequel Pomponius, dit qu'Ateius Capiton, le chef de l'école sabinienne « Ofilium secutus est », Or, l'on sait que Capiton fut consul sous Auguste (ibid).

SECTION II.

Seconde période. — Rétablissement et réorganisation de l'impôt. — Lex vicesima hereditatium.

A l'avènement d'Auguste, Rome et l'Italie étaient épuisées par la guerre civile. Tous les domaines de l'État avaient été aliénés dans le dernier siècle de la République ; le trésor public était vide et obéré ; depuis quelque temps déjà, l'Italie ne payait plus l'impôt foncier.

Une réorganisation des finances s'imposait, alors surtout qu'Auguste projetait de substituer aux armées de la République, qui n'étaient que temporaires, une armée permanente, et de créer une caisse de retraite pour les vétérans (1).

Pour faire face à ces dépenses, il fallait créer des impôts nouveaux. Mais, les faire peser sur les provinces, Auguste n'y pouvait songer, accablées qu'elles étaient déjà sous le poids des impôts existants. L'extension de l'impôt foncier à toute l'Italie devait aussi lui faire éprouver quelque crainte ; car cet impôt, qu'il avait établi déjà pendant la guerre contre Antoine, avait amené un soulèvement général, et il avait dû le supprimer, aussitôt après la bataille d'Actium (31 av. J.-C.). Il ne pouvait songer non plus à augmenter l'impôt sur les objets de consommation, qui pesait surtout sur le peuple.

(1) Auguste fixa, dès l'an 5 de notre ère, la durée du service militaire à 16 ans pour les prétoriens et 20 ans pour les légionnaires.

Malgré l'exemple qu'il avait eu lui-même, pendant le triumvirat, Auguste crut devoir demander des ressources aux transmissions héréditaires.

Cette idée était ingénieuse ; car cet impôt devait lui fournir des subsides importants. C'est qu'en effet, si certains parents rapprochés furent dispensés du payement de l'impôt, jamais peut-être à Rome, l'habitude de tester en faveur de ses amis ou d'étrangers, ne fut plus répandue. Le testament de Dasumius fournit un exemple de ces mœurs. Cicéron lui-même recueillit ainsi plus de vingt millions de sesterces (1).

De plus, le célibat avait fait des progrès énormes dans les classes riches ; beaucoup même de ceux qui étaient mariés n'avaient point d'enfants. Le mal était si grand que le pouvoir législatif crut devoir intervenir. Auguste pensa y porter remède par les lois *Julia sumptuaria, Julia de adulteriis et pudicitia, Julia de maritandis ordinibus*, et *Julia Papia Poppœa*. Mais ce fut en vain : les récompenses promises aux pères de famille, les peines dont étaient menacés les célibataires et les hommes mariés sans enfant, ne purent remédier au mal.

Au point de vue fiscal, d'ailleurs, cet état de chose ne pouvait qu'augmenter les ressources du trésor. La plupart des fortunes et des plus importantes, sortant par l'effet des dispositions testamentaires, de la famille du défunt, étaient soumises à la *vicesima*.

On comprend, qu'en l'état de ces habitudes et de ces mœurs, un impôt sur les transmissions héréditaires devait nécessairement produire beaucoup.

Ce n'est cependant, au dire de Dion Cassius (loc. cit.

(1) Boissier : Cicéron et ses amis, Paris 1877, p. 88 et suiv. Le sesterce vaut environ 21 centimes de notre monnaie.

LV, 25) qu'à l'aide de subterfuges, qu'Auguste put obtenir le vote de la *lex vicesima hereditatium*.

Il commença par prier le Sénat de trouver un impôt qui put lui procurer des ressources ; mais, après de longues délibérations, le Sénat n'en put trouver aucun, qui ne put faire craindre, un soulèvement du peuple ; et en fait même, au dire de l'historien, à l'annonce seule de la création d'un nouvel impôt, le soulèvement faillit éclater.

L'empereur fit alors porter dans la caisse de retraite, *ærarium militare*, ταμιεῖον στρατιωτικὸν, de son propre trésor et de celui de son fils adoptif, Tibère, cent soixante-dix millions de sesterces, qu'il devait verser chaque année, et auxquels vinrent se joindre les dons de quelques rois et de quelques nations.

Mais ces ressources étant insuffisantes, Auguste dut s'adresser encore au Sénat, auquel il proposa l'établissement d'un impôt sur les transmissions héréditaires. Au reste, ce qu'il désirait avant tout, c'était d'avoir des ressources. Il avait sans doute une préférence pour l'impôt qu'il proposait lui-même, et dont il avait, disait-il, trouvé l'idée exprimée dans les papiers laissés par César ; mais peu lui importait au fond, que le Sénat lui fournît les subsides dont il avait besoin ; et il renoncerait à son projet.

Afin d'éviter l'éclat d'une délibération publique, et dans l'espoir de faire ainsi disparaître les hésitations de ceux des Sénateurs qui auraient craint de se compromettre aux yeux du peuple, en émettant l'avis de nouveaux impôts, Auguste demanda à chaque Sénateur de lui remettre ses projets par écrit ; mais il ne put rien obtenir.

Pour vaincre la résistance du Sénat, il recourut alors à un expédient. Il déclara qu'il fallait étendre à l'Italie, l'impôt foncier qui, depuis la guerre sociale, ne pesait plus que sur les provinces ; et, en même temps, il envoyait dans toute l'Italie, des agents chargés de faire un nouveau recensement des biens fonciers (1). Le Sénat accepta alors la proposition d'Auguste, préférant encore l'impôt sur les successions, au *tributum soli.* C'est ainsi que fut voté la *lex vicesima hereditatium,* sous le consulat de M. Æmilius Lepidus et L. Arruntius Nepos, en l'an 759 de Rome (5 ans ap. J.-C.).

SECTION III.

Troisième période. — Modifications et disparition de l'impôt.

Les modifications apportées par les successeurs d'Auguste, touchant surtout aux cas d'application et à la perception de l'impôt, nous nous en occuperons plus spécialement dans les chapitres qui s'occupent de ces matières. Au reste, les premiers empereurs qui suivirent Auguste, ne paraissent pas avoir apporté de changements à l'organisation établie par lui.

La seule question importante à étudier, est la date de la disparition de l'impôt.

Un point certain, c'est que la *vicesima* n'existait plus à l'époque de Justinien. Cela résulte non seulement du silence que gardent, à son égard, le Digeste, le Code

(1) Dion Cassius, loc. cit. LVI, 28 *in fine.*

et les Novelles, mais encore et surtout d'une Constitution de cet empereur lui-même (C. 3, *de Edicto divi Hadriani tollendo,* Code VI, 33).

Dans cette constitution, relative à l'envoi en possession des héritiers testamentaires, Justinien, confirmant certaines dispositions d'un édit d'Hadrien, déclare que cet édit est devenu en grande partie inutile, par suite de la disparition de la *vicesima* : « *Edicto divi Hadriani quod sub occasione vicesimæ hereditatum introductum est..... quia et vicesima hereditatis a nostra recessit republica* ».

Il est donc absolument certain qu'en 531, date de la Constitution, l'impôt de la *vicesima* n'existait plus.

Plusieurs textes et quelques monuments épigraphiques montrent au contraire l'impôt, existant encore à une époque assez éloignée de son organisation.

Sans parler en effet des modifications apportées par Nerva (96-98), et par Trajan (98-117) (1), indiquées par Pline (loc. cit. ch. 37 à 40) ; sans parler aussi de celles d'Hadrien (117-138), ni de celles de Marc-Aurèle (161-180) (2), il est certain que l'impôt existait encore sous Caracalla (211-217).

On connait, en effet, parfaitement les modifications apportées par cet empereur : il éleva le taux au dixième, supprima les immunités qu'avaient accordées ses prédécesseurs ; et, pour faire produire à l'impôt le plus

---

(1) La preuve de l'existence de la *vicesima* est encore démontrée pour l'époque de Trajan, par le testament de Dasumius. Ce testament a été écrit, en effet, vers l'an 862 de Rome (109 ap. J. C.), date indiquée au codicille. De plus, l'un des légataires institués est l'empereur Trajan lui-même.

(2) Son historien, Capitolinus, dit à son égard : « *leges etiam addidit de vicesima hereditatium* ».

possible, il étendit le droit de cité à tous les habitants de l'empire (Dion Cassius, LXXVII, 9).

De même, il est encore certain que l'impôt existait sous Macrin (217-218) (1), et son successeur, Élogabal (218-222) ; l'historien de ce dernier, Lampride, montre en effet (vie d'Élogabal, ch. 12), cet empereur, nommant un agent, chargé de la perception de la *vicesima* : « *ad vicesimam hereditatium mulionem curare jussit* ».

Sous Gordien III (238-244), nous savons encore, par une inscription que son beau-père, Timesitheus, avait été percepteur de l'impôt, en Asie. « *C. Furio Sabinio..... Timesitheo.... proc(uratori) prov(inciæ) Asiæ, ibi vice (procuratoris)* $\overline{XX}$ » (2).

Enfin, une dernière inscription, datée du règne de Valens (364-378), traite un nommé Vocunsius Vicasius, de *procurator vicesimæ hereditatium*. Mais cette inscription, citée par Grüter (286, 4) est regardée comme fausse aujourd'hui (3).

A partir de Gordien, on peut donc dire qu'il n'y a plus de trace de l'impôt, ni dans les auteurs, ni dans les inscriptions.

Mais à quelle date précise, s'est produite la disparition de l'impôt ? Sur ce point, plusieurs opinions ont été émises.

Cujas (*ad legem* 17, *de verborum significatione*, Dig. L. 16), et de nos jours, MM. Serrigny (4) et Clamageran (5) ont soutenu que la *vicesima hereditatium* avait été abolie par Justinien.

(1) Dion Cassius, loc. cit. LXXVIII, 12.
(2) Wilmans, 1293.
(3) Hirschfeld : Untersuchungen auf dem Gebiet der rœmischen Verwaltungsgeschichte. p. 68 note 2.
(4) Droit public et administratif Romain, II, p. 182.
(5) Histoire de l'impôt en France, I, 78.

A l'appui de son opinion, Cujas invoque la Constitution même dans laquelle cet empereur constate la disparition de la *vicesima* (C, 3 *de edicto div. Had. tol.*).

Cet argument n'est nullement concluant. Il est à peu près certain, en effet, que Justinien n'aurait point manqué de s'adresser les éloges les plus pompeux (1), surtout puisqu'il s'agissait d'une réforme, consistant dans une suppression d'impôt.

M. Serrigny, qui s'appuie sur l'opinion de Cujas, invoque une constitution de Justin, de l'an 524. (C. 23, *de testamentis quemadmodum testamenta ordinantur*, Code VI, 23). « Cette Constitution, dit-il, contient une distinction entre les hérédités riches et pauvres, qui me semble être une relation à l'exemption de la *vicesima*, accordée aux successions pauvres, lesquelles étaient, à cette époque, celles dont la valeur ne dépassait pas cent *aurei* (2)... Cet édit (l'édit d'Hadrien) n'a été abrogé que par Justinien, et la mention qu'il contient, de l'abolition, me parait devoir s'entendre d'une abrogation faite par lui ».

Dans ce texte Justin, qui parle des hérédités inférieures ou supérieures à cent *aurei*, interdit aux magistrats, chargés de l'ouverture des testaments, d'exiger, pour cette formalité, des honoraires, quand la succession n'aura pas une valeur supérieure à cent *aurei* : « ... *Neve in hereditate, cujus summa centun aureorum pretium non excedit, mercedis quicquam aut sumptuum censum administrantes aut censualis apparitio super intimandis isdem elogiis audeant adsequi...* ».

Si, comme le prétend M. Serrigny, ce texte se rap-

---

(1) Voir notamment la Nov. 78, (préface et Ch. V. *in fine*).
(2) L'aureus valait, sous Auguste, 26 francs 89 de notre monnaie.

portait à la *vicesima*, son importance serait considérable, à un double point de vue : il ferait connaître ce qu'il faut entendre par « *successions pauvres* » ; et nous verrons dans le chapitre suivant, l'importance qui s'attache à ce point. Il fournirait ensuite la date à peu près précise de la disparition de la *vicesima* : cette date se placerait, en effet, entre les années 524 et 531, puisque l'impôt existerait encore en 524, d'après la Constitution de Justin, mais qu'il n'existerait plus en 531, date de la Constitution de Justinien, qui en constate la disparition.

Malheureusement, rien ne prouve que la Constitution de 524 se rapporte à notre matière. Comme l'indique en effet le texte même, Justin a seulement en vue de réprimer un abus existant depuis longtemps, de la part des magistrats chargés de l'ouverture des testaments, et qui consistait à exiger, contrairement aux lois, des honoraires pour les successions d'une valeur inférieure à cent *aurei*. Peut-être, l'ouverture des testaments avait-elle pour but d'assurer la perception de la *vicesima*. Mais il est fort probable, sinon certain, que dans ce texte, où il n'est point parlé de l'impôt du vingtième, Justin a seulement en vue l'intérêt des héritiers et des légataires, qu'il veut soustraire à l'avidité de certains magistrats.

Une seconde opinion, soutenue par Alciat (1) et Panciroli, soutient que la suppression eut lieu sous le règne de Gratien (375-383). Dans ce sens, Alciat invoque un passage dans lequel Ausone (*ad Gratianum imperatorem*, n° 406), précepteur de cet empereur, le félicite « *de condonatis residuis tributorum* » au sujet de remi-

_____
(1) Dispunctiones, VI, 3.

ses d'impôts faites par lui ; et dans lequel, rappelant des remises opérées notamment par Trajan, il déclare qu'elles furent faites dans une moins large mesure. En partant de ce texte, et surtout étant admis, — ce qui est d'ailleurs incontestable, — que les remises d'impôts, opérées par Trajan, se rapportaient à la *vicesima hereditatium* (Pline, *loc. cit.* n° 40), Alciat conclut que Gratien n'a pu surpasser Trajan, qu'en abolissant l'impôt.

La conclusion d'Alciat est certainement forcée. Ausone ne parle en effet dans son texte que d'un reliquat d'impôts, *residuis tributorum*, d'impôts arriérés, et nullement de la suppression de la *vicesima* elle-même. Cette simple observation suffit à écarter le système.

Une troisième opinion (1) soutient que la disparition de la *vicesima* a pu être la conséquence des réformes financières opérées par Dioclétien. Ce n'est là qu'une conjecture ; mais qui est très-acceptable, si l'on cherche à expliquer la disparition de la *vicesima*.

Cette explication paraît au premier abord, il est vrai, difficile à fournir, alors surtout que cet impôt procurait au Trésor des ressources très-importantes, et que les textes montrent précisément à cette époque, le fisc comme étant très-obéré.

Lydus (*de Magistratibus Romanis*, I, 4) rapporte en effet, que vers la fin de IIIe siècle, l'empire fut divisé en quatre parts et partagé entre Maximien et Dioclétien, Galère et Constance Chlore. L'augmentation du nombre des empereurs, et l'introduction du luxe des cours asiatiques, durent amener fatalement l'aggravation des

---

(1) Baudi di Vesme : des Impositions de la Gaule dans les derniers temps de l'empire Romain, ch. I, n° 8 ; — Laboulaye : Revue historique. 1861 ; — Vigié : Étude sur les impôts indirects romains, p. 44.

impôts et leur extension aux provinces qui jusqu'alors avaient joui de l'immunité. Au surplus, Maximien ayant eu dans son lot, l'Afrique et l'Italie, l'immunité de celle-ci fit peser tout le poids de l'impôt sur l'Afrique, ou même seulement sur une partie de cette dernière, un grand nombre de colonies privilégiées, jouissant du *jus italicum*, et à ce titre, étant exemptes d'impôts. Ce fut alors que, sur conseil de Dioclétien, un nouveau recensement de tout le monde Romain eut lieu, et que le *tributum soli*, qui pesait sur les provinces, fut étendu à l'Italie, et aux colonies jouissant du *jus italicum* ; seules, l'enceinte de Rome et les régions suburbaines, *regiones suburbicariæ*, continuèrent à ne pas payer l'impôt foncier.

Ce serait à ces réformes, dit-on, qu'il faudrait rattacher la disparition de la *vicesima*, qui aurait été réunie alors au *tributum soli*.

Cette solution est très acceptable. Le trésor ayant besoin de ressources, on aurait ainsi certainement augmenté le rendement de l'impôt, en supprimant les difficultés de perception, et en empêchant les fraudes qui devaient se produire.

On pourrait de plus expliquer ainsi le passage dans lequel Lydus déclare que le recensement fait par Dioclétien renversa complètement le système d'impôts appliqué jusqu'alors ; et conclure de cette affirmation que c'est bien à Dioclétien qu'est due l'abrogation de la *lex vicesima hereditatium*.

Une quatrième opinion, proposée il y a quatre ans environ (1), très affirmative dans ses conclusions, sou-

---

(1) Ch. Poisnel, Mélanges d'archéologie et d'histoire (École française de Rome), 1883 p. 312.

tient au contraire que c'est à Constantin qu'il faut attribuer l'abrogation de cette loi.

On invoque, dans ce sens, un passage de l'un des panégyriques de Constantin, celui du rhéteur gaulois, Nazarius. Ce passage, tiré d'une harangue, prononcée à Rome, pour célébrer le cinquième anniversaire des fils de Constantin et de Licinius, se termine par l'éloge de certaines mesures législatives, dont la dernière ne serait autre que l'abolition de l'impôt du vingtième : « Des lois nouvelles ont été rendues, dit le panégyriste, pour redresser les mœurs et réprimer les vices. Les détours de la vieille chicane n'ont plus ces pièges où la bonne foi venait se prendre. L'homme est en sûreté ; le mariage protégé. La richesse en sécurité se réjouit d'être recherchée ; on ne craint plus de trop avoir ; mais dans une si grande affluence de biens, il est honteux de ne rien posséder (1) ».

Chacun des membres de phrase de ce texte, dit-on, correspond à une réforme législative de Constantin. Les premiers mots : « Les lois rendues pour réprimer les mœurs... » seraient une allusion directe à la Constitution qui abolit presque entièrement les lois caducaires. Les mots suivants « Les détours de la vieille chicane... » viseraient la Constitution qui dispensait les testaments des anciennes formules solennelles, si toutefois, dit-on, cette Constitution n'a pas été rendue plus tard, comme c'est l'opinion générale (2). La suite du texte : « l'hon-

(1) « Novæ leges regendis moribus et frangendis vitiis constitutæ. Veterum calumniosæ ambages recisæ captandæ simplicitatis laqueos perdiderunt. Pudor tutus, munita conjugia. Securæ facultates ambitione sui gaudent ; nec aliquis habendi quam plurimum metus, sed in tanta bonorum affluentia magna verecundia non habendi ». *Panegyricus Constantino aug. dictus* XXXVIII.

(2) Cette constitution (C. 15 Code VI, 23), qui d'après Baronius et M. Pois-

neur est en sûreté... » aurait en vue des dispositions sur le rapt et le concubinat. La dernière phrase enfin, viserait directement la Constitution qui aurait aboli la *vicesima hereditatium*.

A l'appui de cette conclusion, on fait valoir trois arguments que l'on tire : du rapprochement du passage de Nazarius avec un texte de Pline ; — des réformes opérées par Constantin ; — et des relations qui existaient entre la *lex Julia Papia Poppœa* et la *lex Julia vicesima hereditatium*.

« On ne craint plus de trop avoir », dit le panégyriste. Or, dit M. Poisnel, d'où venait cette inquiétude, sinon de l'impôt de la *vicesima* qui s'attachait à la richesse ? C'est qu'en effet, Pline (*loc. cit.*) parle aussi du « *periculum legis vicesimæ* ». S'occupant des réformes de Trajan, il s'exprime ainsi : « *Cuicumque modica pecunia ex hereditate alicujus obvenerit, securus habeat quietusque possideat. Ea lex vicesimæ dicta est, ut ad periculum ejus perveniri nisi opibus non possit* » (nº 40). Les termes sont donc les mêmes ; et si la *lex vicesima* n'est pas nommée dans Nazarius, du moins elle se reconnaît aux paroles de Pline, dont il a fait emprunt.

Au reste, dit-on, les réformes financières de Constantin sont inconciliables avec le maintien de la *vicesima hereditatium*. Deux charges en effet, le *follis*, ou bourse d'or, et la *prætura* (1), ou dons de préture,

---

nel serait de l'année 320, est considérée comme étant de l'année 330, la seconde année du règne de Constance. Si l'inscriptio parle en effet de Constantin, la subscriptio parle de Constance. Il est donc difficile de se prononcer.

(1) Le *follis*, appelé aussi *illatio glebalis* ou *gleba senatoria* variait suivant la fortune de ceux qui y étaient soumis. Constantin avait divisé les sénateurs en trois classes : les plus riches payaient huit folles (8179 fr.) ; — la seconde classe, quatre (4089 fr. 50) ; et les moins riches, deux (2044 fr. 75). Ceux à qui leur patrimoine ne permettait pas de payer une aussi forte somme, étaient soumis à une contribution de sept solidi (99 fr. 40). Enfin, ceux qui ne pou-

portaient sur les classes élevées, qui seules, pendant la période précédente, payaient la *vicesima*. Elles ne sont, il est vrai, ni l'une ni l'autre des droits de succession : le *follis*, pesant sur les sénateurs, grevait la propriété immobilière, et s'ajoutait à l'impôt foncier ; — la *prætura* consistait dans l'obligation, imposée aux plus hautes magistratures, de donner des jeux publics. Mais enfin, l'on ne pouvait exiger des sénateurs l'impôt du vingtième, puisque leurs biens, exempts autrefois du *tributum soli*, avaient acquitté déjà deux fois l'impôt foncier.

On invoque enfin les relations existant, dit-on, entre la *lex vicesima hereditatium* et la *lex Papia Poppœa*. Votées à 3 ans seulement de distance (759-762), ces lois, depuis Auguste jusqu'à Constantin, ne se séparèrent point : modérées par les Antonins, aggravées par Caracalla, elles furent abrogées toutes deux par Constantin.

Ce qui peut expliquer d'ailleurs cette destinée commune, c'est que de même que la *vicesima* devait entretenir la caisse de l'armée, de même la *lex Papia* relevait les institutions militaires, en favorisant le développement de la population.

L'impôt des successions n'aurait pas cependant

vaient payer, devaient renoncer au titre de Sénateur (Zozime, II, 32 ; — C. 2 4, 12 Code. th. VI, 2 et C. 21, même Code VI, 4.)

Les fils et les filles de sénateurs étaient également soumis à cet impôt ainsi que les personnes de dignité sénatoriale, les *clarissimi*.

Pour déterminer le nombre de folles à payer, chaque Sénateur devait, déclarer ses biens immobiliers au Sénat, sous peine de la confiscation des biens non déclarés. De plus, pour éviter les fraudes, il était interdit aux Sénateurs d'aliéner leurs biens lors de leur nomination, à moins de prouver qu'ils avaient eu un juste motif d'aliénation.

Quant à la *prætura*, Constantin ordonna que tous ceux qui occupaient quelque dignité publique fussent élevés au rang de préteurs, et fussent tenus, outre la dépense des jeux publics, de payer au fisc une forte somme.

complètement disparu avec Constantin : il resterait
encore, dans l'ordre des *curiales*, une redevance frappant les héritiers des décurions, étrangers à la curie.
C'est à cette dernière qu'était payée la redevance, *lucra-
tiva descriptio ;* mais l'État en prenait les deux tiers.

Cette opinion n'est pas exacte.

Les rapports des lois *Julia vicesima* et *Papia Poppœa* ne sont pas aussi certains qu'on veut bien le dire.
Si comme on le soutient, en effet, elles avaient eu
toutes les deux pour but le relèvement des institutions
militaires, cette identité serait certainement indiquée
par quelque jurisconsulte ou quelque historien, comme
formant la base d'un même système.

Ce serait d'ailleurs se tromper sur les intentions
d'Auguste, que de donner à la législation papienne le
but politique qu'on lui assigne ; ce but était avant tout
moral. Et ce qui prouve bien qu'aucune relation n'existait entre ces lois, c'est que dès le début de son règne,
trente-cinq ans environ avant la *lex vicesima*, l'abandon
de plus en plus marqué du mariage et la décroissance
progressive de la population, ingénue l'ayant frappé
dès cette époque, Auguste avait voulu remédier au
mal ; mais alors, Horace proclamait l'impuissance de
ces tentatives qui ne purent aboutir que vers la fin du
règne (1). Au reste, les idées de l'empereur n'étaient pas
nouvelles ; dès l'époque de la République, le fait d'avoir
des enfants entraînait certains avantages (Aulu-Gelle II,
15 ; V. 19 ; — Tite-Live XX, 2 ; XLI, 8) ; le célibat était
considéré comme un mal, contre lequel les censeurs
devaient réagir (Cicéron, *de legibus,* III, 3).

(1) *Quid leges sine moribus.*
vanœ proficiunt? Odes, III, 24.

On pourrait, il est vrai, faire remarquer peut-être que s'il n'en fut pas ainsi sous Auguste, ses successeurs du moins durent considérer ces deux lois, comme unies entr'elles et tendant au même but. Mais s'il fallait admettre ce rapport, on devrait conclure, et c'est en effet la conclusion à laquelle on arrive, que les successions pauvres, dispensées de la *vicesima*, seraient celles d'une valeur inférieure à cent mille sesterces. La loi *Papia Poppœa*, distinguant en effet entre les successions inférieures ou supérieures à ce taux, il serait tout naturel de décider que le taux au-dessous duquel une succession était considérée comme pauvre devait être le même que celui de la loi *Papia*. Or, contre cette manière de voir, qui cependant est l'opinion générale, on peut faire valoir certaines objections qui ne manquent pas de gravité.

Le second argument, tiré des réformes financières de Constantin et de l'existence du *follis* et dela *prætura*, n'est pas non plus concluant. Si l'on dit d'abord, que ces charges nouvelles, portant sur les classes élevées, soumises seules au payement de la *vicesima*, avaient dû remplacer ce dernier impôt, on peut répondre qu'il n'est peut-être pas exact de prétendre que seules, les classes élevées fussent soumises au payement de l'impôt du vingtième. Et quant à la remarque que l'on fait, consistant à dire que les biens de l'ordre sénatorial ayant acquitté déjà deux fois l'impôt foncier, le *tributum soli* et la *gleba senatoria*, ne pouvaient pas être assujettis à la *vicesima*, on peut répondre que rien ne prouve que cet impôt n'eut déjà disparu. Bien au contraire, on peut dire que cette disparition avait eu lieu sous Dioclétien.

Au reste, s'il faut admettre, comme le reconnaît M. Poisnel lui-même, qu'à partir du IVe siècle, la *vice-sima hereditatium* n'a plus sa raison d'être, parce qu'elle tenait lieu de l'impôt foncier en Italie, il faut alors conclure que c'est bien sous Dioclétien qu'elle a disparu, puisque c'est précisément sous ce prince, que le *tributum soli* a été étendu à l'Italie.

Enfin, quant au troisième argument, tiré du rapprochement des textes de Nazarius et de Pline, quoiqu'on en dise, les termes employés sont loin d'être « les mêmes ». Au surplus le texte de Nazarius est loin d'être bien clair, pour que l'on puisse admettre qu'il entend parler de la *vicesima*. Si les arguments que l'on invoque étaient irréfutables, peut-être alors pourrait-on conclure que c'est bien de l'impôt du vingtième qu'il s'agit dans ce texte. Mais contre ces arguments, on peut faire des objections.

On ne peut donc affirmer d'une façon positive et sûre que la *lex Julia vicesima hereditatium* a été abolie par Constantin.

C'est plutôt aux réformes de Dioclétien, qu'il faut rattacher son abrogation.

CHAPITRE SECOND

DE L'APPLICATION DE LA VICESIMA HEREDITATIUM

SECTION I

Des successions soumises à la vicesima.

L'édit des triumvirs de 714 n'avait soumis à l'impôt que les successions testamentaires.

La *lex vicesima* y soumit et les successions testamentaires et les successions *ab intestat*, peut-être même les donations à cause de mort. Mais des exceptions existent, dont l'une, très importante, est relative aux successions pauvres.

§ 1. — Règle.

L'unanimité des auteurs en France, et la presque unanimité des auteurs en Allemagne, admet aujourd'hui que l'impôt du vingtième frappait les successions testamentaires et les successions *ab intestat*. Le paragraphe 25 du livre LV de Dion Cassius dit formellement, en effet, que l'impôt fut perçu sur les successions et les testaments, τῶντε κλήρων καὶ τῶν δωρεῶν.

On a cependant soutenu le contraire, tant en ce qui

touche les successions testamentaires, qu'en ce qui
touche les successions *ab intestat*.

A. — **Successions testamentaires**. — Un ancien
commentateur, Beaudoin, (1) dont Burmann rapporte
l'opinion (2), a soutenu que les successions *ab intestat*
étaient seules soumises à l'impôt. Il s'appuyait sur ce
fait que, seul de tous les historiens, Dion Cassius parlait des testaments, tandis que tous ceux qui s'occupaient de l'impôt, ne parlaient que des successions
ab intestat.

Cette opinion, isolée d'ailleurs, ne saurait être
admise. Elle n'est pas seulement contredite, en effet,
par le texte de Dion Cassius, mais encore par certaines
inscriptions. Il résulte en effet de celles-ci, que lorsqu'un testateur ordonnait d'élever soit un temple,
soit une statue, pour la construction desquels il laissait
une somme d'argent, on indiquait assez souvent
dans l'inscription, gravée sur le piédestal, si les frais
de l'impôt étaient compris dans la somme léguée, ou
si au contraire les héritiers les avaient pris à leur
charge. C'est ce qui résulte notamment des inscriptions suivantes :

C. I. latin. II. n° 1425 :

Victoriam Aug. Q. fabius l. f. (g) al. fabulus testa-
mento fieri ponique jussit ex $\overline{HSIIII}$, *huic dono L.*
fabius l. f. gal. fabianus heres $\overline{XX}$ *non deduxit et D. D.*

C. I. lat. II, n° 1474 :

Cæcilia Trophime statuam pietatis ex testament(o) suo,

(1) *loc. cit.* p. 227 et suiv.
(2) *loc. cit.* XI p. 162.

ex arg(enti) p(ondo) C... poni jussit. Heredes sine ulla deductione XX posuerunt.

C. I. lat. II, n° 964 :

Bæbiæ, C.f(iliæ), Crinitæ, Turobrigensi, sacerdoti quæ templum Apollonis et Dianæ dedit ex HSC͞C, ex qua summa X (x) populi romani deducta et epulo dato, it templum fieri sibique hanc statuam poni jussit.

Le testament de Dasumius fournit d'ailleurs un argument péremptoire (Giraud, loc. cit. p. 660, n° 12) : car le testateur prie ses héritiers institués d'acquitter l'impôt pour tous les legs qu'il a faits «... *eum eosque rogo, fideique ejus eorumque committo ut quæcumque hoc testamento cuiquam dedi legavi, ea vicensimis omnibus modis liberent.* »

B. — **Successions ab intestat.** — En sens inverse, on a également soutenu (1), que, comme sous l'édit des triumvirs, les successions *ab intestat* n'étaient pas soumises à l'impôt.

On invoque dans ce sens, le passage où Pline déclare (loc. cit. n° 37) que la *vicesima* n'était pas due par les *heredes domestici*; et les passages dans lesquels Dion Cassius dit de même que les proches parents étaient exemptés de l'impôt (LV, 25 et LXXVII, 9).

Mais, contre cette opinion, on peut invoquer aussi le texte où Dion Cassius pose le principe de l'application de l'impôt, tant à l'égard des successions que des testaments ; et les textes de Pline (n° 37 à 40), qui ne parlant jamais de succession testamentaire, se place toujours dans l'hypothèse de succession *ab intestat*.

(1) Burmanm, loco citato.

C. — **Donations à cause de mort.** — S'il paraît donc certain que les successions et les legs étaient soumis à la *vicesima,* la certitude n'est plus aussi grande pour les donations à cause de mort, dont il n'est parlé dans aucun texte.

Leur grande analogie avec les legs dut cependant les faire soumettre de bonne heure à l'impôt. Sans doute leur assimilation complète avec eux ne fut définitive que sous Justinien (C. 4, *de mortis causa donationibus,* Code, VIII, 56 ou 57). Mais elle avait été faite déjà par des lois spéciales, sur certains points particuliers.

C'est ainsi que les lois *Furia testamentaria* et *Voconia* mettaient sur la même ligne les legs et les donations à cause de mort (Gaius II, 225 et 226) ; — que la loi Falcidie, fut étendue à ces dernières par une constitution de l'empereur Sévère, ainsi qu'il résulte de la C. 2, au Code, *de mortis causa donat.*

De même encore, les lois *Julia de maritandis ordinibus* et *Papia Poppæa,* de 757 et 762, furent étendues aux donations par un Sénatus-consulte postérieur (f. 35 pr. *de mortis causa donat.* Dig. XXXIX, 6) (1).

Au reste, si l'un des motifs de la loi Falcidie fut un motif fiscal, on peut considérer comme fort probable, quant à l'application de la *vicesima,* l'assimilation aux legs des donations *mortis causa,* puisqu'elles furent assimilées à ces derniers quant à la quarte Falcidie (f. 15 pr. *ad legem Falcidiam* Dig. XXXV, 2).

Quoiqu'il en soit d'ailleurs, l'assimilation dut être faite ; car si l'on en croit Dion Cassius (LXXVII, 9),

---

(1) « Senatus censuit placere mortis causa donationes factas in eos, quos lex prohibet capere, in eadem causa haberi, in qua essent, quæ testamento his legata essent, quibus capere per legem non liceret ».

toutes les donations, même celles entre-vifs, qui certainement, à l'origine, étaient exemptes d'impôts, y furent soumises à partir de Caracalla. Le payement de l'impôt fut exigé, dit en effet l'historien ὑπὲρ δωρεᾶς πάσης . . ..

§ II. — Exceptions.

Dion Cassius (LV, 25) nous apprend que toutes les successions n'étaient pas soumises à l'impôt : il indique deux exceptions, existant au profit des proches parents et des pauvres « ... πλὴν τῶν πάνυ συγγενῶν ἢ καὶ πενήτων. ». Nous ne nous occuperons ici que de la seconde.

Une autre exception que les textes ne mentionnent pas expressément, mais qui devait certainement exister, s'appliquait aux successions dévolues au Trésor public, à l'empereur et à l'*ærarium militare*.

Enfin, certains auteurs ont prétendu que des exceptions devaient également être faites pour les legs d'aliments et les legs faits *ad pias causas*.

A. **Successions pauvres.**—Si l'exemption dont profitaient ces successions, qui avait dû être établie par la *lex vicesima*, est certaine, des difficultés existent pour déterminer ce qu'il faut entendre par l'expression de Dion Cassius « πενήτων ».

Les textes, en effet, ne fournissent aucun renseignement à ce sujet. Dion Cassius ne fait que mentionner l'exception; Pline, qui parle d'une modification introduite à ce sujet par Trajan, se contente de dire, mais sans en indiquer le taux, que ce prince fixa la somme au-dessous de laquelle une succession serait considérée comme pauvre : «... *a qualibet quantitate vicesimam inferre cogetur. Statuit enim summam quæ publicanum pati possit* ». *(loc. cit.* n° 40).

Aussi bien, dans le silence des textes, ne peut-on faire que des conjectures.

Peut-être, à l'origine, le taux n'était-il pas législativement déterminé ; c'était une question de fait, laissée à l'appréciation de l'empereur. Ce qui conduirait à le décider ainsi, ce serait le texte même, où Pline parle de la réforme opérée par Trajan. Avant lui, aucune règle précise n'existant, il aurait fixée le taux des successions pauvres. Au reste, même à partir de Trajan, cette somme n'est pas connue. Pline, comme Dion Cassius, pose bien, le principe « *carebit onere vicesimæ parva et exilis hereditas* » ; mais il n'indique pas ce qu'il faut entendre par ces derniers mots.

La grande majorité des auteurs admet qu'il fallait considérer comme successions pauvres, toutes celles dont la valeur était inférieure à cent mille sesterces, *minus sestertium centum millium patrimonium* (1).

On fait remarquer, dans ce sens, qu'à l'époque d'Auguste, les successions inférieures à ce chiffre, étaient considérées comme de peu d'importance. C'est ainsi que la loi *Papia Poppœa* contemporaine de la *lex vicesima*, accordait au patron le droit de venir en concours avec les héritiers siens de l'affranchi, pour une part virile, mais seulement dans le cas où le défunt laissait moins de

---

(1) Rudorff : *loc. cit.* XII, 321, — Bachofen : Die Erbschaftsteuer, p. 341, 342 ; — Mommsen: die Rœm. Tribus, p. 120 note 106 c ; — de Valroger : Revue critique, 1859, p. 500; — Laboulaye : Revue de législation 1845, II, 329; — Bouchard : des Finances de l'empire romain, p. 376 ; — Willems : Droit public romain, p. 368 ; — Poisnel (Mélanges d'archéologie et d'histoire, 1883, p. 324).

deux enfants, ou une fortune inférieure à cent mille sesterces (Gaïus, III, 42).

Une seconde opinion, admise par Burmann (1), soutient que le taux d'exemption était cent *aurei*, et peut-être même seulement cinquante (2).

On invoque dans ce sens, la C. 23 au Code, VI, 23, qui distingue pour les honoraires dus aux magistrats chargés de l'ouverture des testaments, entre les successions inférieures ou supérieures à cent *aurei*.

Sans doute, si ce texte se rapportait à notre matière, l'opinion qui l'invoque serait irréfutable. Mais rien ne prouve qu'il en soit ainsi : nous avons en effet considéré la Constitution de Justin, comme relative seulement aux honoraires de certains fonctionnaires, sans qu'on puisse affirmer qu'elle soit relative à l'impôt des successions.

Quant à la première opinion, elle n'est encore qu'une conjecture, fort peu certaine d'ailleurs. Si l'on convertit en effet, le sesterce romain en monnaie française, on est amené à reconnaître que les successions atteignant ce taux, étaient des successions assez importantes ; car le sesterce valant 21 centimes, les successions de vingt-un mille francs et au-dessus, n'eussent pas été soumises à la *vicesima*. Or, il ne paraît pas bien téméraire d'affirmer que peu de successions eussent été atteintes par l'impôt, alors pourtant que le Trésor avait essentiellement besoin de ressources.

A ce point de vue, la seconde opinion serait préférable ; car l'aureus, valant sous Auguste, 26 fr. 89, et sous Constantin, 15 fr. 53, seules les successions d'une

(1) *loc. cit.* p. 163.
(2) Dureau de la Malle : Économie politique des Romains, II. p. 472

valeur inférieure à 2689 fr. ou 1553 fr. auraient été exemptées de l'impôt (1).

B. — **Successions dévolues au fiscus, à l'ærarium, et à l'ærarium militare.** — Le Trésor public, le trésor de l'empereur et l'*ærarium militare*, pouvaient recueillir des successions à plusieurs titres.

Ils pouvaient d'abord être institués héritiers ; nous en avons une preuve dans le testament de Dasumius, qui contient un legs en faveur de Trajan (2).

Le Trésor public, l'*ærarium*, pouvait aussi recueillir des biens par suite de l'application des lois caducaires, lorsqu'il n'y avait ni institués, ni légataires *patres*, auxquels fussent dévolus, à titre de récompense, les dispositions qui échappaient aux *cœlibes* et aux *orbi* (Gaïus, II, 286 a).

Plus tard, au moins dans l'opinion qui paraît la plus exacte, ce fut le Trésor impérial et non plus le Trésor du peuple, qui bénéficia, à défaut d'héritiers institués et de *patres*, des *caduca*. L'innovation dut être faite par Caracalla (3).

---

(1) Chez nous, la loi du 22 frimaire an VII n'établit aucune dispense en faveur des successions pauvres.

(2) C'était une habitude assez répandue, au temps de l'Empire, de léguer au prince une partie de sa fortune. Au dire de Suétone (*Aug.* CI), Auguste recueillit ainsi, dans les vingt dernières années de sa vie, 1400 millions de sesterces.

(3) Le paragraphe 2, titre XVII des Regulæ d'Ulpien porte que, de son temps, tous les *caduca*, en vertu d'une constitution de Caracalla, étaient dévolus au fisc : « *hodie ex constitutione imperatoris Antonini omnia caduca fisco vindicantur....* » Des interprètes en ont conclu que cet empereur avait supprimé le *jus patrum*. Mais cette opinion n'est pas exacte. Elle se heurte d'abord, à un texte du même jurisconsulte, tiré du même ouvrage (tit I, 21), et qui constate que le droit des patres existait encore «... *quod si non habeat, non valere constat, quod loco non adeuntis legatarii patres heredes fiunt.* » Il paraît donc plus probable, de penser que l'innovation de Caracalla a seulement consisté à remplacer le trésor public, *ærarium*, par le trésor impérial, *fiscus*.

Le Trésor public pouvait s'enrichir encore, au moyen des successions en déshérence, *bona vacantia*, c'est-à-dire des biens compris dans les successions auxquelles personne n'était appelé ni par le Droit civil, ni par le Droit prétorien, où qui avaient été répudiées successivement par tous les appelés.

Ces biens qui, à l'origine, demeuraient *res nullius*, jusqu'à ce que l'usucapion *pro herede* les eut fait acquérir à un particulier, furent dévolus au peuple, sous le règne d'Auguste, par la loi *Julia caducaria*, ainsi que cela résulte de deux textes d'Ulpien et de Gaïus : «... *et si nemo sit, ad quem bonorum possessio pertinere possit, aut sit quidem, sed jus suum omiserit, populo bona deferuntur ex lege Julia caducaria.* » (Reg. XXVIII, 7). «... *Nam ita demum ea lege bona caduca fiunt, et ad populum deferi jubentur, si defuncto nemo heres vel bonorum possessor existat* ». (Com. II, 150).

Sur les successions ainsi dévolues, la *vicesima hereditatis* ne devait pas être exigible. Si aucun texte en eʼfet ne mentionne expressément l'exemption, on peut cependant l'induire de certains passages du *Digeste*.

Quant au Trésor public d'abord, le f. 9, 8 *de publicanis et vectigalibus*, XXXIX, 4, dit d'une façon générale, que le fisc (1) était exempt de tout impôt : « *fiscus ab omnium vectigalium præstationibus immunis est* ».

Il devait en être de même des successions dévolues à l'empereur : les textes montrent en effet l'empereur,

(1) Le texte emploie le mot *fiscus*, qui désignait à l'origine, le trésor particulier de l'empereur. C'est qu'en effet sous Justinien, l'empereur avait pris la place du peuple. Quant à l'époque où le *fiscus* avait remplacé l'*ærarium*, elle est assez difficile à préciser. Peut-être la substitution a-t-elle été opérée sous Marc-Aurèle, comme on pourrait l'induire d'un rescrit de ce prince (Inst. III, 11 parag. 1), dans lequel le mot *fiscus* est employé.

et même l'impératrice jouissant des mêmes immunités que le fisc : « *quodcumque priveligii fisco competit, hoc idem et Cæsaris ratio et Augustæ habere solet* ». f. 6, 1 *de jure fisci* XLIX, 14.

Enfin, pour les successions dévolues à l'*ærarium militare*, aucun texte ne mentionne ni expressément, ni implicitement l'immunité d'impôt. Mais une simple observation suffit à la faire admettre. La *vicesima hereditatis*, ayant surtout été créée pour fournir des ressources à la caisse de retraite, c'eût été aller contre le but même de l'impôt que de l'exiger d'elle. Au surplus, il n'aurait servi de rien d'exiger le paiement d'une somme, destinée à être versée de suite dans cette caisse (1).

Si des deux exceptions qui précèdent, la première est certaine, et la seconde peut s'induire des textes, deux autres exceptions que certains auteurs ont proposées, ne paraissent pas devoir être admises : elles seraient relatives aux legs d'aliments et aux legs faits *ad pias causas*.

C. — Legs d'aliments. — Burmann (*loc. cit.* p. 162) a prétendu que les legs d'aliments étaient exemptés de l'impôt. Il invoque dans ce sens, d'une part l'équité d'une pareille exemption, et d'autre part un texte d'Æmilius Macer, le commentateur de la loi Julia, dans lequel le jurisconsulte indique la manière de calculer la valeur de ces legs (f. 68, *ad legem Falcidiam, Dig.* XXXV, 2). Si le calcul est ainsi fait, dit Burmann, c'est pour déduire ces legs des valeurs soumises à l'impôt.

---

(1) La même exception existe chez nous, au profit de l'État, en vertu du principe général posé par l'article 70 de la loi de frimaire, qui veut que l'État ne se paye pas d'impôt à lui-même (Circul. 12 messidor an VII. n° 1306).

Cette opinion n'est pas acceptable. Aucun texte ne la justifie ; bien au contraire, le seul texte invoqué se retourne contre le système ; car le jurisconsulte s'y occupe du legs d'usufruit, qu'il met sur le même pied que le legs d'aliments ; or, il est certain que le legs d'usufruit était soumis à la *vicesima*.

D. — **Legs faits ad pias causas.** — On a cru voir une dernière exception, dans les legs faits aux temples des dieux, ou plus généralement aux legs faits *ad pias causas* (1).

Dans ce sens, l'on s'appuie sur deux inscriptions trouvées sur les murs de l'église Saint-François, à Exiga (Espagne), et dans lesquelles il est dit que l'héritier qui a élevé une statue pour obéir au testateur, l'a fait *sine ulla deductione*.

C. I, lat. II, 1473 :

J. Numerius Martialis Astigitanus Seviralis signum Panthei testamento fieri ponique ex argenti libris C. sine ulla deductione jussit.

C. I. lat. II, 1474 :

Cæcilia Trophime statuam pietatis ex testament (o) suo ex arg. P. C. suo et Cæcilii Silonis mariti sui nomine poni jussit. D. Cæcilius Hospitalis et Cæcilia D. F. Materna et Cæcilia Philete heredes sine ulla deductione $\overline{XX}$ *posuerunt.*

Dans les expressions *sine ulla deductione*, on a cru voir une formule de style pour tous les legs de même

(1) Bouchaud : de l'Impôt du vingtième sur les successions (Mémoire à l'Académie des inscriptions et belles-lettres).

4

nature, et on en a conclu qu'ils étaient exempts de la *vicesima*.

Ces inscriptions, auxquelles on pourrait d'ailleurs en ajouter beaucoup d'autres (1), ne sont nullement concluantes. Dans la première, l'héritier ne fait qu'exécuter la volonté du défunt; dans la seconde, c'est de sa propre volonté et dans une intention de libéralité qu'il a acquitté le legs, sans déduire l'impôt. Or, précisément, l'indication faite que la *vicesima* n'avait pas été déduite par l'héritier, prouve qu'en principe il était autorisé à la déduire, et que par conséquent elle était due.

Rudorff (2) a donné de ces inscriptions une explication qui est assez plausible. Il rattache la mention de la non-déduction de l'impôt, à l'immunité dont jouissaient les frais funéraires. Et en effet, dans les inscriptions qui précèdent, comme dans beaucoup d'autres, il ne s'agit que de monuments élevés à la mémoire du défunt, et que l'héritier aurait pu comprendre dans ces frais. La déduction que l'héritier n'aurait pas faite, serait alors celle des frais funéraires (3).

SECTION II.

Des personnes soumises à la vicesima.

De même que certaines successions n'étaient pas soumises à l'impôt, de même aussi certaines personnes,

(1) C. I, lat. II, 1444, 3424; — III, 2922, etc.

(2) Laboulaye (Revue de législation 1845, II, 333 et note 1).

(3) Pas plus qu'à Rome, les legs pieux et les legs d'aliments ne sont exemptés chez nous des droits de succession.

sur la détermination desquelles des difficultés s'élèvent, en étaient affranchies.

§ I. — Règle.

La *lex vicesima hereditatium* s'appliquait aux citoyens romains seuls. C'est ce qui résulte de certains textes de Dion Cassius et de Pline.

Dion Cassius (LV, 25) nous fait connaître les intentions d'Auguste, quand il établit la *vicesima* : il voulait faire payer à Rome et à l'Italie, une charge qui compensât les impôts et surtout le *tributum soli*, payé seulement par les provinces.

A cette époque, en effet, Rome et l'Italie étaient exemptes de tous impôts.

Les droits de douanes et de péages, *portoria*, avaient été abolis en 694 (60 av. J.-C.), par la loi *Cæcilia*, rendue sur la proposition du préteur Q. Cécilius Metellus. L'abolition complète, il est vrai, n'avait pas duré longtemps. La dictature de César, ayant épuisé le Trésor, l'Italie avait dû renoncer en partie au privilège de la loi Cæcilia ; mais le *portorium* rétabli par César, ne l'avait été que sur les marchandises étrangères « *peregrinarum rerum portoria instituit* ». Suétone (Cæsar XLIII).

L'impôt foncier, le *tributum soli*, n'était également perçu que dans les provinces. Déjà, après la conquête de la Macédoine, par Paul-Emile, Rome en avait été affranchie (587) (1). Plus tard, après la guerre sociale, le *jus civitatis* ayant été étendu par une loi Julia, proposée par le père de César, aux villes qui étaient res-

(1) Cicéron : de *officiis* II, 22 ; Plutarque : *Vie de Paul-Émile.*

tées fidèles à Rome, et peu de temps après à toute l'Italie (1), le *tributum soli* ne fut plus perçu dans toute la péninsule.

Si donc, comme l'affirme Dion Cassius, l'intention d'Auguste était d'obtenir, par l'établissement de la *vicesima,* l'équivalent du *tributum soli,* auquel n'étaient pas astreints ceux qui jouissaient du *jus civitatis*, il en résulte que la *vicesima* ne devait atteindre que les citoyens.

C'est ce qui résulte également de certains passages du n° 37 du *Panégyrique de Trajan.* Pline parlant des *novi cives*, déclare que s'ils n'avaient pas obtenu en même temps que le *jus civitatis* les *jura cognationis*, ces nouveaux citoyens étaient considérés comme étrangers à leurs plus proches parents, et par suite soumis à la *vicesima.* Il semble donc bien résulter de là que l'impôt ne s'appliquait qu'à ceux qui jouissaient du *jus civitatis*, aux citoyens. Et c'est bien en effet ce qui ressort formellement de ce texte: « *Inveniebantur tamen quibus tantus amor nominis nostri inesset, ut romanam civitatem... vicesimæ... damno bene compensari putarent* ».

Enfin, c'est ainsi que Dion Cassius explique l'extension du droit de cité, faite à tous les sujets de l'empire par Caracalla. Son but, dit l'historien, fut de soumettre tous les sujets de Rome à la *vicesima*; ce qui prouve donc qu'antérieurement ils n'y étaient pas soumis.

Tout ce qui précède démontre donc que la *vicesima* ne fut pas exigée, au moins à l'origine, des habitants des provinces. S'ils y furent peu à peu soumis, ce ne

(1) Cicéron : *Pro Balbo,* 8; — Valléius Paterculus II, 16, 17. 20.

fut que par l'extension progressive du *jus civitatis*, consentie par les empereurs.

A l'origine, Rome s'était montrée prodigue du *jus civitatis*, en l'accordant souvent à des cités entières, et plus tard notamment à tous les Latins et à tous les Italiens. Les premiers empereurs au contraire s'en montrèrent avares : Auguste (Suétone, *Oct. Aug.* 40) et Trajan (Pline le jeune ; *Epist.* X, 7) ne l'accordèrent qu'avec parcimonie. Claude pourtant, né à Lyon, fit rendre un Sénatus-consulte qui concédait le *jus civitatis* à un grand nombre d'habitants de la Gaule (Tacite : *Annales* XI, 23 à 25).

Mais ce fut surtout sous les successeurs de Trajan que la concession du droit de cité fut accordée avec le plus de largesse, notamment par Hadrien, Antonin-le-Pieux, et surtout par Marc-Aurèle (Aurélius Victor, *de cæsaribus*, 16).

Enfin, Caracalla couronna l'œuvre de ses prédécesseurs, en étendant le droit de cité à tous les sujets de l'Empire : « *In orbe Romano qui sunt, ex constitutione imperatoris Antonini cives romani effecti sunt»*. (Ulpien, f. 17, *de Statu hominum*, Dig. I, 5).

Cette Constitution dont parle le jurisconsulte, et que Justinien attribue à Antonin le Pieux (Novelle, 78, ch. V.), est certainement d'Antonin Caracalla. La concession générale du *jus civitatis*, ne fut faite, en effet, au dire de Dion Cassius, que dans un but fiscal. Or à ce point de vue, le caractère de Caracalla est trop connu, pour que l'on puisse douter que la constitution qui précède, ne soit son œuvre. C'est sous son règne que la *vicesima* fut étendue aux donations entre-vifs ; — que le taux de l'impôt fut porté au dixième, et que l'exemption dont jouissaient certains parents, fut atténuée dans une large mesure.

Une seule exception existe parmi les personnes soumises à la *vicesima* : elle est relative aux proches parents du défunt (1).

Deux périodes doivent d'ailleurs être distinguées : Auguste, et ses successeurs.

A. — **Première période : Auguste** — L'impôt atteignait tous ceux qui recueillaient une succession, πλήν τῶν πάνυ συγγενῶν ἢ καὶ πενήτων, à l'exception des parents tout à fait proches et des pauvres (Dion Cassius LV, 25).

Le caractère fiscal de la *lex vicesima* aurait dû ne pas faire admettre, il semble, d'exceptions au principe de l'application de l'impôt. Pline explique pourtant l'exception relative aux proches parents. On n'a pas voulu, dit-il, enlever aux héritiers une partie des biens qui leur étaient garantis par le sang, la gentilitas et la communauté du culte domestique ; des biens, sur lesquels ils avaient toujours compté, et qu'ils avaient toujours regardés comme devant leur appartenir un jour. Aussi bien, cet impôt qui pouvait être léger et facile à supporter par les héritiers étrangers, devait-il, à juste titre, être pesant pour ceux de la famille : « *vicesima hereditatium tributum tolerabile et facile heredibus duntaxat extraneis, domesticis grave* ». (*loc. cit.* n° 37).

Mais que faut-il entendre par proches parents ? Dion Cassius les désigne des noms de πάνυ συγγενεῖς (LV,

---

(1) Chez nous, aucune exception n'existe, même au profit des parents en ligne directe.

25), et de πάνυ προσήκοντες (LXXVII, 9) ; Pline, de celui d'*heredes domestici*. Malheureusement, ni l'un ni l'autre ne développe sa pensée, et ne détermine les parents qui étaient exemptés de l'impôt. Bien plus même, leurs expressions sont quelque peu contradictoires : tandis en effet que Dion parle des parents très proches, Pline se sert d'une expression bien plus large, et oppose les parents dispensés de l'impôt, aux *extranei*, c'est-à-dire aux héritiers non parents.

Aussi bien, plusieurs opinions se sont-elles produites.

Une première, invoquant à son appui le n° 37 du *Panégyrique de Trajan,* soutient que les *domestici heredes* seraient tous les agnats. (1)

Il résulterait de cette doctrine qu'il faudrait considérer comme dispensés de l'impôt : 1° les *heredes sui*, c'est-à-dire ceux qui au moment de la délation de l'hérédité légitime, se trouveraient, comme descendants, sous la puissance immédiate du défunt, s'il vivait encore, et qui étaient appelés les premiers à la succession ; — 2° les *agnats*, c'est-à-dire, les descendants d'un auteur commun du sexe masculin, les intermédiaires entr'eux et lui, s'il y en a, appartenant aussi au sexe masculin, et la génération de toutes ces personnes dérivant des *justæ nuptiæ*, pourvu d'ailleurs qu'aucune *capitis deminutio* ne soit intervenue ; — 3° enfin, les parents appelés par le préteur ou par des Sénatus -consultes, par préférence à certains agnats : notamment, les descendants naturels émancipés par le défunt, et ceux donnés en adoption, sortis de la famille adoptive par voie d'émancipation, qui sont appelés à la *bonorum posses-*

(1) Troplong : Revue de législation, 1848, II, 222 ; — Serrigny : *loc. cit.* II, 173.

sio unde liberi par le préteur ; — et la mère et les enfants appelés à leurs successions réciproques par les Sénatus-consultes Tertulien et Orphitien.

Contre cette doctrine, on peut faire valoir une objection assez grave. Le n° 37 qui est le seul texte qu'elle invoque, se retourne contr'elle. Ce texte, en effet, est aussi général que possible ; — Pline oppose ceux qu'il appelle les *domestici heredes*, aux héritiers étrangers à la famille, les *extranei*. Bien plus, développant sa pensée, il semble dire que les *heredes domestici* sont ceux qui sont unis par le sang, la *gentilitas*, et la communauté de culte domestique. Or, si l'on invoque ce texte, il faut l'admettre dans tous ces termes, et décider que tous ceux qui sont unis par une communauté d'alliance, de culte et de sacrifices, étaient exemptés de l'impôt. C'est en effet l'opinion admise par Dureau de la Malle (*loc. cit.* II, p. 472).

Il suffit d'avoir poussé l'opinion qui précède jusqu'aux limites auxquelles conduit le texte de Pline, pour montrer qu'elle est inacceptable. Il faudrait en effet, en arriver à dire que toutes les successions *ab intestat* étaient affranchies de l'impôt du vingtième, opinion émise par Burmann, mais qu'il est impossible d'admettre.

Une seconde opinion ne considère comme dispensés du payement de la *vicesima* que les *heredes sui*. Dion Cassius parle bien des parents très proches, πάνυ συγγενεῖς. Mais on pourrait opposer le texte de Pline, qui paraît étendre beaucoup plus le champ de l'exemption (1).

Enfin, deux autres opinions ont été émises, qui s'ap-

---

(1) Manzano : chap. 23 (de Valroger ; *Revue critique* 1859 p. 500).

puient sur des considérations assez puissantes, pour que l'on puisse hésiter à se prononcer entr'elles.

La première prétend que les proches parents étaient les cognats des six premiers degrés et au septième, les enfants issus d'un petit cousin ou d'une petite cousine, *sobrino sobrinave nati* (1).

Dans ce sens, on fait remarquer que les lois romaines font en général, une catégorie à part des parents qui précèdent. C'est ainsi que la *lex Furia* qui défendait de recueillir un legs supérieur à mille as, sous peine d'une amende égale au quadruple, n'atteignait pas ces parents (Frag. Vatic. n° 301); que, la *lex Julia de maritandis ordinibus* les affranchissait des déchéances établies par elle, et les investissait de la *solidi capacitas* (ibid. n° 216). Or, pourquoi n'en serait-il pas de même de la *lex vicesima*, qui les aurait affranchis de l'impôt?

On peut en effet d'autant plus arriver à cette conclusion, pourrait-on dire, que cette loi tendait au moins en partie, au même but que les lois caducaires. A côté de son caractère fiscal, en effet, elle présentait un caractère moral; en affranchissant du payement de la *vicesima*, certains parents, elle poussait les testateurs à transmettre leurs biens à la famille légitime (2). Or le but étant le même, on pourrait admettre que les mêmes parents auxquels ne s'appliquait pas la législation papienne, n'étaient pas également soumis à la *lex vicesima*.

---

(1) Klenze (Zeitschrift von Savigny, cité plus haut, VI. p. 60 à 67).

(2) Roulez : de l'Impôt d'Auguste sur les successions (Bulletin de l'Académie de Belgique, 1849 XVI, p. 362.)

La dernière opinion soutient que les parents dispensés du payement de l'impôt, étaient les *decem
personæ*, que le préteur faisait passer avant le *manu-
missor extraneus* (Instit. III, 9, § 3) (1).

On peut invoquer dans ce sens le n° 37 du *Panégyrique de Trajan*. D'après la législation d'Auguste, si
certains parents étaient dispensés de la *vicesima,* les
novi cives ne jouissaient de la même immunité qu'autant qu'ils avaient reçu en même temps que le *jus
civitatis*, les *jura cognationis*. Mais plus tard, la législation fut modifiée. Elle le fut notamment par Trajan,
qui décida que le père et le fils se succédant l'un à
l'autre, ne payeraient pas l'impôt ; qu'il en serait de
même des frères et sœurs succédant entr'eux, des
petits-fils et petites-filles succédant aux grands-pères et
grand'mères, et réciproquement en un mot aux personnes comprises dans les *decem personæ* (n° 39). Or,
dit-on, Trajan ayant entendu mettre sur le même pied
les *novi cives* et les anciens citoyens, c'est que l'immunité n'existait pour ces derniers, qu'au profit des *decem
personæ*.

C'est l'opinion qui nous parait devoir être admise.

B. — **Seconde période : successeurs d'Auguste** —
Les *novi cives* ne jouissaient de l'immunité reconnue
par la loi aux anciens citoyens, que s'ils avaient acquis
les *jura cognationis,* en même temps que le droit de
cité (2).

---

(1) Vigié: *loc. cit.* p. 23 ; — Rudorff: *loc. cit.* (Laboulaye, *Revue de législation* 1845, II, 330), — de Valroger : *Revue pratique* XIV p. 500.

(2) « ...Hæc mansuetudo legis veteribus civibus servabatur. Novi, seu per
Latium in civitatem, seu beneficio principis venissent, nisi simul cognationis
jura impetrassent, alienissimi habebantur quibus cunjunctissimi fuerant »,
Paneg. de Trajan n° 37.

C'est qu'en effet, le degré de parenté, fixé par la loi, ne suffisait pas à assurer l'immunité d'impôt; il fallait en outre que la parenté fut reconnue par le droit civil.

Or, la parenté civile, l'*agnation*, ne pouvait résulter que des *justæ nuptiæ*. Au reste le *connubium*, l'aptitude légale à contracter un *matrimonium justum*, n'appartenait qu'aux personnes ayant la *patria potestas*, ou pouvant y être soumises, c'est-à-dire aux Romains des deux sexes (Ulpien, Reg. V. 4 et 5).

De ce qui précède, il résulte que l'immunité d'impôt ne pouvait exister pour ceux dont la parenté résultait du *concubinat* ; du *contubernium*, c'est-à-dire de l'union de deux personnes de condition servile, ou dont l'une au moins était esclave ; ou du *mariage du jus gentium*, c'est-à-dire du mariage entre deux personnes de condition libre, dont l'une au moins était latine ou pérégrine.

Au reste, à l'origine, la dispense d'impôt aurait eu bien peu d'application, en ce qui touche le *concubinat* et le *contubernium*.

Le *concubinat* n'engendrait en effet, d'abord, aucune vocation *ab intestat*. Ce ne fut que plus tard, qu'à l'exemple du Sénatus-consulte Tertulien qui avait appelé la mère à la succession de ses enfants, pourvu qu'elle eut le *jus liberorum* (1), le Sénatus-consulte Orphitien appela à la succession de leur mère, ingénue ou affranchie, tous les enfants au premier degré, *sui juris* ou *alieni juris*, légitimes ou naturels..

---

(1) Le *jus liberorum* s'acquerrait par la naissance de trois ou quatre enfants suivant que la mère était affranchie ou ingénue (Inst. III, 3 § 2).

Sans doute, jusque dans le dernier état du droit classique, les père et mère naturels jouissaient soit entr'eux, soit à l'égard de leurs enfants, et ceux-ci de même à l'égard de leur père, du droit réciproque de tester. Mais alors la loi les considérait comme des étrangers (1).

Le *contubernium* n'engendrait de même aucune vocation *ab intestat*. Jusqu'à Justinien, en effet, qui admit notamment que l'enfant né en esclavage, succéderait à sa mère, pourvu qu'il eut été affranchi avant l'ouverture de la succession (*Instit.* III, 6 § 10), la parenté qui s'établissait entre personnes dont l'une au moins était esclave, la *cognatio servilis*, ne put jamais engendrer un droit de succession *ab intestat* (Ulpien : Reg. V. 5 ; Paul f. 10, 5 *de Gradibus, Dig.* XXXVIII, 10).

Quant aux successions testamentaires, elles ne pouvaient exister entre le père et l'enfant esclaves, le premier n'ayant ni *sacra*, ni patrimoine ; le second, ne pouvant rien acquérir par lui-même. Au cas d'ailleurs où elle eut pu exister, parce qu'au décès de l'un d'eux, tous deux étaient citoyens, il n'aurait pu être question

---

(1) Des modifications importantes furent apportées à ces règles par la législation du Bas-Empire. Dans les rapports des enfants naturels et de leur père, l'enfant né *ex concubinatu*, qui, à l'origine, pouvait, il semble, recueillir la succession de son père mort intestat, mais seulement à titre de cognat, n'eut plus le même droit ; le fisc l'excluait pour le tout (Novelle 89, ch. 12, 4). Par réciprocité, le père dut aussi perdre le droit d'invoquer la *bonorum possessio unde cognati*. — Quant aux dispositions testamentaires, le père ne put plus tester en faveur de ses enfants naturels. Mais les empereurs, Valens, Valentinien et Gratien, distinguèrent suivant que le père laisserait soit des descendants légitimes, soit son père ou sa mère. Dans le premier cas, il pouvait disposer tant au profit des enfants naturels que de sa concubine venant en concours avec eux, d'un douzième de ses biens ; — dans le second cas, du quart (Novelle 89 ch. 12, pr.) Sous Justinien, il put disposer en leur faveur, comme au profit d'un étranger, sauf réduction en présence d'un ascendant légitimaire (Ibid. §§ 2 et 3).

d'exemption de la *vicesima*, la loi les considérant comme étrangers l'un à l'autre.

Enfin, quant aux latins et aux péregrins, ayant acquis le *jus civitatis*, leurs successions étant régies par la loi Romaine, la question de l'immunité d'impôt était beaucoup plus importante. Mais pour en bénéficier, ils devaient, avec le droit de cité, avoir obtenu les *jura cognationis*. C'est qu'en effet, si le *jus civitatis* . entraînait pour le citoyen romain de naissance, au point de vue du droit privé, le *jus connubii*, le droit de contracter un mariage produisant la *patria potestas*, il n'en était pas ainsi de la même concession, faite à un pérégrin, par exemple ; car de même que le *connubium* et le *commercium* pouvaient être accordés, sans le *jus civitatis* (Ulpien, Reg. V, 4) ; de même aussi ce dernier droit pouvait être concédé, diminué de ses prérogatives ordinaires.

De là pouvait résulter, qu'un fils succédant à son père, bien que tous les deux fussent citoyens romains, ne fut pas dispensé du payement de la *vicesima* ; il en était ainsi, toutes les fois que l'acquisition du *jus civitatis* avait eu lieu sans l'acquisition des *jura cognationis* : ce qui avait empêché le père d'avoir sur son fils la *patria potestas* ; le fils d'être uni à son père par la parenté civile, condition nécessaire de l'exemption de l'impôt.

Mais des modifications furent apportées sur ce point, par les successeurs d'Auguste (Pline, nos 37 à 40).

Deux modifications furent apportées par Nerva, à la législation antérieure : la première relative à la succession du père ; la seconde, aux successions des enfants et de leur mère.

Pour le fils succédant à son père, Nerva décida qu'il

serait dispensé du paiement de la *vicesima*, lors même qu'au moment de la concession du *jus civitatis*, on ne lui eut pas accordé les *jura cognationis*. Une seule condition était exigée : l'enfant avait dû être placé sous la puissance paternelle : « *eamdem immunitatem in paternis bonis filio tribuit, si modo redactus esset in patris potestatem* ». (n° 37).

Quant aux enfants succédant à leur mère, ou aux mères succédant à leurs enfants, l'empereur les fit bénéficier de la même exemption : « *Igitur pater tuus sanxit ut quod ex matris ad liberos, ex liberorum bonis pervenisset ad matrem, etiamsi cognationum jura non recepissent, quum civitatem adipiscerentur, ejus vicesimam ne darent* ». *(Ibid)*.

Il est à remarquer d'ailleurs que le champ d'application de l'exemption devait surtout exister pour les successions testamentaires.

Jusqu'au Sénatus-consulte Tertullien en effet, la mère n'arrivait que rarement à la succession de ses enfants prédécédés. La loi des XII Tables ne lui avait reconnu aucune vocation héréditaire, au moins en sa seule qualité de mère. Sans doute, l'usage très fréquent, à l'origine, de la *manus*, qui faisait de la mère, la sœur de ses enfants, créait à son profit un droit de succession dans l'ordre privilégié des consanguins (Gaïus, III, 24). Mais la *manus* avait presque complètement disparu au second siècle. Il est vrai que le Préteur l'appelait alors à la succession de ses enfants par la *bonorum possessio unde cognati* ; mais le Préteur n'appelait les cognats qu'à défaut d'agnats, de telle sorte que la mère pouvait se trouver exclue par des collatéraux très éloignés.

Quelquefois aussi, comme le fit Claude(Instit., III, 3, § 1), les empereurs attribuèrent à la mère la succession de leurs enfants ; mais de pareilles concessions étaient rares.

Aussi bien, la réforme de Nerva ne dut avoir une véritable utilité, quant aux successions *ab intestat*, qu'après les Sénatus-consultes Tertulien et Orphitien.

Le fils adoptif de Nerva, Trajan, alla plus loin que son père.

Il étendit d'abord au père succédant à son fils la même dispense d'impôt que Nerva avait accordé à ce dernier ; il décida ensuite que le fils succédant à son père, ne payerait jamais l'impôt, supprimant ainsi la condition de la *redactio in patris potestatem*. « Enfin, ajoute Pline (*loc. cit.* n° 39), non content d'avoir soustrait à la *vicesima*, le premier degré de parenté, le prince en a exempté aussi le second ; et, grâce à lui, le frère et la sœur succédant l'un à l'autre ; l'aïeul ou la grand'-mère à leurs petits-enfants ; le petit-fils ou la petite-fille à leur aïeul ou grand-mère, jouissent d'une entière immunité. ».

Par cette dernière réforme, Trajan avait ainsi dispensé de l'impôt, les parents dont la réunion constituait les *decem personæ*.

A côté de ces réformes s'appliquant plus particulièrement aux personnes, cet empereur détermina, peut-être pour la première fois, quelles successions seraient considérées comme pauvres ; mais il est impossible d'en déterminer le taux d'une façon précise.

Enfin, il décida que la loi, sur ce point, serait rétroactive ; et que tous ceux, qui, ayant hérité avant l'édit, n'auraient pas acquitté l'impôt sur les successions de même nature que celles qu'il en affranchissait, n'auraient point à l'acquitter ; *additum est, ut qui ejusmodi ex causis in diem edicti vicesimam deberent, nondum tamen intulissent, non inferrent.* » (n° 40) (1).

Hadrien, dont la fiscalité était aussi grande que celle de Caracalla, ne manqua pas de revenir sur les concessions faites par ses prédécesseurs.

Il décida que le fils succédant à son père, ne serait dispensé du payement de la *vicesima*, que tout autant qu'en obtenant le *jus civitatis*, il aurait reçu la *redactio in patris potestatem*. Il abolit ainsi la réforme de Trajan ; mais il alla même plus loin en édictant que la rédaction *in patris potestatem* ne serait plus accordée avec le droit de cité, que *causa cognita*, après enquête : « *Si pereginus sibi liberisque suis civitatem romanam petierit, non aliter filii in potestate ejus fiunt, quam si imperator eos in potestatem redegerit : quod ita demum is facit, si causa cognita æstimaverit hoc filiis expedire* ». (Gaïus, I, 93).

Marc-Aurèle s'occupa peut-être aussi de l'exemption de l'impôt. Mais on ne sait dans quels sens furent faites ses réformes. Son historien, Capitolinus (*In Anton. philos.* n° 11), dit seulement qu'il compléta l'œuvre de ses prédécesseurs : « *Leges etiam addidit de vicesima hereditatum* ».

(1) Cet acte de générosité est représenté, suivant M. Henzen, sur un bas-relief découvert à Rome. L'empereur est assis sur la tribune rostrale ; devant lui se trouvent des hommes vétus de tuniques ; les uns qui marchent de gauche à droite, sont courbés sous le poids de tabulœ, qu'ils posent à terre, et sur lesquelles sont écrites les dispositions abolies par l'empereur ou les sommes encore dues au Trésor ; un autre porte sur l'épaule, un fagot ; il a posé un morceau de bois sur les tablettes, tandis qu'un magistrat tient à la main une torche pour y mettre le feu (*Bulletino dell'Instituto di Correspondenza archeologica*, 1872, p. 281 et 282). — Cagnat, Étude historique sur les impôts indirects chez les Romains, p. 187.

L'on connait au contraire exactement les réformes de Caracalla.

Quant à l'exemption de l'impôt, il supprima en principe l'immunité accordée aux proches parents, et se réserva le droit de ne l'accorder qu'à ceux qui lui en feraient la demande spéciale (Dion Cassius LXXVII, 9). *Sed imperator noster, in hereditatibus, quæ ab intestato deferuntur, eas solas personas voluit admitti, quibus decimæ immunitatem ipse præbuit ». (Collatio leg. mos.* XVI, 9 § 3) (1).

Les réformes opérées par Caracalla ne subsistèrent pas longtemps. Son successeur, Macrin, ramena l'impôt au vingtième, et rétablit les dispenses qui existaient antérieurement (Dion Cassius LVIII, 12).

Postérieurement à ce prince, aucun texte ne fournit plus de renseignements sur les règles admises pour les exemptions de l'impôt ; mais elles durent se maintenir jusqu'à la disparition de la *vicesima.*

SECTION III.

Des biens soumis à la vicesima.

La *lex vicesima hereditatium* s'appliquait tant aux meubles qu'aux immeubles laissés par le citoyen romain défunt.

Aucun doute n'est possible sur l'application de la loi aux biens situés à Rome et en Italie ; mais le défunt

(1) Le texte parle de la *decima* et non de la *vicesima.* Caracalla avait en effet élevé le taux de l'impôt au dixième. Nous possédons une inscription, qui doit certainement dater de cette époque ; car elle ne contient qu'un X. Nous l'avons citée plus haut. (C. I. lat. II, 964).

5

pouvait posséder aussi des biens dans les provinces.
Sur ces biens l'impôt était-il dû ?

Quant aux meubles, aucune difficulté ne s'élève ; ne
payant aucun impôt dans les provinces, il paraît certain que ces biens étaient soumis à la *visesima*.

La solution n'est plus aussi certaine pour les immeubles ; à leur égard la question est vivement controversée.

Une première opinion soutient qu'ils étaient exemptés de l'impôt (1).

En établissant l'impôt du vingtième, dit-on dans ce
sens, Auguste avait eu pour but de faire peser sur les
immeubles situés en Italie, une charge qui serait l'équivalent du *tributum soli*, grevant les immeubles situés
dans les provinces. Or, ce but étant certain, frapper ces
immeubles de la *vicesima*, c'eut été les frapper deux
fois, et aller ainsi contre l'esprit de la loi Julia, qui dut
rester dès lors complètement étrangère aux fonds provinciaux.

Une seconde opinion soutient la thèse contraire (2).

On remarque, dans ce sens, que l'existence simulta-
née des deux impôts frappant les mêmes immeubles,
n'est ni injuste, ni contraire à l'esprit de la *lex Julia*.
Ces deux impôts se distinguent en effet très bien : l'un,
le *tributum*, perçu annuellement, représente une portion
du revenu ; l'autre, la *vicesima*, perçu accidentellement,
représente une fraction du capital. Les deux impôts
peuvent donc se concilier très-bien dans la pratique;
on n'est pas obligé d'admettre l'exemption des immeu-

---

(1) Huschke : Ueber den Census und die Steuerverfassung, p. 74, n° 157 ;
— Marcquardt: *loc. cit.*

(2) Bachofen : Ausgewœhlte Lehren des rœmischen Civilrechts, X p. 322.

bles situés en province, alors surtout qu'aucun texte n'autorise cette exception.

Tout ce que l'on pourrait reconnaître, c'est que pour déterminer la valeur exacte du fonds, il fallait déduire de la valeur vénale de l'immeuble, le montant du *tributum* qu'il payait.

La première opinion est certainement la plus conforme au but même de la *lex Julia*. Si les impôts pouvaient en effet se concilier dans la pratique (il en est ainsi chez nous), il n'en résulte pas nécessairement qu'ils fussent appliqués tous deux.

Pour apprécier le champ d'application d'une loi, il faut avant tout se reporter à son but et à son esprit. Or, précisément le but certain de la loi était d'assimiler, au point de vue de l'impôt les fonds italiques et les fonds provinciaux ; l'histoire même de l'établissement de la *vicesima* en est la preuve. On ne pouvait dès lors soumettre à la *vicesima*, les fonds provinciaux déjà soumis au *tributum soli*, car l'assimilation n'aurait point été parfaite (1).

Quelle que soit la force de ces considérations, la seconde opinion est cependant préférable.

Les lois d'impôt sont en effet toujours établies pour procurer au Trésor le plus de ressources possible. Or, dans l'espèce, la création de l'*ærarium militare* devant entraîner des dépenses considérables, on peut logiquement penser qu'Auguste entendait demander à l'impôt le plus qu'il pourrait produire. Aucun texte d'ailleurs ne conduit à admettre d'exception.

On peut enfin, dans le même sens, faire valoir une considération qui est assez puissante. En accordant la

---

(1) de Valroger : Revue critique 1859, p. 502.

cité romaine à tous les habitants de l'empire, Caracalla les avait soumis, au dire de Dion Cassius, à l'impôt des successions.

Or, s'il fallait admettre que la lex Julia ne s'appliquait qu'aux immeubles situés en Italie, Caracalla aurait dû déclarer cette loi applicable à tous les biens de l'empire, et notamment à ceux situés dans les provinces. Mais il n'a pas fait ainsi. Par celà seul, que la concession du *jus civitatis*, a astreint à payer la *vicesima*, tous ceux qui habitaient l'empire romain, c'est que déjà, dans la pratique, la *lex vicesima hereditatium* était appliquée aux successions qui comprenaient des fonds provinciaux (1).

APPENDICE

Par application des règles du droit civil, certaines personnes n'avaient pas la *factio testamenti* active, c'est-à-dire la faculté de tester. L'une des conditions exigées consistait dans la nécessité d'être capable d'accomplir et de comprendre les solennités dont se composait le testament *per œs et libram*.

Il résultait de là que les sourds et les muets étaient incapables de tester sous cette forme : ceux-ci ne pouvant prononcer les paroles de la *nuncupatio testamenti* (Ulpien, Reg. XX, 13) ; ceux-là ne pouvant entendre les paroles prononcées par le *familiæ emptor*. Leur incapacité légale subsista jusqu'à Justinien, qui décida que les sourds pourraient tester comme tout le monde, et

---

(1) Vigié: *loc. cit.* p. 21.

que les muets et les sourds-muets, qui sauraient écrire, le pourraient aussi.

Mais si telles étaient les règles admises par le droit civil, des modifications furent apportées par les empereurs, qui, pour augmenter le produit de la *vicesima*, permirent de tester, à ceux qui en étaient incapables *jure civili*. C'est ce qui ressort du f. 7, *qui testam. fac.* Dig. XXVIII, 1. « *Si mutus aut surdus, ut liceret sibi testamentum facere, a principe impetraverit, valet testamentum* ».

Ces modifications furent certainement introduites à l'occasion de la *vicesima hereditatium*, car ce texte est tiré du livre premier du commentaire d'Æmilius Macer.

Peut-être faut-il les attribuer à Caracalla qui ne vit en elles que le moyen d'augmenter les ressources du Trésor. Des légataires pouvaient alors en effet, être appelés à la succession ; la *vicesima* pouvait ainsi être due sur une partie des valeurs héréditaires, qui en auraient été affranchies, si des héritiers, compris dans la catégorie des proches parents, les avaient recueillies.

CHAPITRE TROISIÈME

DE LA LIQUIDATION ET DE LA PERCEPTION
DE LA VICESIMA.

Nous étudierons successivement les règles de liquidation et de perception de l'impôt : les personnes tenues du payement ; et les agents chargés d'en assurer le recouvrement.

SECTION PREMIÈRE.

Règles de liquidation et de perception.

§ I. — Liquidation de l'impôt.

L'impôt des successions étant une quote-part des valeurs héréditaires, il fallait nécessairement arriver à la détermination exacte de ces biens, pour déterminer la *vicesima* elle-même. Quant aux règles admises dans ce but, on peut distinguer les successions *ab intestat*, et les successions testamentaires (1).

(1) Chez nous, la loi du 22 Frimaire an VII fait une distinction entre les meubles et les immeubles. Quant aux meubles, le droit de succession est dû sur la valeur même des biens recueillis, déterminée par la déclaration estimative des parties (art. 14). Quant aux immeubles le droit est perçu sur la

A. — **Successions ab intestat.** — Pour les successions *ab intestat*, les textes ne fournissent aucun renseignement précis, quant à la détermination de la consistance et de la valeur des biens héréditaires.

I. — *Détermination de la valeur brute de la succession.* — A la différence de ce qui a lieu chez nous, où l'estimation des valeurs dépendant de la succession est faite par les parties, on peut soutenir qu'à Rome, cette estimation était faite par les agents mêmes chargés de la perception.

C'est ce que l'on peut induire en effet de certains textes.

Pline, parlant de la déduction des frais funéraires, rapporte une décision de Trajan qui interdit aux percepteurs de l'impôt d'intervenir dans la question des sommes employées pour les funérailles du défunt (1). Il semble donc que ces agents avaient non seulement un droit de contrôle sur la détermination des dépenses faites par l'héritier; mais peut-être même le droit de fixer eux-mêmes le montant des sommes à déduire de l'actif héréditaire.

Cette solution se trouve confirmée par les règles suivies pour la *vicesima libertatis*. Quand la liberté était le résultat d'un marché entre le maître et l'esclave, rien n'était plus facile que de déterminer la somme due au Trésor. Quand, au contraire, l'affranchissement était

---

capitalisation au denier 20 ou 25 du revenu, suivant que l'immeuble est urbain ou rural (art. 15 et art. 2 L. 21 juin 1875).

L'application de l'impôt aux meubles n'a été complètement opérée que par la loi de Frimaire. La déclaration du 19 juillet 1704 n'assujettissait à l'impôt que les immeubles, et la loi des 5-19 décembre 1790 ne frappait les meubles que s'ils avaient été légués.

(1) « Et si ita gratus heres volet, tota sepulchro, tota funeri serviet, nemo observator, nemo castigator adsistet », (loc. cit. n° 40).

un acte de générosité de la part dn maître, il fallait déterminer la valeur de l'esclave. Or, dans cette hypothèse, ainsi qu'il résulte d'un texte de Petrone (1), l'estimation était faite par les percepteurs de l'impôt, que les textes désignent quelquefois du nom de *vicensimarii*. On peut dès lors supposer qu'il en était de même de la *vicesima hereditatium*.

En fait d'ailleurs, on conçoit qu'il en fut ainsi. Rien ne prouve en effet que, l'impôt une fois perçu, il fut permis de revenir sur la déclaration faite par les parties ; de ce chef, la fraude eut dès lors été possible, sans que l'on put la réprimer.

Il est vrai d'un autre côté que des abus auraient pu se produire de la part des agents chargés de la perception. Mais ils étaient moins à craindre ; car le publicain était obligé de restituer le double de ce qu'il avait illégalement perçu : et même au cas de violence le triple, pourvu que l'action fut intentée dans l'année (2).

Le plus souvent d'ailleurs, l'estimation des biens héréditaires ne devait pas présenter beaucoup de difficultés.

Quand aux meubles proprement dit et quant aux immeubles, si l'opinion qui précède est exacte, l'estimation était déterminée par les agents de perception.

Quant aux créances, elles étaient comprises dans la masse héréditaire pour leur valeur nominale ; et si les débiteurs paraissaient insolvables, les héritiers devaient

(1) Scissa lautam novendialem servo suo Misello faciebat, quem mortuum manumiserat ; et, puto, cum vicensimariis magnam mantissam habet : quinquaginta enim millibus œstimant mortuum ». Satires LXV.

(2) Prætor aït « quod publicanus ejus publici nomine vi ademerit quodve familia publicanorum, si id restitutum non erit, in duplum, aut si post annum agetur, in simplum judicium dabo ». (f. 1 de publicanis XXXIV, 4).— «...Per vim vero extortum cum pœna tripli restituitur ». (f. 9, 5 ibid.).

alors transiger avec les *procuratores*, ainsi que cela paraît résulter d'un texte du *Digeste* et du testament de Dasumius.

Dans le premier, Æmilius Macer, le commentateur de la *lex vicesima* montre ces transactions en usage ; car il déclare que les *procuratores* ne pouvaient transiger sans l'autorisation de l'empereur : « *Nulli procuratorum principis inconsulto principe transigere licet* ». (f. 13 *de Transact.* II, 15).

De même, Dasumius, ordonne à ses héritiers de transiger, s'il est nécessaire, avec les publicains : «... *aut paciscantur aut decidant, aut in arbitrum compromittant* ». (*loc. cit.* n° 12 *in fine*).

II. — *Détermination de la valeur nette de la succession, soumise à l'impôt.* — Une fois la valeur brute de la succession déterminée, une question importante s'élève : cette valeur était-elle toute entière soumise à la *vicesima*, ou bien fallait-il faire certaines déductions, et notamment fallait-il déduire les dettes ?

1° — Déduction des frais funéraires. — Un point est certain : la déduction des dépenses faites pour les funérailles du défunt.

C'est ce qui ressort de plusieurs textes : notamment du passage où Pline rapporte la décision de Trajan, interdisant aux publicains d'intervenir pour déterminer le montant de ces dépenses ; et surtout d'un fragment du *Digeste*, tiré du commentaire d'Æmilius Macer, qui détermine ce qu'il faut entendre par frais funéraires (f. 37, *de religiosis et sumptibus funerum*, XI, 7).

Cette déduction se comprend d'ailleurs très-bien. Ces frais étaient, en effet, considérés comme faits par le défunt et non par l'héritier : « *qui propter funus,*

dit Ulpien, *aliquid impendit, cum defuncto con-
trahere creditur, non cum herede.* » (f. 1 ibid.). Il eut
donc été injuste de percevoir l'impôt sur les dépenses
faites, puisqu'en réalité les sommes n'existaient plus
dans la succession.

Pour que cette déduction ne fut pas d'ailleurs un
moyen, pour les héritiers, de frauder le Trésor, les
publicains avaient un contrôle, que Trajan supprima,
au dire de Pline, et peut-être même le droit de fixer
eux-mêmes le montant de la somme à déduire.

Au reste, pour éviter toute fraude, on eut soin de
définir exactement ce qu'il fallait entendre par les mots,
frais funéraires, *funeris sumptus.*

Æmilius Macer fournit sur ce point des renseignements précis. Nous avons de lui, au Digeste, un texte
tiré du livre premier de son commentaire de la *lex
vicesima*, texte que les compilateurs du Digeste ont
rattaché à la loi Falcidie, mais qui s'appliquait incontestablement à l'impôt des successions.

Dans la première partie de ce texte, le jurisconsulte
indique comme devant être compris dans les *funeris
sumptus*, l'argent dépensé pour faire embaumer le corps,
le prix du terrain où le défunt a été inhumé, en un mot
tout ce qui avait été déboursé avant que le mort eut
reçu la sépulture : « *Funeris sumptus accipitur, quidquid corporis causa veluti unguentorum erogatum est,
et pretium loci in quo defunctus humatus est, et si qua
vectigalia sunt, vel sarcophagi et vectura : et quidquid corporis causa antequam sepeliatur consumptum est, funeris
impensam esse existimo* ». (f. 37 pr. *de relig.* XI, 7).

Dans la seconde partie du même texte, le commentateur rapporte un rescrit d'Hadrien, intervenu sur la

même question, qui déterminait pour le tombeau élevé
au défunt, quelles dépenses devaient être considérées
comme rentrant dans les frais funéraires. D'après ce
rescrit, on ne devait considérer comme telles, que les
dépenses faites pour la construction de l'édifice, destiné
à préserver le corps de toute profanation. Que si, pour
honorer le défunt ou pour obéir à ses volontés, ses héritiers avaient élevé des constructions autour du tombeau, les dépenses ainsi faites ne devaient pas être
considérées comme frais funéraires, et déduites de la
valeur brute de la succession : « *Monumentum autem
sepulchri id esse divus Hadrianus rescripsit; quod monu-
menti, id est causa muniendi ejus loci factum sit, in
quo corpus impositum sit. Itaque si amplum quid ædifi-
cari testator jusserit, veluti incircum porticationes, eos
sumptus funeris causa non esse* » (f. 37, 1, *ibid.*).

Au surplus, dans toutes les questions que devait
soulever l'application du principe, on devait suivre les
règles admises pour l'action *funeraria*, donnée à celui
qui avait avancé des frais funéraires qu'il ne devait
pas supporter lui-même. Cette action, d'après Ulpien,
n'était accordée que si les dépenses faites étaient en
rapport, tant avec la situation sociale et la fortune du
défunt, qu'avec la position et la fortune des héritiers,
lors même d'ailleurs qu'elles auraient été faites sur
l'ordre du défunt lui-même (f. 14, 6 *de religiosis*, *Dig.*
XI, 7).

2°. — Déduction des dettes. — Si l'on possède des
textes formels, pour la déduction des frais funéraires,
il n'en est plus de même quant aux dettes proprement dites, existant à la charge du défunt. Bien que
la question soit beaucoup plus importante, aucun des

textes que nous possédons, ne parle de la déduction ou de la non-déduction des dettes.

Aujourd'hui chez nous, la loi du 22 Frimaire VII décide dans les articles 14 n° 8 et 15 n° 7 que la perception du droit de mutation par décès, aura lieu « sans distraction des charges ».

Mais que décider en Droit romain? Faut-il, ne pas tenir compte des dettes, ou au contraire ne percevoir l'impôt que sur l'actif net de la succession? La question est délicate à résoudre.

On admet d'une façon presque générale, que la déduction des dettes devait être faite. On peut en effet, dans ce sens, invoquer plusieurs arguments.

On peut invoquer d'abord une considération d'équité. Dans une succession grevée de dettes, l'héritier, chargé, comme représentant du défunt, du payement de celles-ci, ne profite en réalité des biens qu'il recueille, que déduction faite des charges qu'il doit supporter. On conçoit donc très-bien que la *vicesima* ne soit exigible que sur la part dont l'héritier profite réellement.

Au reste, c'était un principe général qu'il n'y a de biens, que déduction faite des dettes : *Bona intelleguntur cujusque, quæ deducto ære alieno supersunt* ». (f. 39, 1, *de Verb. signif. Dig.* L. 16).

On peut argumenter aussi de ce qui avait lieu pour les frais funéraires. Ces frais n'étaient rien autre chose que des dettes de la succession. Or l'on peut considérer leur déduction, comme l'application d'un principe plus général s'appliquant à toutes le dettes.

Au surplus, si leur déduction des valeurs héréditaires, s'expliquait par ce motif qu'on les considérait comme ayant été faits par le défunt lui-même, à plus forte raison devait-il en être ainsi des dettes contractées par ce dernier, de son vivant.

Enfin, un dernier argument très concluant, peut être tiré des règles admises pour le calcul de la quarte Falcidie. L'on peut, en effet, trouver entre la *lex Julia vicesima hereditatium* et la *lex Falcidia* certaines relations qui tendent à faire admettre l'identité de certaines règles, applicables tout à la fois au calcul de la quarte et de la *vicesima*.

Or, l'on sait d'une façon certaine que, pour le calcul de la quarte Falcidie, les dettes étaient déduites de l'actif brut de la succession : « *Cum autem ratio legis Falcidiæ ponitur, ante deducitur æs alienum, item funeris impensa, et pretia servorum manumissorum* ». (Instit. § 3. *de lege Falcidia* II, 22). On peut donc conclure de ce texte, qu'il en était de même pour le calcul de la *vicesima*, et que l'impôt n'était dû que sur l'actif net de la succession (1).

B. — **Successions testamentaires.** — La plupart des règles qui précédent, s'appliquaient également aux successions testamentaires.

S'agissait-il de legs portant sur des meubles ou des immeubles, comme par exemple, dans le testament de Dasumius, des legs de sommes d'argent déterminées, du legs qu'il fait à sa nourrice Tiche, d'une petite terre sur le bord de la mer, avec le mobilier qu'elle contient et les esclaves qui l'habitent, on suit, quant à la détermination exacte de ces valeurs, les mêmes règles admises pour les successions *ab intestat*. De même aussi,

(1) Bouchaud : *loc. cit.* p. 16 ; — Bouchard : id. p. 376 ; — Durcau de la Malle: id. II, 472 ; — Serrigny: id. II, p. 178 ; — Vigié : id. p. 31.

les règles relatives à la déduction des frais funéraires et des dettes étaient également applicables.

Mais il existe des legs, qui présentent, quant à l'estimation exacte de leur valeur, des difficultés spéciales : ce sont les legs d'usufruit et de rentes viagères.

La durée de ces legs étant, en effet, subordonnée à la durée de la vie de leurs bénéficiaires ou d'un tiers, ou à l'événement d'une condition imposée par le testateur, il est impossible de la fixer *a priori*. Ce n'est qu'à la mort de leurs titulaires où à la réalisation de la condition résolutoire, que l'on pourrait déterminer d'une façon exacte la valeur de ces legs.

Mais il était impossible d'attendre ces différentes époques, la *vicesima* étant due immédiatement sur les legs, qu'il fallait dès lors évaluer (1).

Un texte du Digeste permet de déterminer d'une manière précise les règles admises en cette matière. Ce passage (f. 68, *ad legem Falcidiam* XXXV, 2), que les compilateurs du Digeste ont appliqué à la loi Falcidie, avait été écrit pour la *lex vicesima hereditatium*, car il est tiré du livre second du commentaire d'Æmilius Macer sur cette loi.

D'après ce texte, qui prend pour exemple un legs d'aliments, la valeur du legs sera plus ou moins grande suivant l'âge du bénéficiaire ; et le droit de succession sera perçu sur la valeur ainsi déterminée.

---

(1) Chez nous, aux termes de l'article 14 n° 11 de la loi du 22 Frimaire an VII « L'usufruit des biens meubles, transmis à titre gratuit, s'évalue à la moitié de la valeur entière de l'objet ». Quant aux immeubles, d'après l'article 15 n° 8 « la valeur est déterminée pour les transmissions d'usufruit seulement, soit entre-vifs soit par décès... par l'évaluation qui en sera portée à dix fois le produit des biens ou le prix des baux courants ». La loi du 21 juin 1875 (art. 2) a porté le taux de capitalisation pour les immeubles ruraux à douze et demi.

Si le légataire a :

de 1 à 20 ans, on suppose qu'il vivra encore 30 ans ;
« 20 « 25 — — 28 « ;
« 25 « 30 — — 25 « ;
« 30 « 35 — — 22 « ;
« 35 « 40 — — 20 « ;
« 40 « 50 — — de 19 à 9 «

dans ce cas, on suppose qu'il vivra encore autant d'années moins une, qu'il en manque pour avoir 60 ans ;
de 50 à 55 ans, on suppose qu'il vivra encore 9 ans ;
« 55 à 60 — — 7 « ;
plus de 60 — — 5 « (1).

Dans la pratique, on suivait un procédé plus simple, que le jurisconsulte indique lui-même à la fin du texte.

Si le légataire n'avait pas encore atteint l'âge de 30 ans, on supposait qu'il pouvait encore vivre 30 ans. Au-dessus de cet âge, on supposait qu'il pouvait encore vivre autant d'années qu'il lui manquait pour arriver à l'âge de 60 ans ; de telle sorte, dit le jurisconsulte, que la valeur du legs n'est jamais calculée sur une durée de plus de 30 ans (2).

---

(1) « Computationi in alimentis faciendæ hanc formam esse Ulpianus scribit, ut a prima ætate usque ad annum vicesimum quantitas alimentorum triginta annorum computetur ejusque quantitatis Falcidia prœstetur, ab annis vero viginti usque ad annum vicesimum quintum annorum viginti octo, ab annis viginti quinque usque ad annos triginta annorum viginti quinque, ab annis triginta usque ad annos triginta quinque annorum viginti duo, ab annis triginta quinque usque ad annos quadraginta annorum viginti. Ab annis quadraginta usque ad annos quinquaginta tot annorum computatio fit quot ætati ejus ad annum sexagesimum deerit remisso uno anno : ab anno vero quinquagesimo usque ad annum quinquagesimum quintum annorum novem, ab annis quinquaginta quinque usque ad annum sexagesimum annorum septem, ab annis sexaginta, cujuscumque ætatis sit, annorum quinque ».

(2) « Solitum est tamen a prima ætate usque ad annum trigesimum computationem annorum triginta fieri, ab annis vero triginta tot annorum computationem inire, quot ad annum sexagesimum deessse videntur. Nunquam ergo amplius quam triginta annorum computatio initur ».

Le calcul qui précède, était fait pour un legs d'aliments. Mais Æmilius Macer nous apprend que, d'après Ulpien, le même calcul était applicable pour déterminer la valeur des legs d'usufruit (1).

Le commentateur de la *lex vicesima* tire de suite une conséquence des règles qu'il vient d'indiquer : il décide que, l'usufruit n'étant jamais calculé sur une durée supérieure à 30 ans, le legs d'usufruit, fait à l'État, sera censé fait pour cette période de temps : « *Sic denique, et si reipublicæ ususfructus legetur, sive simpliciter sive ad ludos, triginta annorum computatio fit.* »

Mais, si le texte d'Æmilius Macer fait connaître le nombre d'années qui servait à déterminer la durée probable de l'usufruit, il n'indique pas la valeur qui servait elle-même à fixer la valeur du legs.

Lorsqu'il s'agit d'un légataire encore jeune, celui-ci aurait pu payer un droit plus élevé que sur la toute-propriété ; car rarement la valeur de celle-ci sera de vingt ou de trente fois le revenu. Aussi bien, M. Serrigny a-t-il pensé (loc. cit. II, 180) que le légataire de l'usufruit devait retenir l'escompte, *interusurium*. Mais il ne devait pas en être ainsi, à cause des calculs compliqués qu'aurait entraînés la détermination de l'escompte à déduire. Il semble plutôt qu'ici, comme dans d'autres hypothèses, le légataire devait entrer en accomodement avec les percepteurs de l'impôt.

§ II. — Personnes tenues du payement.

A. — Successions ab intestat. — Aucune difficulté

(1) « Eoque nos jure uti Ulpianus ait, et circa computationem ususfructus faciendam ».

ne s'élève dans cette hypothèse : s'il n'y avait qu'un seul héritier, le droit était payé par lui, suivant l'importance des valeurs héréditaires ; s'il y en avait plusieurs, chacun d'eux payait au prorata de la part qu'il recueillait.

On pourrait se demander, si dans cette seconde hypothèse, chacun des héritiers était non seulement tenu de la part qui lui incombait dans le payement, mais encore de la part due par ses cohéritiers, en un mot si, comme chez nous, ces derniers étaient soli daires (1). Aucun texte ne fournit de renseignements sur cette question.

B. — Successions testamentaires. — L'héritier institué et les légataires payaient chacun la *vicesima*, au prorata des valeurs recueillies par eux. Aucune solidarité ne devait exister entre eux (2).

On ne saurait admettre, en effet, l'opinion de Beaudoin (voir suprà), qui considérait les legs comme affranchis du payement de la *vicesima*, et de laquelle il aurait résulté que le payement de l'impôt eut incombé pour le tout à l'héritier institué.

Au reste, l'opinion contraire qui met à la charge des légataires, le payement de la *vicesima* due sur les legs, est démontrée d'une façon certaine par le passage du testament de Dasumius, dans lequel le testateur charge ses héritiers de payer le vingtième dû sur les legs, voulant que les légataires en soient dispensés : « (*Hoc amplius, quisquis mihi heres here-*

(1) « Les cohéritiers sont solidaires. » Art. 32. L. 22 frimaire an VII.
(2) Il en est ainsi chez nous. C'est ce qui résulte de l'art. 32 qui ne parle que des cohéritiers, et d'une façon expresse de l'art. 1016 du Code civil : « Les droits d'enregistrement seront dus par le légataire. Le tout, s'il n'en a été autrement ordonné par le testament. »

*desve erit eruntve, e)um eosque rogo fideique ejus
(eorumque committo, ut quæcumque hoc testamento
cuiquam dedi) legavi, ea vicensimis omnib(us) modis
(liberent, ita ut eas aut solvant judiciave suscipiant eo)
nom ine, aut vicensimæ no(mine cum publicano, qui id
vectigal conductum habebit, aut paciscantur, aut decidant, aut in (arbitum comprômittant).* » (Giraud, loc.
cit. p. 660 n° 12). Il semble bien résulter de ce texte
que dans l'hypothèse où le testateur n'en avait pas
décidé autrement, l'impôt était, en règle, dû par chacun des légataires.

Mais cette règle comportait, en fait, certaines exceptions que les inscriptions font connaître : elles résul-
taient soit d'une disposition formelle du testament, soit
d'une intention de libéralité de l'héritier à l'égard du
légataire.

La première catégorie d'exceptions est indiquée déjà
par le testament de Dasumius (n° 12).

Les inscriptions fournissent de plus, un assez grand
nombre d'exemples :

C. I. lat. II, 1473 :

*P. Numerius Martialis Astigitanus Seviralis signum
Panthei Testamento fieri ponique ex argenti libris C sine
ulla deductione jussit.*

C. I. lat. III, 2922.

*Melia anniana in memori(am) q. Læpici q. f. serg.
Bassi mariti sui Emporium sterni et arcum fieri et sta-
tuas superponi test(amento) juss(it) ex HS. DC. D. XX.
P. R. (sestertium sexcentis millibus, deducta vicesima
populi romani.)*

Voir aussi : C. I. lat. II, 964 (citée plus haut), 1473 etc.

La seconde catégorie d'exceptions, résultant de ce que l'héritier, de sa propre volonté, acquittait la *vicesima*, est également indiquée par de nombreuses inscriptions.

C. I. lat. V, 1895 : Concordia : regio X :

Memor(iæ) P. Terenti L. F, Cla(udia) æd(ilis) II viri, T. Vettius Gnesius in opus ornament(a sestertium) CCC̄C̄ (millia) ded(ucta) (vigesima) P(opuli) R(omani) d(edit).

C. I. lat. II, 1949 : Cartaboe : Bœtica.

Marti Aug. L. Porcius quir. Victor. Cartimitam testamento poni jussit : huic dono heres X̄X̄ non deduxit epulo D. D.

Voir aussi : C. I. lat. II, 1425 (citée plus haut), 1441, 1949, 1951, 2244, etc.

On peut enfin, dans le même sens, invoquer l'inscription suivante :

C. I. lat. II, 3424 :

...L. Æmilius senex heres sine deductione X̄X̄ vel tributorum ex CCL libris argenti fecit.

Mommsen, interprétant cette inscription a pensé que le défunt avait chargé son héritier de faire construire un petit temple, dont il transférerait ensuite la propriété à la cité. L'inscription indique que l'héritier a dépensé à la construction la somme de deux cent cinquante livres d'argent, sans déduire la *vicesima* et les autres impôts, c'est-à-dire probablement le *tributum soli* dû sur le sol où il faisait construire l'édifice, et cela jusqu'à l'achèvement de ce dernier.

SECTION II.

Agents chargés de la perception.

Une remarque importante doit tout d'abord être faite.

Il faut mettre à part, une certaine catégorie d'agents, que les inscriptions désignent, sous le nom de *procuratores hereditatium,* et qui ne se confondent nullement avec les *procuratores vicesimæ hereditatium.* Tandis que ces derniers en effet sont attachés au recouvrement de l'impôt même de la *vicesima,* les premiers sont spécialement chargés de faire rentrer dans le Trésor particulier de l'empereur, les *hereditates, stricto sensu,* c'est-à-dire les successions laissées à ce dernier (1).

On peut invoquer notamment en ce sens, une inscription qui montre un certain L. Marius Perpetuus ayant été successivement *pro magistro hereditatium,* et *procurator vicesimæ hereditatium.*

De Boissieu, p. 236; Wilmanns, 1272 :

L. Mario, L. f(ilio) Quir(ina tribu) Perpetuo, pontifici, procuratori provinciarum Lugdunensis et Aquitanicæ, procuratori stationis hereditat(ium), procuratori patrimoni(i), procuratori monetæ, pro magistro hereditatium, Q. Marcius Donacianus eques, cornicularius ejus.

Pour assurer la perception des impôts, deux systèmes sont possibles : d'une part, la perception directe, faite par l'État, au moyen d'employés nommés et payés par lui ; d'autre part, la perception indirecte, faite par voie de fermage, les impôts étant perçus

(1) Cagnat: *loc. cit.* p. 177.

directement par les fermiers, et l'État ne touchant de ces derniers que le prix de la ferme.

Quel a été le système suivi à Rome ? La question est délicate à résoudre, étant donnée l'absence des documents et la pénurie des sources. Aussi bien, les auteurs ne sont-ils pas d'accord sur la solution à admettre.

Il faut reconnaître, en effet, que si, d'un côté, des inscriptions nombreuses, de même que certains textes, semblent indiquer que la perception de la *vicesima* était faite par des fermiers et confiée à des publicains ; d'un autre côté, des inscriptions non moins nombreuses et certains autres textes semblent au contraire devoir faire admettre que la perception était faite directement par l'État, et confiée à des *procuratores vicesimæ hereditatium*.

Cette existence des deux systèmes a donné lieu à différentes doctrines, tendant à concilier les textes et les monuments épigraphiques, que nous possédons.

Une première doctrine soutient que l'impôt n'était affermé qu'à Rome : qu'il était au contraire perçu par des agents directs du Trésor en Italie et dans les provinces ; car dans ces lieux, se trouvaient des *stationes vicesimæ*, dans lesquelles on trouve des *dispensatores* et des *exactores*, qui étaient des fonctionnaires impériaux (1).

Une seconde doctrine, citée par M. de Valroger (*Revue critique*, 1859, p. 505), soutient que la perception était faite par les agents du Trésor dans les provinces ; par les publicains, en Italie.

---

(1) Rudorff : *loc. cit.* p. 341.

La question est sinon impossible, du moins fort difficile à résoudre.

D'un côté, certains textes et certains monuments épigraphiques permettent de penser que la perception de l'impôt était faite par des publicains.

Pline (*loc. cit.*) emploie à deux reprises le mot de « *publicanus* ». Parlant d'abord de la suppression faite par Trajan, de la condition de la *redactio in patriam potestatem*, imposée au fils pour la dispense d'impôt, il l'explique par le désir du prince, d'empêcher l'immixtion des publicains dans les affaires des familles : « *ratus improbe et insolenter ac pene impie his nominibus inseri publicanum* ». (nᵒ 37). S'occupant ensuite de la réforme du même prince, relative aux successions pauvres, le panégyriste dit (nᵒ 40) : « *statuit enim communis omnium parens summam quæ publicanum pati possit* ».

De même, Dasumius, dans son testament, parle à plusieurs reprises des publicains.

Enfin, certaines inscriptions indiquent l'existence de *magistri* et de *promagistri vicesimæ hereditatium*, qui sont des membres des sociétés vectigaliennes.

Mais d'un autre côté, certains textes et certains monuments épigraphiques conduisent à admettre que la perception était faite directement par des agents spéciaux du Trésor.

Un texte d'Æmilius Macer (f. 13, *de Transact. Dig.* II, 15) parle des *procuratores hereditatium*. De même, nous avons cité une Constitution de Caracalla, adressée aux mêmes agents (C. 1, *de usuris rei jud.* Code, VII, 54). Enfin les monuments épigraphiques qui parlent des *procuratores* sont très-nombreux.

Aussi bien, est-il permis de penser peut-être que les deux systèmes furent mis en pratique dans tout l'empire, mais à des époques différentes. Au reste, s'il en a été réellement ainsi, le système de la perception indirecte dut précéder l'autre ; car il était usité, pour tous les impôts, dans les dernières années de la République ; et rien ne prouve qu'Auguste n'ait pas adopté, pour l'impôt de la *vicesima*, le système généralement employé jusqu'à lui.

La question est plus douteuse, en ce qui touche l'introduction du système de la perception directe, faite par l'État.

D'après certains auteurs, la substitution se serait opérée sous le règne de Trajan.

Mais contre cette doctrine, on peut faire certaines objections. On peut invoquer d'abord, le testament de Dasumius qui, écrit sous le règne de ce prince (862 de R.), parle encore des publicains. On peut ajouter qu'il en est de même de Pline ; et remarquer à son égard que si la réforme avait été faite par Trajan, son panégyriste l'aurait certainement fait connaître (1).

C'est donc probablement à une époque postérieure que la réforme a été faite.

On pourrait peut-être l'attribuer à Hadrien. C'est en effet, ce que l'on pourrait induire, il semble, de l'édit de cet empereur, rapporté par Justinien (C. 3, Code VI, 33), relatif à l'envoi en possession des hérédités, et qui paraît avoir été rendu pour assurer une perception assez rapide de la *vicesima*.

_____

(1) Mommsen : Staatsrecht, II, 977.

§ I. — Perception indirecte de la vicesima (1).

Le système de la perception directe par les agents de l'État, ne fut pas suivi à Rome, pour la plupart des impôts indirects : il ne le fut même jamais pour le *portorium*.

Le fermage se faisait par la voie de l'adjudication, publiquement et aux enchères (Cicéron, *de lege Agr..* I, 3, 7). Le plus offrant était déclaré adjudicataire ; il prenait le nom de publicain, *publicanus*.

Lato sensu, le publicain était celui qui avait la jouissance d'une chose, appartenant au peuple, qui louait une chose appartenant à ce dernier : « *Publicani autem sunt, qui publico fruuntur (nam inde nomen habent), sive fisco vectigal pendant vel tributum consequantur : et omnes, qui quod a fisco conducunt, recte appellantur publicani* ». (f. I, 1, *de public. Dig.* XXXIX, 4). Plus spécialement, le publicain était le fermier des impôts : » *Publicani autem dicuntur, qui publica vectigalia habent conducta.* » (f. 12, 3, *eod. loc.*).

L'adjudication avait lieu, après la confection d'un cahier des charges, *lex censoria*, dressé, sous la République, par les censeurs, sous l'approbation du Sénat Cicéron, *loc. cit.* I, 2 ; *ad Att.* I, 17, 9) ; et sous l'Empire, alors que les censeurs n'étaient plus nommés que pour les dénombrements de la population, par les consuls, toujours sous l'approbation du Sénat, également ment chargé de régler les difficultés relatives à l'exécu-

(1) Madwig : *loc. cit.* IV, p. 60 et suiv. ; — Bouché-Leclerq : id. p. 256 et suiv. ; — Dareste : des Contrats passés par l'État (Thèse pour le Doctorat, Paris, 1875). — Vigié ; des Douanes, *loc. cit.*, 1883, VI p. 553 et suiv.

tion de la *lex censoria*. Plus tard, le Sénat fut remplacé en cette matière par les *procuratores imperatoris*.

Le bail était ordinairement consenti pour la durée d'un *lustrum*, c'est-à-dire, sous la République et l'Empire, pour une durée de cinq ans. Mais Constantin réduisit cette durée à trois ans (C. 4, *de vectig*. Code IV, 61).

Il commençait à courir le 15 mars.

Les règles qui précèdent ne s'appliquaient pas seulement à la ferme de la *vicesima*. C'étaient des règles générales, applicables à tous les impôts.

Il était rare qu'un simple particulier se portât adjudicaire. De bonne heure, des sociétés s'étaient formées pour la ferme des impôts, et cela probablement, tant à cause des sommes très-fortes auxquelles devaient s'élever les adjudications, qu'à cause des nombreux employés que devaient nécessiter de pareilles entreprises. Elles portaient le nom de *Societates vectigalium* ou *publicanorum*; et leurs membres, pour la grande majorité chevaliers, celui de *Socii vectigalium publicorum* (1).

A.— **Organisation des Societates vectigalium.** — Ces sociétés comprenaient deux catégories de personnes : les associés proprement dits et les bailleurs de fonds.

A la tête de la société, était le *manceps*, ou représentant légal, chargé de se présenter à l'adjudication, et directement responsable envers l'État. Il devait fournir des cautions, *prædes* ; et ses biens, présents et à venir, étaient grevés d'une hypothèque au profit de l'État.

Au-dessous du *manceps*, était le *magister societatis* :

---

(1) Bouchaud : Mémoire sur les sociétés que formèrent les publicains pour la levée des impôts (Mém. Acad. inscript. 1774, XXXVII p. 241-261) ; — A. Ledru : Des publicains et des sociétates vectigalium ; — Prax : Essai sur les sociétés vectigaliennes ; — Xenopoulos : De societatum publicanorum Romanarum historia ac natura judiciali.

c'était un administrateur général, nommé annuellement, et chargé de tenir les comptes de la société,
de centraliser les recettes, et de représenter la société
au regard des tiers.

. Dans les provinces, le *magister* était remplacé par le
promagister, dont les textes (Cicéron, *ad Att.* XI, 10 ;
Verrès II, LXX, 169), et les monuments épigraphiques
font connaître quelques-uns. Cet agent remplissait en
province les mêmes fonctions que le *magister*, à Rome.

Quant aux employés subalternes, pris quelquefois
parmi les hommes libres, mais le plus souvent parmi
les esclaves et les affranchis ; ils étaient très nombreux.

Dans l'ordre hiérarchique, on distinguait semble-t-
il, les *tabularii* chargés de la tenue des registres et
du contrôle de l'exactitude des recettes ; les *coactores*,
chargés de la perception, et qui paraissent avoir eu
des remises proportionnelles aux recettes effectuées par
eux Cicéron, *Pro Rabir.* 11) ; enfin, des employés d'un
ordre plus secondaire, parmi lesquels notamment les *tabellarii*, chargés d'assurer le service de la correspondance
entre Rome et la province. On peut citer enfin les cais-
siers de la station, les *arcarii*.

. A côté des agents des sociétés vectigaliennes, il est
important de noter l'existence d'agents de l'État. A raison même des abus dont les premiers s'étaient rendus
coupables sous la République, sur les impôts perçus
à cette époque, et pour éviter de nouveaux abus à l'occasion des impôts qu'ils créeraient, et notamment de
la *vicesima hereditatium* les empereurs placèrent des
agents spéciaux, des *procuratores*, dont la mission
consistait à surveiller les publicains, dans l'exercice
de leurs fonctions.

Ces agents spéciaux avaient eux-mêmes un personnel sous leurs ordres. C'est ainsi que les inscriptions nous font connaître : les *præpositi,* attachés aux bureaux de perception, et qui étaient toujours choisis parmi les affranchis de l'empereur ; des *tabularii,* et des esclaves de l'empereur, que les monuments épigraphiques désignent sous les noms de *villici* ou *contrascriptores.*

En ce qui touche plus spécialement la *vicesima hereditatium,* il est certain que les *procuratores imperatoris* avaient été chargés de surveiller les publicains.

Mais il semble qu'à la différence de ce qui avait lieu pour les autres impôts indirects, cette surveillance n'avait pas été confiée d'abord à des agents spéciaux. Les inscriptions, qui font connaître l'existence des *procuratores vicesimæ hereditatium,* ne remontent, en effet, qu'au règne de Claude. Aussi bien, M. Hirschfeld, (*loc. cit.* p. 63) a-t-il conjecturé que, dans les premières années de l'Empire, la surveillance des fermiers devait appartenir : à Rome, aux *præfecti ærarii militaris* ; et dans les provinces, aux *procuratores provinciæ.*

La première inscription qui mentionne un *procurator* spécialement chargé de la surveillance de la perception de la *vicesima,* se rapporte au règne de Claude : car elle parle d'un certain, Claudus Saturninus, affranchi de ce prince.

C. I. lat. VI, 8443.

D(iis) M(anibus), Ti. Claudii, Aug(usti) liberti, Saturnini, proc(uratoris) $\overline{XX}$. here(ditatium) provinciæ Achaiæ, et Saturnina conjux f(ecit).

Postérieurement à cette époque, mais antérieurement à Hadrien, d'autres inscriptions mentionnent encore des *procuratores vicesimæ hereditatium*. L'une d'elles fait connaître, un certain Manlius Felix, qui, après avoir rempli plusieurs fonctions, avait été nommé *procurator* sous Trajan.

C. I. lat. III. 726).

C. Manlio..., *f.*, *Q(uirina tribu)*, *Felici*, *trib(uno) mil(itum) leg(ionis)* VI *(I)* G*(eminæ)* P*(iæ)* F*(idelis) adlect(o) in decuri(as) judic(um) selector(um) a Divo Tito, præf(ecto) fabr(um) imp(eratoris) Cæsaris Nervæ Traj(ani) Germ(anici) Dacici bis, præf(ecto) class(ium) Pann(onicæ) et Germ(anicæ), proc(uratori) Aug(usti) reg(ionis) Chers(onesi), proc(uratori) Aug(usti)* XX *hered(itatium), d(ecreto) d(ecurionum)*.

Voir également Grüter 1028, 6.

Enfin, au-dessous des *procuratores*, se trouvaient d'autres agents : un *dispensator*, ou caissier ; un *tabularius* et un *adjutor tabularius*, ou teneurs de livres ; un *princeps tabularius*, qui était à la tête de tous les *tabularii*.

Ces agents, que l'on retrouve dans la période de la perception directe, existaient déjà dans la période de la ferme de la *vicesima*. Certaines inscriptions les montrent, en effet, en fonction sous Titus et Trajan (C. I, lat. II, 3235 ; — Wilmans n°s 1382, 1384, 1389, etc.).

B. — **Règles applicables aux Societates vectigalium.** — A raison même de leur importance, ces sociétés obéissaient à des règles particulières.

La différence essentielle qui les séparait des sociétés ordinaires, et de laquelle découlent toutes les autres, consiste dans la reconnaissance à leur profit, de la personnalité civile, qui n'était accordée aux sociétés ordinaires qu'en vertu d'une autorisation législative (f. 1 pr. *quod cujuscumque universitatis nomine Dig.* III, 4).

Or ce caractère entraîne des conséquences importantes.

La Société peut devenir propriétaire, avoir des créances et des dettes ; c'est elle-même et non point les associés, qui sera propriétaire, créancière, débitrice ; de telle sorte qu'en ce qui touche la propriété des biens sociaux, l'indivision n'existera entre les associés qu'à la dissolution ; — que pour les créances et les dettes, le *magister* seul, en sa qualité de représentant de la société à l'égard des tiers, peut poursuivre les débiteurs, même sans mandat de la part des autres associés, et être poursuivi par les créanciers sociaux ; et qu'enfin, ces derniers, débiteurs des associés, ou réciproquement, ne pourront opposer la compensation.

Quant à la dissolution de la société, non-seulement, contrairement aux règles admises pour les sociétés ordinaires, les *societates vectigalium* n'étaient pas dissoutes par la mort de l'un des associés (f. 59 pr. *Pro Socio. Dig.* XVII, 2) ; mais encore, lors de la création de la société, il pouvait être convenu qu'elle continuerait de plein droit avec les héritiers de l'associé défunt (f. 59 pr. *ibid*).

§ II. — Perception directe de la vicesima.

Les nombreuses inscriptions que l'on possède, permettent de se faire une idée à peu près exacte de l'administration, à laquelle était confié le recouvrement de la *vicesima*.

Lorsque, probablement à partir d'Hadrien, les *procu-ratores*, d'agents de contrôle qu'ils étaient antérieure-ment, devinrent eux-mêmes percepteurs de l'impôt, l'organisation antérieure fut conservée. Mais le nombre d'agents augmenta dans une large mesure : le nombre considérable des monuments épigraphiques en est une preuve suffisante.

Pour étudier l'organisation de cette administration financière, il faut distinguer entre Rome, l'Italie et les Provinces.

A. — **Rome.** — Il existait à Rome, deux adminis-trations différentes : un bureau central et un bureau chargé de la perception même de la *vicesima*.

Le bureau central était le siège général de l'adminis-tration ; on l'appellerait aujourd'hui, la Direction Géné-rale. C'était là que l'on vérifiait tous les actes des *pro-curatores*.

On n'est cependant pas absolument d'accord sur le point de savoir, si ces deux bureaux étaient placés sous la direction d'un même agent, ou si à la tête de chacun d'eux était un agent spécial.

Du temps de Gordien, en effet, une inscription (Wil-manns, 1293 citée plus haut) montre son beau-père, Timesitheus, à la fois *procurator et magister vicesimæ hereditatium*. Mais une autre inscription mentionne un certain Celsus, comme ayant été seulement *procurator*, à Rome.

Wilmanns, 1257 ; de Boissieu, p. 246.

C. J(ulio), C. fil(io), Quir(ina tribu) Celso, a libellis et censibus, proc(uratori) provinciar(um) Lugud(unensis) et Aquitanic(æ), proc(uratori) patrimoni(i), proc(uratori) XX hereditat(ium) Romæ, proc(uratori) Neaspoleos et

Mausolei Alexandriæ, proc(uratori) $\overline{XX}$ *hereditat(ium)*
per provincias Narbonens(em) et Aquitanicam, dilecta-
tori per Aquitanica(e) XI populos curatori viæ Ligma-
riæ Triumpha(lis).

Quoiqu'il en soit d'ailleurs sur ce point, immédiatement au-dessous du *magister*, qui était à la tête du
bureau central, était le *promagister*, qui dans la hiérar-
chie administrative, avait un rang inférieur aux *procu-*
ratores. Comme ces derniers, il appartenait en règle
générale à l'ordre des chevaliers.

Orelli, 5120 :

C. Lepidius, C. f(ilius). Pal(atina tribu) Secundus,
præf(ectus) fabr(um) pr(æfectus) coh(ortis), tri(bunus)
milit(um) pro mag(istro) XX hereditat(ium), aug(ur)
Lunæ, d(onum) d(at).

Au-dessous des agents qui précèdent, se trouvaient
certains employés que les inscriptions désignent sous
le nom de *tabularii*, à la tête desquels se trouvait un
princeps tabularius (Wilmans, 1389), et qui avaient à
leur tour, sous leurs ordres, des *adjutores tabulario-*
rum (id. 1382). Ces employés étaient chargés de la
tenue des livres et des comptes de l'administration.
C'étaient ordinairement des affranchis de l'empereur.

Au bureau central étaient également attachés des
tabellarii, à la tête desquels était un *præpositus tabella-*
riorum, chargés d'assurer la correspondance entre
Rome, l'Italie et les provinces.

On peut citer enfin le *dispensator*, ou caissier,
qu'une seule inscription, que nous avons pour Rome,
(id. 1384), montre être un esclave de l'empereur.

B. — **Italie.** — En Italie, comme d'ailleurs dans
les provinces, se trouvait à la tête des circonscrip-

tions financières, *stationes*, un *procurator*, ayant sous ses ordres de nombreux employés.

Comme à Rome, le *procurator* était ordinairement un chevalier ; rarement un affranchi de l'empereur, qui prenait alors le nom de *subprocurator*. Peut-être aussi, les affranchis, en qualité de *subprocuratores* étaient-ils placés à la tête des bureaux de perception qui, dans le cas où plusieurs provinces étaient réunies ensemble en une seule *statio*, étaient établis dans chacune d'elles.

Au-dessous des *procuratores*, se trouvaient enfin les employés d'un ordre secondaire : les teneurs de livres, que les inscriptions désignent sous les noms de *commentarienses* ou *a commentariis* (C. I. lat. II, 4184) ; les *tabularii* et les *præpositi tabulariorum*, etc.

Ces charges étaient plus spécialement réservées aux affranchis. La charge de caissier, *villici*, *arcarii*, étaient au contraire réservée aux esclaves.

Quant aux circonscriptions de la *vicesima*, l'Italie était divisée en *stationes*, correspondant peut-être aux *regiones*, ou circonscriptions établies par Auguste (1).

Les inscriptions font, en effet, connaître :

Un certain C. Valerius Fuscus, comme *procurator per Campaniam*.

C. I. lat. VI, 1633.

C. Valerio, Quir(ina tribu), Fusco, proc(urati) XX per Campan (iam)...

Un certain Fœsellius Sabinianus, comme *procura-*

---

(1) C. Jullian : Les transformations politiques de l'Italie, sous les empereurs Romains (Bibl. des Écoles franç. d'Athènes et de Rome XXXVII p. 78 et suiv.) ; — Mommsen : *loc. cit.* trad. franç. I, 77 note 1.

tor vicesimæ hereditatium regionis Campaniæ, Apuliæ, Calabriæ :

Wilmanns, 2114 :

L. Fœsellio, L. filio, An(iensi tribu) Sabiniano, proc-(uratori) imp(eratoris) Anton(ini) Aug(usti) Pii, pro-(inciæ) Pan(nonicæ) Inf(erioris), proc(uratori) XX her(editatium) region(is) Campani(æ) Apuli(æ) Calabri(æ).

Un certain Flavius Germanus, comme *procurator Umbriæ, Tusciæ, Piceni, regiones Campaniæ* (Wilmanns, 1273*).

Un affranchi de l'empereur, indiqué comme *tabularius Æmiliæ, Liguriæ, Transpadanæ* (id. 1386).

C. — **Provinces**. — Les mêmes règles, suivies en Italie, étaient suivies dans les provinces.

Si la *statio* ne comprenait qu'une province, le *procurator* résidait à la capitale. S'il y avait plusieurs provinces réunies ensemble, il résidait à la capitale de l'une d'elles ; ainsi pour les deux Pannonies, c'était à Pœtovia, capitale de la Pannonia superior, comme semble l'indiquer l'inscription 4065 (C. I. lat. II).

I. — La *statio* comprenait quelquefois une seule province. Telles étaient :

1º. — L'Achaïe.

C. I. lat. VI, 8443 (citée plus haut).

2º. — L'*Hispania citerior*.

C. I. lat. VI, 1633 (citée plus haut en partie).

C. Valerio, Quir(ina tribu)... proc(uratori) ad XX per Hisp(aniam) Citer(iorem)...

C. I. lat. II, 4184 :

D(iis) M(anibus). Felici Aug(usti) lib(erto) a comment(ariis) XX her(editatium) H(ispaniæ) C(iterioris)...

7

3º. — La Syrie.

C. I. lat. VI, 1633 (déja citée).

4º. — L'Asie.

Wilmanns 1293, 1387.

II. — D'autres fois, dans la même *statio* étaient réunies deux provinces. Telles étaient :

1º. — L'Hispania Bœ ica et la Lusitania.

C. I. lat. II, 2029 :

P. Magnio, Q. f(ilio), Quir(ina tribu), Rufo Magoniano, tr(ibuno) mil(itum) IIII, proc(uratori)) Aug(usti) XX her(editatium) per Hisp(aniam) Bætic(am) et Lusitan(iam)...

2 . — Les deux Pannonies.

C. I. lat. III, 4065 :

Venuleio Proculo ; v(ixit) anno I dieb(us) X. Proculus Aug(ustorum) duorum n(ostrorum) vern(a), vil(licus) XX hered(itatium) utrarumq(ue) Pann(oniarum) cum Valentina filio fecerunt.

3º. — La Gaule Narbonnaise et l'Aquitaine.

C. I. lat. III, 6054 :

P. Semp(ronio) Æl(io) Lycino, proc(uratori) Aug(ustorum) duorum) n(ostrorum) prov(inciæ) Syriæ Palæstinæ,... proc(uratori XX h(ereditatium) provinciarum Galliarum Narbonensis et Aquitaniæ...

V. également C. I. lat. VI, 1523 ; — de Boissieu, p. 246.

III. — Plusieurs provinces pouvaient enfin se trouver réunies dans la même circonscription. Il en était ainsi, de :

1º. — La Gaule lyonnaise, la Belgique et les deux Germanies.

C. I. lat. II, 4114 :

Tib. Cl(audio) candido cons(uli), XV vir(o) s(acris)
f(aciundis), leg(ato) Aug(ustorum duorum) pr(o) pr(ætore)
provinciæ H(ispaniæ) C(iterioris),.. allecto inter prælo-
rios item tribunicios, proc(uratori) XX hered(itatium)
per Gallias Lugdunensem et Belgicam et utramque
Germaniam.

2º. — La Pamphylie, la Lycie, la Phrygie, la Galatie
et les îles Cyclades.

Wilmanns, 1281.

3º. — Le Pont, la Bithynie et la Paphlagonie.

Wilmanns, id.

CHAPITRE QUATRIÈME

Si l'on suppose que l'impôt se trouve être exigible de
la part de certains héritiers ou légataires ne rentrant
pas dans la catégorie des proches parents, et sur une
succession non comprise dans les successions pauvres,
une question importante s'élève : les héritiers ou légataires ne sont-ils pas obligés de payer l'impôt dans un
certain délai ? et dans le cas de l'affirmative, n'existe-t-
il contre eux aucune peine, en cas de retard ?

SECTION PREMIÈRE.

Délais accordés pour le paiement.

On comprend trop facilement, pour qu'il soit nécessaire d'insister, l'intérêt qu'a le fisc à la perception
rapide de l'impôt. Aussi bien, malgré l'absence de
textes précis, au moins en ce qui touche les successions
ab intestat, semble-t-il qu'un délai devait être imposé
aux héritiers et aux légataires, pour l'acquittement de
l'impôt (1).

(1) Chez nous, les délais sont déterminés à raison des difficultés présumées,

A. — **Successions testamentaires**. — Un titre des *Sentences* de Paul (*de vicesima*, IV, 6) indique certaines règles établies par la *lex vicesima hereditatium* elle-même.

Dans ce titre, dont la rubrique semblerait annoncer des règles relatives à l'impôt, le jurisconsulte ne s'occupe que des formalités et des délais relatifs à l'ouverture des testaments. Mais s'il en est ainsi, c'est que précisément la *lex vicesima* avait réglementé cette matière, le législateur ayant voulu que les testaments fussent ouverts dans un bref délai, pour que la perception de l'impôt ne subit pas de trop longs retards.

Paul nous apprend dans ce texte, que le testament devait être ouvert, aussitôt après la mort du testateur : « *testamentum lex statim post mortem testatoris aperiri voluit...* ». (§ 4). Sans doute, ajoute-t-il, des rescrits ont fait varier le délai de l'ouverture ; mais maintenant les tablettes, sur lesquelles sont écrites les dernières volontés du défunt, doivent être ouvertes entre le troisième et le cinquième jour : «... *et ideo, quamvis sit rescriptis variatum, tamen a præsentibus intra triduum vel quinque dies aperiendæ sunt tabulæ...* »

Or, ce qui prouve bien que ce texte avait en vue le payement de l'impôt de la *vicesima*, c'est que Paul remarque que cette promptitude est commandée, non pas tant par l'intérêt des héritiers, donataires ou légataires, ou des esclaves affranchis par testament, que

pour faire la déclaration. Ils sont : de 6 mois à compter du jour du décès, si le décès a eu lieu en France ; — de 8 mois, si le défunt est mort dans une autre partie de l'Europe ; — d'un an, s'il est mort en Amérique ; — de 2 ans, si c'est en Afrique ou en Asie. (L. 22 Frimaire an VII, art. 24) ; — sauf dans ces dernières hypothèses à réduire le délai à six mois du jour de l'inscription sur les registres de l'état civil, si l'inscription avait eu lieu avant l'expiration de ces divers délais.

par l'intérêt du fisc : «..... *nec enim oportet tam here-dibus aut legatariis aut libertatibus, quam necessario vectigali moram fieri* ». (§ 4 in fine). Si l'héritier était absent, le délai pour l'ouverture du testament, ne courrait que de son retour : «... *ab absentibus quoque, intra eosdem dies, cum supervenerint* ». (§ 4) (1).

On a conclu de ce texte de Paul que la *vicesima* était payable dans les cinq jours après le décès, plus une augmentation de un jour par vingt milles de distance, pour les absents (2).

Il faut reconnaître, au moins en ce qui concerne cette augmentation de délai, que le texte du *Digeste*, sur lequel on s'appuie, n'est pas absolument dans ce sens. Sans doute, il devait se rapporter à notre matière puisqu'il est tiré du livre premier du Commentaire d'Æmilius Macer (f. 154, *de verb. signif. Dig.* L, 16) ; mais, s'il parle de vingt milles de distance, il se contente d'indiquer, semble-t-il, de quelle distance devaient être comptés mille pas, quand un calcul de cette nature était nécessaire : « *Mille passus non a miliario urbis, sed a continentibus ædificiis numerandi sunt* ».

Cette opinion, qui soutient que le délai pendant lequel l'ouverture du testament devait avoir lieu, était le délai même pendant lequel la *vicesima* devait être acquittée par les héritiers ou légataires, ne nous paraît pas absolument exacte.

L'argument que l'on peut tirer du texte de Paul, est

---

(1) Les formalités de l'ouverture des testaments sont indiquées par Paul (§ 1) : après que le testament avait été déposé entre les mains du magistrat, les témoins qui avaient apposé leur cachet étaient appelés, et le testament était ouvert et lu en leur présence. On pouvait en prendre copie ; puis après l'avoir revêtu d'un sceau public, il était déposé aux archives.

(2) Dureau de la Malle, *loc. cit.* II, p. 473.

séduisant au premier abord. Mais l'intérêt du Trésor invoqué par le jurisconsulte peut s'expliquer autrement que par le payement même de la *vicesima*.

Cet intérêt existait, en effet, au point de vue de la connaissance des dispositions testamentaires du défunt. Aussi bien peut-être, les formalités et les délais imposés pour l'ouverture des testaments, avaient-ils été établis pour permette aux *procuratores* de connaître les dispositions testamentaires soumises à l'impôt.

L'intérêt du Trésor pourrait encore s'expliquer par les *satisdationes* que devaient fournir les héritiers pour garantir le payement de la *vicesima*.

Ainsi entendu, le texte de Paul peut alors se concilier avec d'autres textes qui s'occupent de l'envoi en possession des héritiers ou légataires. La solution qui paraît être la plus certaine, en effet, c'est que le délai pour le paiement de l'impôt, était précisément le délai même de la *missio in possessionem bonorum*. Peut-être même, pourrait-on aller jusqu'à dire que l'envoi en possession était subordonné au paiement.

On comprend dès lors, que si la *missio in possessionem* avait pour but d'assurer le plus tôt possible, le recouvrement de la *vicesima*, il fallait décider qu'elle ne pourrait être demandée que dans un certain délai.

Or, nous savons que l'héritier institué devait demander dans l'année l'envoi en possession : « *Scriptus heres*, dit Paul (*Sent.* III, 5, 16) *ut statim in possessionem mittatur, jure desiderat : hoc post annum jure impetrare non poterit* ». Au reste, il devait avoir préalablement rempli les formalités que la loi imposait pour l'ouverture des testaments : « *in eo testamento, quod nec ut oportuit oblatum, nec publice reci-*

tatum est: *heres scriptus in possessionem mitti frustra desiderat* ». (*ibid.* § 17).

Si l'envoi en possession n'avait pas été demandé dans l'année, l'héritier institué ne pouvait intenter contre celui qui avait usucapé *pro herede*, qu'une *petitio hereditatis ficticia*, dans laquelle pourtant le rôle du juge était de faire entrer en possession l'héritier, si tel avait dû être le résultat de l'action intentée avant l'accomplissement de l'usucapion.

L'obligation de demander l'envoi en possession ressort aussi de la Constitution de Justinien, (C. 3, Code VI, 33). Comme le texte de Paul, qui ne devait rappeler d'ailleurs que les dispositions de l'édit d'Hadrien, dont parle cette Constitution, celle-ci donnait aux héritiers un moyen facile de se faire envoyer en possession, pourvu que la demande fut faite dans l'année qui suivait le décès du testateur.

Au reste, pour éviter les lenteurs qui, pouvant résulter des contestations élevées sur les dispositions testamentaires, auraient amené des retards dans la perception de l'impôt, Hadrien avait décidé que tout héritier qui présenterait un testament régulier en la forme, et dont l'ouverture aurait eu lieu, conformément à la loi, serait envoyé en possession, lors même que ce testament serait argué de faux, ou que sa validité serait contestée, comme ayant été révoqué ou comme étant nul, par suite d'une *capitis deminutio* subie par le testateur. « *Sive falsum, sive ruptum*, dit Paul (*ibid.* § 14), *sive irritum dicatur esse testamentum, salva eorum disceptatione, scriptus heres jure in possessionem mitti desiderat* ».

Hadrien alla même plus loin. Afin qu'un appel inter-

jeté contre la *missio in possessionem* ne vint interrompre
les effets de celle-ci, et notamment le paiement de la
vicesima, ce prince défendit l'appel contre la décision du
magistrat ordonnant l'envoi en possession, (f. 7, *de
appelat. recipiendis vel non, Dig.* LXIX, 5).

Plus tard même, les empereurs, Gratien, Valentinien
et Théodose sanctionnèrent la disposition d'Hadrien,
par une amende de vingt livres d'or tant contre l'appe-
lant que contre le juge qui ne s'opposerait pas à l'appel
(C. 26, *de appel.* C. Th. XI, 36).

Tout ce qui précède ne s'applique qu'au testament
écrit, le seul dont parlait l'édit d'Hadrien. Mais il est
probable que les dispositions qu'il contenait furent
étendues au testament oral, fait en présence de sept
témoins. La *bonorum possessio* pouvait être demandée
en effet, en vertu d'un testament *nuncupatif*, (C. 8, 4 et
C. 2 *de bon. poss. sec. tab.*, Code VI, 11). On peut dès
lors penser que l'héritier pouvait, dans cette hypothèse,
obtenir la *missio in possessionem*, en vertu de l'Édit
d'Hadrien.

B. — Successions ab intestat. — Aucun texte n'indique pour elles, le délai fixé pour le paiement. Mais on
peut supposer que les mêmes règles, admises pour les
successions testamentaires, leur étaient applicables,
et qu'un délai d'un an était accordé à l'héritier, pour
l'acquittement de l'impôt.

SECTION II.

Peines en cas de retard.

Au cas de non payement de la *vicesima* dans le délai, il semble naturel de penser qu'une peine devait être encourue par les héritiers ou légataires (1).

C'est, en effet, ce que l'on a supposé (2), en présence d'un rescrit de Caracalla (C. 1, *de usuris rei judicatæ*, Code VII, 54), aux termes duquel, celui qui aura été condamné devra, comme celui qui n'a pas obéi aux ordres de l'empereur dans le délai légal, l'intérêt de douze pour cent, du jour de la condamnation : « *Fiscus, qui bona secundum se dicta sententia persequitur, eas quoque rationes habiturus est, ut qui post legitimum tempus placitis non obtemperavit, usuram centesimam temporis quod postea fluxerit solvat.* »

On a conclu de ce texte qu'un intérêt de douze pour cent était dû par l'héritier ou le légataire à partir de l'échéance. On peut dire dans ce sens, en effet, que si cette Constitution figure au Code, avec une portée générale, et s'applique à toutes les condamnations judiciaires, elle est adressée aux *procuratores hereditatium*.

En l'état des textes, il est impossible de déterminer la portée exacte du rescrit de Caracalla.

L'on connaît au contraire d'une façon précise la

(1) Chez nous, la peine est d'un demi-droit en sus (L. 22 frimaire an VII, art. 39).

(2) Dureau de la Malle ; *loc. cit*, p. 474 *in fine*.

peine encourue au cas de non-accomplissement des
formalités prescrites pour l'ouverture des testaments.
Au dire de Paul (*Sent.* IV, 6, 3), si le testament avait
été ouvert suivant d'autres formalités et dans d'autres
lieux que ceux fixés par la loi, une amende de cinq
mille sesterces était encourue : « *Qui aliter aut alibi,
quam uti lege præcipitur, testamentum aperuerit recita-
veritve, pæna sestertiorum quinque millium tenetur.* »

CHAPITRE CINQUIÈME.

DE LA POURSUITE DES DÉBITEURS, ET DES GARANTIES DU FISC POUR LE RECOUVREMENT DE LA VICESIMA

Les délais accordés pour le payement peuvent être expirés, et la *vicesima hereditatium* n'avoir pas été acquittée par les héritiers ou légataires.

De plus, le fisc peut avoir à craindre l'insolvabilité de ses débiteurs.

La question se pose alors de savoir quels sont les moyens de contrainte dont il peut user, et quelles sont les garanties dont il jouit, pour arriver au recouvrevrement de sa créance.

SECTION PREMIÈRE

Des voies d'exécution.

Il ne rentre pas dans le cadre de cette étude, d'étudier d'une façon complète, les voies d'exécution existant au profit du Trésor, pour le recouvrement des créances qui lui étaient dues, au moins en ce qui touche leur développement historique. Nous n'avons en effet qu'à nous placer au moment de l'application de la *lex Julia vicesima hereditatium.*

A toute époque, l'État ne connut, en matière d'impôts qu'un droit absolu d'exécution. Dès que l'échéance du terme pour les *Societates vectigalium,* était arrivée, ou que les délais accordés aux héritiers ou légataires étaient expirés, le débiteur était immédiatement passible de toutes les voies d'exécution. Aucune mise en demeure, ni aucune décision judiciaire n'étaient nécessaires (1).

Les deux voies d'exécution, existant à l'origine, la *manus injectio* et la *pignoris capio,* existaient encore à l'époque qui nous occupe.

L'exécution sur la personne perdit d'ailleurs de sa rigueur primitive, et finit par se rapprocher beaucoup de notre contrainte par corps.

Quant à l'exécution sur les biens, c'est à elle que les agents du Trésor devaient le plus souvent recourir.

La *pignoris capio* avait été maintenue pour le recouvrement des impôts. Gaïus nous apprend en effet qu'elle était accordée aux publicains, par les censeurs, dans le cahier des charges : « *item lege censoria data est pignoris capio publicanis vectigalium publicanorum populi Romani adversus eos, qui aliqua lege vectigalia deberent* ». (IV, 28).

L'État jouit d'ailleurs toujours du droit de saisir les biens de son débiteur, et de les faire vendre par la voie

---

(1) Des modifications avaient cependant été introduites par les empereurs. A part le cas de *confessio in jure,* l'exécution ne pouvait être poursuivie que s'il était intervenu un jugement en dernier ressort (frag. *de jure fisci,* 14. — Giraud, p. 143. Paul : *Sent.* V, 12, 6). Un acte administratif n'aurait pu en tenir lieu (C. 2 *de jure fisci,* C. X, I). — Mais, en matière d'impôts, où l'administration agissait par voie d'autorité, il semble qu'une décision judiciaire n'était pas nécessaire.

de la *bonorum sectio* (C. 6, *de fide et jure hastæ fiscalis*, Code X, 3 ; — Cic. *Pro Flacco* 18). Cette vente était faite par les questeurs (Tite-Live, XXXVIII, 60), et produisait cet effet, contraire aux règles admises en matière d'aliénation, de transférer *ipso facto*, la propriété quiritaire, pourvu que le prix eut été payé.

Au reste, l'État pouvait ne pas poursuivre lui-même l'exécution de ses débiteurs. Il est curieux de constater en effet l'existence de sociétés analogues aux *societates vectigalium*. De même, que celles-ci s'étaient chargées du recouvrement des impôts, de même des sociétés particulières, s'étaient créées pour poursuivre l'exécution des débiteurs du Trésor, en son lieu et place. Leurs membres portaient le nom de *prædiatores* (Gaïus II, 61 ; — *lex Malacitana* ch. 65). Elles étaient organisées, comme les sociétés vectigaliennes, et se composaient, comme elles, d'un *manceps*, d'un *magister*, de *socii* et de *prædes*.

SECTION II

Garantie du fisc.

La perception de l'impôt du vingtième, ayant été d'abord opérée par l'intermédiaire des publicains, puis directement par les agents mêmes du Trésor, il y a lieu d'examiner successivement les sûretés existant contre les publicains, pour le payement du prix de la ferme, et celles ayant existé plus tard contre les particuliers, débiteurs directs de l'État.

§ I. — Garanties contre les publicains.

Dès que l'adjudication avait été prononcée au profit d'une *Societas vectigalium*, l'État devenait immédiatement créancier du montant des enchères ; et le *manceps*, immédiatement débiteur de cette somme.

Mais pour assurer le recouvrement de sa créance, l'État exigeait des garanties. « *Prædes dato, pærdiaque subsignato* », disent certains textes. Ces garanties formaient la *cautio prædibus prædiisque*, qui étaient pour l'État, ce que les sûretés personnelles (*sponsores, fidejussores*), et réelles (fiducie, gage, hypothèque) étaient pour les particuliers.

A. — **Sûretés personnelles**. — En même temps qu'il se portait adjudicataire au nom de la société, le manceps devait fournir des cautions, *prædes*, qui garantissaient le payement de la somme due aux échéances fixées par la *lex censoria*.

La forme de l'engagement était analogue à celle de la stipulation. « *Præs*, dit Festus (*de ling. lat.* V, 40) : *qui a magistratu interrogatus, in publicum ut præs sit ; a quo et, cum respondet, dicit : præs* ».

Le contrat était ensuite relaté sur des *tabulæ*, et confié aux questeurs de l'*ærarium*, chargés de la rentrée des créances publiques (*lex Malacit.* ch. 63 à 66).

A l'égard de ces cautions, les prohibitions établies par une loi Cornelia, rendue sous la dictature de Sylla, et que Gaïus nous fait connaître (III, 124,) n'étaient point applicables.

Aux termes de cette loi, il était interdit à la même personne, de cautionner pour le même débiteur envers le même créancier, dans la même année, une somme supérieure à vingt mille sesterces : « *qua lege, idem pro eodem, apud eumdem, eodem anno, vetatur in ampliorem summam obligari creditæ pecuniæ quam in viginti millia* ». Mais, Gaïus ajoute (§ 125), qu'il y avait des exceptions, dont l'une s'appliquait notamment aux cautions fournies pour le paiement de la *vicesima*, exception qui résultait de la *lex Julia vicesima* elle-même : «... *et adhuc lege vicesima hereditatum cavetur, ut ad eas satisdationes quæ ex ea lege proponuntur, lex Cornelia non pertineat* ».

Les *præles* étaient tenues sur tous leurs biens, et ne pouvaient, comme une caution ordinaire, invoquer ni le bénéfice de division, ni le bénéfice de discussion.

B. — Sûretés réelles. — A côté des sûretés personnelles, la perception du prix de la ferme était garantie par des sûretés réelles. Mais sur ce point, deux périodes sont à distinguer : dans la première, ces sûretés ne sont que conventionnelles ; dans la seconde, elles seront légales.

I. — Sûretés conventionnelles. — En même temps qu'il fournissait des *prædes*, le manceps devait également affecter ses biens au profit du Trésor public.

Ces sûretés nouvelles prenaient le nom de *prædia* et l'affectation qui en était faite, celui de *subsignato prædiorum*.

La *subsignatio* consistait dans la déclaration, faite par le manceps, consignée sur un registre et signée par lui, après l'acceptation par le magistrat compétent, des *prædia* fournis. C'était de là que naissait au profit du Trésor, un droit réel sur les biens affectés (1).

(1) On discute sur la nature du droit de gage de l'État sur les *prædia*. D'a-

En outre des conditions imposées par la loi, à l'égard de ces biens, qui devaient être notamment dans le domaine quiritaire du manceps, celui-ci devait présenter des *cognitores*, qui affirmeraient son droit de propriété, et déclareraient que les biens affectés étaient *soluta*, c'est-à-dire exempts de toute charge qui eut pu paralyser les droits du Trésor (*lex Malacit.* loc. cit.).

Ces sûretés réelles étant d'ailleurs conventionnelles, devaient être stipulées au moment de l'adjudication, pour que l'État put s'en prévaloir. Mais plus tard, il n'en fut plus ainsi, les empereurs ayant établi, au profit du fisc, des sûretés légales.

II. — Sûretés légales. — L'existence de ces sûretés est indiquée par certains textes.

Hermogénien, jurisconsulte du iv⁰ siècle, pose le principe: « *Fiscus semper habet jus pignoris,* » (f. 46, 3, *de jure fisci,* Dig. XLIX, 14). « *Certum est,* dit également, une constitution de Caracalla de l'année 214 (C. 2, *in quibus causis pign.* C. VIII, 14 ou 15), *ejus qui cum fisco contrahit bona veluti pignoris titulo obligari, quamvis specialiter id non exprimitur.*

Les derniers mots de ce texte permettent, il semble, de déterminer comment la transformation s'est produite.

A l'origine, les sûretés réelles n'étant que conventionnelles, il était nécessaire qu'elles fussent expressément stipulées. Or, comme ces stipulations étaient toujours faites, on finit par les considérer comme de

près les uns, ce contrat serait un pacte de fiducie ordinaire : l'État, acquérant par mancipation les fonds engagés, s'engagerait à les remancipei à leurs propriétaires, après l'exécution des obligations. D'après d'autres, il constituerait une véritable hypothèque. (Dareste, *loc. cit.*).

8

style dans les contrats intervenus entre les agents du fisc et le manceps, et par les sous-entendre enfin dans ceux où elles n'avaient pas eu lieu.

C'est là probablement, l'origine première de l'hypothèque légale existant au profit du Trésor à l'encontre des fermiers des impôts, et notamment de ceux de la *vicesima hereditatium*.

Au reste, dès avant la création de cette hypothèque tacite, le Trésor jouissait déjà d'un privilège, *privilegium exigendi*, portant sur les meubles et les immeubles du débiteur. Mais, à cet égard, une remarque importante doit être faite.

Les principes admis en matière de privilèges, étaient loin d'être, à Rome, ce qu'ils sont aujourd'hui chez nous, où « le privilège est un droit que la qualité de la créance donne à un créancier d'être préféré aux autres créanciers, même hypothécaires ». (C. C. 2095).

Or, il en était tout autrement en Droit Romain. Le privilège n'accordait la préférence au créancier qui en était nanti, qu'à l'encontre des créanciers chirographaires. « *Privilegium fisci est, inter omnes creditores primum locum tenere* » dit Paul (*Sent.* V, 12, 10); mais il dit aussi lui-même (f. 38, 1, *de rebus auct. jud.*, *Dig.* XLII, 5) « *respublica creditrix omnibus chirographariis creditoribus præfertur* ».

Il aurait pu résulter de l'application de ces principes, que la garantie du Trésor fut illusoire, si l'on suppose que le manceps eut des créanciers hypothécaires, car ils auraient primé le fisc.

Aussi bien, reconnut-on bientôt la nécessité d'accorder au Trésor des garanties plus sérieuses, et c'est ce qui explique la concession d'une hypothèque légale tacite, portant sur tous les biens du débiteur, présents et à venir. « *Bona eorum qui cum fisco contrahunt, lege vacuaria, velut pignoris jure, fisco obligantur; non solum ea, quæ postea habituri sunt.* » (Ulpien, frag. *de jure fisci*, 5, Giraud, p. 142). (1).

Comme le *privilegium exigendi*, l'hypothèque légale aurait pu d'ailleurs ne pas garantir suffisamment la créance du Trésor. C'est qu'en effet, la règle admise pour déterminer le rang des hypothèques était la priorité de date :«... *prævalet jure, qui prævenit tempore* ». (C. 2 *in fine,qui potiores*, C. VIII, 17 ou 18).

A l'origine, quand l'affectation réelle des biens du manceps devait être expresse, la déclaration des *cognitores*, (si elle était sincère), que ces biens n'étaient grevés d'aucune charge, devait assurer au fisc le premier rang, parce qu'il était le premier en date. La garantie pouvait donc suffire.

Mais il n'en fut plus ainsi quand l'hypothèque légale fut tacite. Aucune déclaration des *cognitores* n'intervenant plus, rien n'assurait à l'État qu'aucune hypothèque ne grevait déjà les biens du manceps, alors surtout que le principe de la publicité n'était pas connu à Rome. Il était donc à craindre, qu'à raison de l'existence de créanciers hypothécaires antérieurs en date, l'État, primé par eux, ne pût obtenir le paiement de sa créance.

Aussi bien, peut-on se demander, si l'hypothèque du fisc ne fut pas munie d'un privilège, qui lui permit de

---

(1) Certains auteurs ont voulu voir dans ce texte, une disposition de la *lex Julia vicesima hereditatium* elle-même. Bœcking lit en effet « *lege vicesimaria* », au lieu de « *lege vacuaria* ». Mais après la découverte des *leges municipales Salpensana et Malacitana* (1851), M. Huschke (*Jurisp. antej.* p. 521) pense qu'il faut lire « *lege vacuaria* » ; ce qui correspondrait à la *lex in vacuum vendendis* dont parle la *lex Malacitana* (ch. 64 *in fine*).

primer même les créanciers hypothécaires, antérieurs
en date.

La question est discutée ; mais elle nous paraît
devoir être résolue dans le sens de l'affirmative (1).

C'est ce qui paraît résulter expressément d'une
constitution d'Antonin Caracalla (C. I, *si propter publi-
cas,* C. IV, 46) : « *Venditionem ob tributorum cessatio-
nem factam revocari non oportet, neque priore domino
pretium offerente, neque creditore ejus jure hypothecæ
sive pignoris. Potior est enim causa tributorum, quibus
priore loco omnia cessantis obligata sunt* ».

Ce texte décide en effet que la vente des biens de
celui qui a cessé le payement de l'impôt, ne pourra
être attaquée, lors même qu'un créancier voudrait
faire valoir son droit d'hypothèque ou de gage ; et le
motif qu'en donne l'empereur, est précisément que les
biens du débiteur, sont affectés au premier rang,
riore loco, au profit du Trésor.

On peut donc conclure, il semble, qu'à côté des
sûretés personnelles fournies par le manceps, le fisc
jouissait d'une hypothèque légale privilégiée, qui lui
assurait le premier rang, à l'encontre même des créanciers hypothécaires, antérieurs en date.

§ II. — Garanties contre les particuliers.

Les mêmes garanties, existant au profit du Trésor,
contre les publicains, pour assurer le payement du

---

(1) La question est également, vivement controversée chez nous. La difficulté porte sur l'interprétation du dernier paragraphe de l'article 32 de la loi
du 22 Frimaire an VII. La jurisprudence admet que ce texte consacre au profit
du Trésor, une action privilégiée sur les revenus des biens à déclarer. C'est
aussi l'opinion qui nous paraît devoir être admise. (V. Thèse française).

prix de la ferme, furent appliquées contre les particuliers, lorsque la perception fut faite directement par les *procurates hereditatum*.

Deux observations sont seulement nécessaires.

A. — **Sûretés personnelles.** — En ce qui touche d'abord les cautions à fournir par les héritiers ou les légataires, on peut se demander à quel moment elles étaient fournies.

Sans qu'aucun texte vienne confirmer notre opinion on peut soutenir que c'était au moment de l'*apertura tabularum*. S'il faut admettre en effet, que le payement de la *vicesima* n'avait lieu que dans l'année du décès, avant l'envoi en possession, et non, comme on l'a soutenu, au moment de l'ouverture du testament, on peut conjecturer que c'était à ce moment que l'héritier assurait à l'État le payement de l'impôt, en fournissant caution.

Peut-être aussi, n'était-ce qu'au moment de la demande de la *missio in possessionem bonorum*, si toutefois le paiement de l'impôt ne devait pas être effectué avant l'envoi en possession.

B. — **Sûretés réelles.** — Quant aux sûretés réelles, l'État jouissait, comme à l'encontre des publicains, d'une hypothèque privilégiée.

Aucun motif ne permet en effet de supposer que le Trésor abandonna une garantie si précieuse. Bien au contraire, à la Constitution de Caracalla, se joint ici un texte d'Ulpien, qui paraît bien reconnaître au profit du fisc une hypothèque de cette nature. « *Si qui mihi obligaverat quæ habet habiturusque esset cum fisco contraxerit, sciendum est in re postea adquisita fiscum potiorem esse debere Papinianum respondisse : quot et constitutum est. Prævenit enim causam pignoris fiscus* ». (f. 28, *de jure fisci*, Dig. XLIX, 14).

Or, il est important de le remarquer, Ulpien ne cite pas seulement l'opinion de Papinien ; il déclare qu'une Constitution est intervenue sur ce point : « *quod et constitum est* ».

DROIT FRANÇAIS

DU PRIVILÈGE DU TRÉSOR

POUR LE RECOUVREMENT

DES DROITS DE SUCCESSION

A Rome et dans notre ancienne jurisprudence, les mutations de biens qui s'opéraient par décès étaient soumises à un impôt : la *vicesima hereditatium*, chez les Romains ; chez nous, le *droit de relief* ou de *rachat*, et plus tard *le droit de centième denier*.

Cet impôt fut toujours, à Rome, du vingtième de la valeur des biens transmis, sauf sous le règne de Caracalla où il fut élevé au dixième. Mais les successions pauvres et celles échues aux proches parents en étaient affranchies.

Dans notre ancienne jurisprudence, le droit de relief ou de rachat était, d'après Pothier, « le droit qu'avait « le seigneur de prendre une année de revenu du fief « relevant de lui, toutes les fois qu'il changeait de « main ». (1) « On l'appelait rachat, ajoute le même

---

(1) Traité des Fiefs, 2º partie, chap. I.

« auteur, parce que le successeur rachetait, en quel-
« que façon, par ce droit, le droit de réversion qui ori-
« ginairement appartenait au seigneur lorsque le vassal
« mourait ou abdiquait la propriété de son fief ». Au
reste, le taux ne fut déterminé d'une façon précise
qu'après la Rédaction des Coutumes ; antérieurement il
était absolument arbitraire.

Cet impôt ne portait que sur les immeubles ; encore
même tous n'y étaient-ils pas soumis : il en était ainsi
des *terres allodiales* ou *alleux.* Les jurisconsultes les
plus autorisés, Cujas, Dumoulin, d'Argentré, Coquille,
reconnaissaient, en effet, aux propriétaires de ces terres,
un droit de propriété complet et absolu ; de telle sorte,
qu'étant affranchies de toute sujétion féodale, elles n'é-
taient pas soumises au droit de relief.

Plus tard, ce droit fut remplacé par le centième denier
(Édit de décembre 1703). A l'origine, ce dernier ne
devait pas atteindre tous les biens. Ainsi que le fait
remarquer Merlin, « un des principaux objets du légis-
« lateur, avait été de faire de la formalité de l'insinua-
« tion un moyen suffisant, pour procurer une recon-
« naissance exacte des mutations qui devaient produire
« des droits seigneuriaux » (1). Il résultait de là, que le
centième denier, salaire de l'insinuation des actes translatifs de propriété n'était applicable qu'aux transmissions soumises au droit de *relief* ou au droit de *lods et
ventes*. Mais il fut étendu par la Déclaration du 20 mars
1708 (art. 6), et rendu applicable « encore qu'aucun des
« dits biens ne fut pas sujet à des lods et ventes et
« autres droits seigneuriaux ».

Comme à Rome, il existait d'ailleurs des exceptions :

_____

(1) Répertoire, vᵒ Relief.

c'était au profit des successions mobilières et des successions en ligne directe.

Les droits de contrôle, insinuation, centième denier, et tous les autres droits qui avaient leur source dans le système féodal, furent abolis, d'une façon générale, par la loi des 5-19 décembre 1790.

Mais la plupart des impôts, grevant les transmissions de biens, furent rétablis sur de nouvelles bases. L'impôt sur les transmissions héréditaires notamment fut maintenu et étendu aux deux catégories de successions qui, dans l'ancien droit, n'y étaient pas soumises. La loi du 22 frimaire an VII ne fit que modifier le tarif et créer de nouvelles bases de perception.

Ce n'est pas de cet impôt, pris en lui-même, que nous ferons l'objet de cette étude ; mais seulement des garanties, qui, dans le droit actuel, en assurent le recouvrement.

A Rome, des sûretés spéciales existaient dans ce but.

Il en était de même dans l'ancienne jurisprudence.

Aux termes de l'article 1er de la Coutume de Paris, « le seigneur féodal, par faute d'homme, droits et « devoirs non faits et non payés, peut mettre en sa « main le fief mouvant de lui, et iceluy fief, exploiter « en pure perte, et faire les fruits siens pendant la « main-mise... » De même, l'article 24 décidait que « le seigneur féodal se peut prendre à la chose, pour « les profits de son fief ».

Claude de Ferrières, commentant ce texte, l'expliquait ainsi (sur l'art. 24, p. 526, nº 1) : « Le seigneur féodal « peut user de la saisie féodale sur les fiefs qui sont en « sa mouvance, pour les profits utiles et droits pécu-

« niaires qui luy sont dûs par son nouveau vassal,
« sçavoir le quint, et le *relief...* » Puis, sous l'article 28
(p. 562, n° 1), il caractérisait le droit du seigneur en
ces termes : «... Le seigneur, par sa saisie, jouit du
« fief, jusques à ce que le propriétaire d'iceluy ait satis-
« fait aux causes de la saisie, en quoy il est préféré à
« tous les créanciers du vassal, d'autant que son droit
« procède de la première et originaire concession,
« laquelle est plus ancienne que le droit du vassal, et
« de ceux auxquels il a succédé dans le fief, et plus
« ancienne par conséquent que celle de tous ses créan-
« ciers, *sur quelques privilèges qu'ils soient fondéz* » (1).

Pour garantir le paiement du droit de relief, le seigneur jouissait donc d'un droit privilégié sur les revenus du fief.

Plus tard, lorsque l'Édit de décembre 1703 eut établi le centième denier, l'article 26 de cet Édit et l'article 18 de la Déclaration du 19 juillet 1704 décidèrent
que, faute de déclaration dans le délai de six mois,
les nouveaux possesseurs encourraient la peine du
triple droit, à laquelle ils pourraient être contraints par
la saisie des revenus des biens transmis.

Par application de ces règles, une décision du 10 juin
1747 adjugea au fermier des domaines, le droit de centième denier d'une succession, par préférence au
douaire de la veuve sur les revenus affectés au douaire.
De même, un arrêt du Conseil du 26 juillet 1757
réforma « comme contraire aux règles qui donnent la
préférence au recouvrement des deniers royaux »,
un arrêt du Parlement de Bordeaux, aux termes duquel,

---

(1) Corps et compilation de tous les commentateurs sur la coutume de
Paris.

ce droit ne pouvait être payé par préférence sur les
fruits. Enfin, il fut également jugé que, le droit de
centième denier, étant dû sur la masse générale,
le fermier avait le droit de se pourvoir sur tout ce qui
provient de la succession, meubles et immeubles,
(Décis. du Conseil du 25 juin 1746).

Les revenus des biens, en effet, n'étaient pas seuls
affectés par privilège au payement de l'impôt. Au dire
de Bosquet (1), tout ce qui provient de la succession,
même en mobilier, y était également affecté par préférence à tous créanciers ; et si les immeubles ne pro-
duisaient pas de fruits, le payement du droit de centième denier pouvait être poursuivi sur les autres biens
du débiteur, mais alors sans aucune cause de préférence.

Aujourd'hui l'article 32 de la loi du 22 Frimaire
an VII dispose que « la nation aura action sur les
revenus des biens à déclarer, en quelques mains qu'ils
se trouvent, pour le payement des droits dont il faudrait poursuivre le recouvrement ».

En l'état des précédents historiques, ce texte semble, paraît-il à première vue, accorder au Trésor, une
garantie analogue à celles qui existaient dans l'ancien
droit, au moins en ce qui touche les « revenus » des
biens héréditaires, puisqu'il permet de les atteindre
« en quelques mains qu'ils se trouvent ».

Cette solution est cependant vivement discutée entre
les auteurs. Tandis que d'après les uns, l'action dont
parle l'article 32 serait un véritable privilège, opposable à tous les créanciers chirographaires, hypothécaires, et même aux créanciers privilégiés dont la créance

(1) Dictionnaire Raisonné des Domaines, Vᵒ Succession.

serait moins favorable ; d'après les autres, au contraire, elle ne serait qu'une action purement personnelle, ne conférant au Trésor aucun droit de préférence.

En pratique pourtant, on ne discute plus guère aujourd'hui, une jurisprudence constante reconnaissant à cette action un caractère privilégié.

La question, il faut le reconnaître, est délicate ; c'est l'une des plus difficiles de la matière des successions, étudiées au point de vue fiscal. Au surplus, les difficultés n'existent pas seulement en ce qui touche le caractère véritable de l'action ; elles se présentent aussi quand il s'agit de déterminer son étendue, et de fixer le rang qu'il faut lui assigner en présence d'autres créances privilégiées, s'il faut d'ailleurs la considérer, comme présentant elle-même ce caractère.

CHAPITRE PREMIER.

NATURE DE L'ACTION.

Le caractère de l'action, qui garantit le recouvrement des droits de mutation par décès, n'est plus guère aujourd'hui contesté en pratique ; mais il n'en a pas toujours été ainsi.

Avant l'arrêt de la Cour de cassation du 2 décembre 1862 (S. 63, 1, 97 ; D. 62, 1, 513), qui reconnaît expressément à cette action un caractère privilégié, en tant qu'elle porte sur les revenus des biens héréditaires, et dont la doctrine est aujourd'hui suivie d'une façon à peu près unanime par les Cours d'appel et les tribunaux, la jurisprudence s'était montrée très-hésitante.

Non seulement des décisions divergentes avaient été rendues par des Cours d'appel différentes (1), mais encore par la même Cour : c'est ainsi notamment que la Cour de Paris avait changé plusieurs fois de système.

Tandis qu'elle décidait, par un arrêt du 13 fructidor an XIII (S. Col. Nouv. II, 2, 90), que le Trésor ne

(1) Dans le sens du privilège : Limoges, 18 juin 1803 (S. C. N. III, 2, 402) ; Rouen, 18 août 1846 (D. 46, 2, 423). — En sens contraire : Amiens, 11 juin 1853 et 18 novembre 1854 (S. 53, 2, 537 ; 55, 2, 47). — Caen, 17 décembre 1855 (S. 56, 2, 10) ; — Angers, 9 janvier 1856 (S. 56, 2, 75).

jouissait d'aucun privilège, elle jugeait, en sens contraire, le 25 mai 1835 (S. 35, 2, 272), qu'un privilège existait sur le revenu des biens à déclarer, et par trois arrêts
des 13 mars 1855 et 12 novembre de la même année
(S. 55, 2, 161), que l'action privilégiée portait non seulement sur les revenus, mais encore sur toutes les
valeurs héréditaires, et s'exerçait sur elles, moins à
titre de privilège qu'à titre de prélèvement.

La Cour suprême avait aussi présenté les mêmes
variations. Après avoir refusé de reconnaître l'existence, au profit du Trésor, d'un privilège (1), elle admet-
tait plus tard que ce privilège portait sur tous les biens
héréditaires (2), et rejetait enfin cette doctrine, par
quatre arrêts du 23 juin 1857 (S. 57, 1, 401 ; D. 57,
1, 233) (3).

Il faut remarquer cependant que les arrêts qui
avaient admis la non-existence du privilège, n'étaient
intervenus que dans des hypothèses où l'Administration de l'Enregistrement prétendait à un droit de prélèvement sur les capitaux de la succession.

Un arrêt de la Cour de Dijon, du 5 février 1848
(D. 48, 2, 176), notamment, décidait bien qu'aucun
droit réel n'existait, au profit du Trésor sur les valeurs
mobilières ; mais il faisait des réserves pour les revenus dans les termes suivants : « Considérant... que le

---

(1) Un seul arrêt, en date du 12 Pluviose an VIII, s'est prononcé en ce
sens, par ce motif « que le droit d'enregistrement pour ouverture de succes-
« sion n'est dû que sur la succession qui ne consiste que dans les biens res-
« tant après le payement, et déduction faite des dettes ; d'où il suit que... on
« a pu juger que... les créanciers sont préférés à la Régie, qui n'a droit que
« sur le reliquat ».

(2) 9 Vendémiaire an XIV (S. C. N. II, 1, 166) ; — 3 janvier 1809 (S. C. N.
III, 1,) ; — 3 décembre 1839 (S. 40, 1, 28) ; — 28 juillet 1851 (S. 51, 1, 761).

(3) Ces arrêts furent rendus, à la suite d'un rapport remarquable de
M. le conseiller Laborie, qui se trouve in extenso dans le Recueil de Sirey
(année 1857, I, p. 402 et suiv.).

« dernier paragraphe de cet article (art. 32 L. 22 frimaire,
« an VII), portant que la nation aura action sur les revenus
« des biens à déclarer, en quelques mains qu'ils se trouvent,
« a pu être considéré comme établissant un privilège, mais
« sur les revenus seulement... ».

Il en est de même des arrêts de la Cour de cassation du 6 mai 1816 (S. C. N. V, 1, 186) et du
23 juin 1857. Si ces décisions refusaient d'admettre
l'existence d'une action privilégiée, c'était seulement
en tant qu'elle atteindrait les capitaux de la succession ; quant à la question du privilège sur les revenus, le premier arrêt la réservait, et les seconds la
résolvaient implicitement.

« Attendu, porte l'arrêt de 1816, que quelle que soit la
« nature de l'action que l'article 32 de la loi du 22 frimaire,
« an VII, attribue à la régie de l'enregistrement, sur les reve-
« nus..., la régie n'a pu exercer cette action sur le prix des
« immeubles... ».

«... Que si, porte l'un des arrêts de 1857, le législateur
« considérant cet impôt comme une dette des revenus, a, en
« conséquence, par l'article 32 de la même loi, donné au
« Trésor public action sur les revenus des biens à déclarer en
« quelques mains qu'ils se trouvent, cette affectation réelle
« des revenus ne peut, en l'absence d'une disposition formelle
« de la loi, s'étendre au-delà et porter sur les biens, à l'exem-
« ple des revenus, auxquels elle est textuellement res-
« treinte... ».

Un seul arrêt (Orléans, 9 juin 1860 ; S. 60, 2, 551 ;
D. 60, 2, 201), a rejeté d'une façon expresse, le privilège sur les revenus : « Considérant que les privilèges
« sont de droit strict ; qu'ils doivent être établis d'une manière
« précise et formelle, et qu'il n'est pas permis de les induire
« de textes ambigüs dont la signification a besoin d'être
« recherchée à l'aide d'analogies douteuses et hasardées ; que
« l'article 32 de la loi de Frimaire an VII, porte que le Trésor
« aura action sur les revenus des biens à déclarer, mais ne

« dit pas que cette action sera privilégiée ; que si le mot n'y
« est pas, la chose n'y est pas davantage ; qu'en effet loin
« de fonder par la portée, et les conséquences de sa disposition,
« un droit de préférence au profit du Trésor, le troisième para-
« graphe de cet article, tel qu'il a été interprété par l'Avis du
« Conseil d'État du 21 septembre 1810, n'a eu pour but que
« de limiter aux revenus des biens à déclarer l'action en
« recouvrement ouverte d'une manière générale, par le pre-
« mier paragraphe, contre les héritiers, donataires ou léga-
« taires... ».

Mais aujourd'hui, la jurisprudence est à peu près
unanime à reconnaître à l'action de l'article 32 de
la loi de frimaire, un caractère privilégié. C'est la
doctrine posée en termes formels par l'arrêt de la Cour
de Cassation de 1862, confirmée par des arrêts postérieurs du 2 juin 1869 (S. 69, 1, 326 ; D. 69, 1, 428)
et du 24 novembre 1869 (S. 70, 1, 88 ; D. 70, 1, 339),
et suivie par les Cours d'Appel (1) et les Tribunaux.

S'il en est ainsi de la jurisprudence, les auteurs,
au contraire, sont encore aujourd'hui, très divisés
sur la question.

Quant à l'Administration de l'Enregistrement, elle
avait toujours soutenu jusqu'aux arrêts de 1857,
qu'elle pouvait se faire payer par privilège sur toutes
les valeurs héréditaires (2). Elle ne faisait que suivre
ainsi l'opinion contenue dans une lettre du Ministre
de la justice, du 23 nivôse an XII, qui était ainsi
conçue : « Le régime hypothécaire... ne peut concer-

---

(1) Bourges, 24 février 1864 (S. 64, 2, 30) ; — Grenoble, 28 juin 1871. (S 72,
2, 51) ; — Toulouse, 29 juin 1872 (S. 73, 2, 9) ; — Nimes, 9 février 1876
(S. 77, 2, 317) ; — Paris, 3 janvier 1880 (S. 81, 2, 105).
(2) On a cependant prétendu qu'elle avait, en plusieurs circonstances,
reconnu elle-même qu'aucun privilège ne garantissait le recouvrement des
droits de mutation par décès. Mais, ainsi qu'on le verra plus loin, cette critique n'est point exacte.

ner la nation que lorsqu'elle se présente comme créancière et pour les droits résultant seulement de ses
propriétés ou domaines particuliers. Mais il ne doit
plus en être de même pour ceux dérivant des contributions publiques... Tel est, entr'autres, le droit de
mutation qui se perçoit sur les successions. La
nation ne réclame pas comme créancière, mais comme
portionnaire d'une partie des biens à déclarer ; c'est
un *prélèvement* que la loi lui accorde en cette cir-
constance ; et, suivant l'article 15 de la loi du 22 frimaire an VII, ce prélèvement doit se faire sur le
produit des biens, sans distraction des charges. Ce
droit est donc une créance privilégiée, un *prélèvement en faveur de la nation*, qui doit être payée, soit
qu'il y ait des dettes, soit qu'il n'y en ait pas, et qui,
par conséquent, ne peut être mis sur la ligne d'aucune créance privée ».

Depuis 1857, l'Administration s'est ralliée au système
qui paraît se rapprocher le plus des termes de l'article 32
de la loi du 22 Frimaire an VII, en reconnaissant l'existence au profit du Trésor, d'un privilège sur les revenus
des biens héréditaires.

Ce système, qui est admis aujourd'hui en pratique,
est-il fondé ? Pour résoudre cette question, nous
exposerons d'abord les arguments invoqués à l'appui
des différents systèmes ; nous en ferons ensuite l'examen critique.

Mais avant d'aborder cette étude, une question pré-
liminaire se pose ; c'est celle de savoir quel est le
caractère de l'impôt des successions ; faut-il le considérer, comme une dette personnelle de l'héritier, ou
comme une dette des biens héréditaires ; en d'autres

termes, comme une dette de la succession ?

L'intérêt apparaît à un double point de vue. Suivant que l'on admettra tel ou tel système, il faudra d'abord décider que le Trésor pourra ou non concourir, avec les créanciers du défunt, sur les capitaux de la succession, dans tous les cas où il y aurait obstacle à la confusion des patrimoines du défunt et de l'héritier : il en serait ainsi notamment au cas de séparation des patrimoines, d'acceptation sous bénéfice d'inventaire, et de faillite du défunt. Le concours sera par exemple impossible, si cet impôt doit être considéré comme une dette personnelle de l'héritier.

Plus spécialement, l'intérêt paraît exister ensuite, quant à la détermination du caractère de l'action sur les revenus des biens à déclarer ; car, on s'est appuyé sur le caractère même de l'impôt pour déterminer la nature de cette action.

Les deux opinions ont été soutenues : tandis que d'après les uns, le Trésor serait, pour le recouvrement des droits de succession, créancier personnel de l'héritier, d'après d'autres auteurs au contraire, il serait créancier de la succession.

« Je ne puis concevoir, dit M. Demante (1), dans le sens du premier système, que la succession soit grevée d'une dette dont l'auteur de ladite succession n'a jamais été tenu de son vivant ».

C'était aussi l'opinion admise autrefois par la Cour de Cassation, qui, dans ses arrêts du 9 juin 1813 (S. C. N. IV, 1, 366) et du 12 juillet 1836 (S. 36, 1,

---

(1) Principes de l'enregistrement n° 673. — Dans le même sens, Clerc: Traité de l'Enregistrement, II n° 301.

670), décidait que l'impôt des successions était une
dette purement personnelle aux héritiers, qui ne pouvait être supportée que par eux, puisqu'elle n'a pour
cause que la transmission faite en leur faveur de la
propriété des biens du défunt.

On peut ajouter, dans le même sens, que les textes mêmes de la loi de frimaire confirment cette solution ; les articles 32 et 39 mettent en effet le paiement des droits à la charge des héritiers, donataires
ou légataires.

En sens inverse, M. Merville (1), qui pose cependant
le principe de l'obligation personnelle de l'héritier,
reconnait que le recouvrement de l'impôt ne pèse pas
seulement sur les biens de ce dernier. Quel que soit le
caractère de l'action que l'article 32 accorde sur les
revenus des biens à déclarer, « c'est une charge grevant
les biens de la succession ».

Et ce résultat, dit-il, n'a rien qui doive surprendre.
Il en existe dans la loi un exemple plus saillant encore :
c'est la créance des frais funéraires. L'héritier est sans
doute débiteur des frais, qui auront été faits pour les
funérailles ; et cependant, bien qu'il soit personnellement tenu, la dette n'en est pas moins payable par privilège sur les biens de la succession (C. C. 2101, 2°).

En définitive, ce qu'il faut admettre, c'est que l'impôt des successions revêt à la fois les deux caractères.
C'est l'opinion admise aujourd'hui par la Cour de Cassation, dans les arrêts des 23 juin 1857 et du 2 juin
1869, aux termes desquels, si l'impôt a d'une part
« selon le texte et l'esprit de la loi, qui l'a établi, le
« caractère d'une dette naissant avec l'ouverture de

_____

(1) Revue pratique XII, p. 1 et suiv.

« la succession et inhérente dès ce moment, à tous les
« biens qui la composent », il est d'autre part une dette
de l'héritier, de telle sorte, « qu'au lieu d'une garantie
« pour le recouvrement, l'administration en a deux ».

La même opinion a été admise par un arrêt des
Chambres réunies de la Cour de cassation belge du
9 juin 1876.

SECTION I.

Exposé des systèmes.

Trois systèmes divisaient autrefois la jurisprudence
et partagent encore aujourd'hui la doctrine : deux sont
absolus ; l'un est intermédiaire. Le premier soutient
l'existence au profit du Trésor d'un privilège ou
droit de prélèvement sur toutes les valeurs de la succession, revenus, meubles et immeubles ; — le second
refuse d'admettre toute espèce d'action privilégiée ; —
le troisième enfin reconnaît à l'action établie par
l'article 32 de la loi de frimaire, un caractère privilégié, mais en tant seulement qu'elle s'exerce sur
les revenus des biens à déclarer.

**§ I. — Premier système : le Trésor jouit
d'un droit de prélèvement ou de privilège sur toutes
les valeurs héréditaires (1).**

A l'appui de ce système, on invoque les précé-

---

(1) Persil : *Régime hypothécaire*, I, 25 ; — Rodières : *Journal du Palais*
1855, II, p. 561 ; Serrigny : *Revue critique* 1856, p. 538.

dents historiques ; certains textes de la loi de frimaire ;
le caractère de l'impôt des successions ; les règles
admises en matière de successions bénéficiaires et
vacantes, et un argument d'analogie tiré de l'article 2102, 3° du Code civil.

Enfin, M. l'avocat général de la Beaume, lors des
arrêts de la Cour de Paris de 1855, crut pouvoir
justifier le droit de prélèvement de l'État, par le
droit primordial de ce dernier sur les propriétés
privées : « Attendu, dit-il, que si l'impôt ordinaire est
le prélèvement d'une fraction du revenu annuel au
profit de l'État qui, à ce prix, assure au possesseur
une jouissance paisible, le droit de mutation est le
prélèvement d'une fraction du capital au profit de
l'État, qui assure à chacun le droit de disposer des
biens dont l'État a été le propriétaire primitif, et de
les transmettre dans l'ordre présumé de ses affections
et de ses préférences ; que cette origine évidente du
droit de mutation, connue de tout temps sous des
dénominations diverses, ne permet pas d'admettre que
le possesseur puisse par son fait, créer des charges
qui fassent obstacle au prélèvement du droit, qui a
été la condition première de son investiture ;... que la
loi du 22 frimaire an VII... n'a pas eu à créer au
profit du Trésor, un privilège déjà inhérent à la
nature de sa créance... ;... qu'il ne faut donc cher-
cher dans la loi de frimaire, ni l'établissement, ni
l'exclusion du droit exceptionnel de prélèvement
revendiqué par l'État, mais seulement sa consécra-
tion ; comme un droit préexistant dont la loi du
22 frimaire an VII a voulu régler l'exercice, en
l'entourant de nouvelles garanties... »

I. — Le premier argument, invoqué en faveur de ce système, est tiré des précédents historiques. Les droits de relief ou de rachat, et le droit de centième denier étant, dit-on, l'origine de l'impôt des successions, tel qu'il existe aujourd'hui, il est logique d'admettre que les mêmes sûretés qui garantissaient leur recouvrement, garantissent également le recouvrement de notre impôt.

Or, en ce qui touche notamment le droit de centième denier, la déclaration du 19 juillet 1704 portait : « Voulons que tous nouveaux acquéreurs et « possesseurs de biens immeubles, à quelque titre que « ce soit, soient tenus de faire insinuer et registrer « leurs titres de propriété et les déclarations qu'ils « doivent faire, conformément à l'article 25 de notre « édit (1703), dans les six mois portés par iceluy ; et « après ledit temps passé, seront contraints au paye- « ment du triple dés droits, conformément à l'arti- « cle 26, et demeureront les fruits et revenus desdits « biens dus et échus, après ledit temps de six mois « qui écherront jusqu'à l'insinuation, acquis à notre « profit et perçus par les receveurs généraux de nos « domaines, chacun dans sa généralité, pour en être « comptés par eux à notre profit. »

Le payement du droit de centième denier était donc assuré par la confiscation de tous les fruits. Mais ce droit devait nécessairement se convertir, sous peine d'être anéanti, en un droit de privilège sur les valeurs mêmes de la succession ; car l'affectation réelle des revenus n'est qu'un complément de l'affectation réelle des capitaux.

Ces droits, jouissant dès lors, dans notre ancienne

jurisprudence, d'une affectation réelle sur tous les biens de la succession, notre impôt doit également jouir aujourd'hui d'une affectation réelle sur toutes les valeurs héréditaires (1).

II. — Rien ne prouve, en effet, que le législateur de l'an VII ait voulu abandonner le système des garanties admis dans l'ancien droit. Bien au contraire, les textes de la loi fondamentale de la matière démontrent d'une façon très claire, que son intention a été d'entourer de garanties toutes spéciales le recouvrement de l'impôt. C'est ce qui ressort du rapprochement des articles 4, 14 n° 8, 15 n° 7, 27, 28, 32, 39, 59 et 60 de la loi de frimaire.

Aux termes de l'article 4, le droit est assis sur les valeurs de la succession. Les articles 14 n° 8 et 15 n° 7 veulent que le droit soit calculé sur la valeur des biens « sans distraction des charges. » — L'impôt est dû par les héritiers même bénéficiaires, et nul ne peut en atténuer, ni différer le payement (art. 27 et 28). — L'article 32 déclare tous les héritiers, solidaires; et décide que les revenus des biens, et non pas seulement les biens eux-mêmes, sont affectés au payement de l'impôt. — Aux termes de l'article 39, les héritiers devront, sous peine d'un demi-droit en sus, passer la déclaration dans un certain délai. — Aucune autorité publique, ni la Régie, ni ses préposés ne pourront accorder de remise ou modération des droits et des peines encourues (art. 59). Enfin, aux termes de l'article 60, quelle que soit la situation ultérieure de la succession, tout droit régulièrement perçu ne pourra être restitué.

(1) Rodières : *loco citato*.

Dans aucune de ces dispositions, sans doute, le mot de préférence, de privilège, de prélèvement n'est employé. Mais peu importe ; ce sont des dispositions absolues, impératives, n'admettant ni exception, ni tempérament. Le législateur n'a donc pas considéré l'État, comme un créancier ordinaire, obligé de subir le concours d'autres créanciers.

Au surplus, ces dispositions ne sauraient se concilier avec les formes prescrites pour la distribution par contribution. Aux termes de l'article 660 du Code de procédure, en effet, les créanciers doivent soumettre leurs titres à la vérification du juge-commissaire. Or, comment l'Administration pourrait-elle satisfaire à cette obligation, puisque son titre repose sur une déclaration qui ne peut être reçue qu'au moyen du payement préalable des droits ? — De même, si l'on suppose que les droits ont été intégralement payés, mais que l'actif étant insuffisant pour désintéresser complètement tous les créanciers, l'Administration n'aurait dû recevoir qu'un dividende, aucune restitution ne serait cependant possible ; car le droit aurait été, d'après la loi même, régulièrement perçu (art. 60). Enfin, aucune autorité publique ne pouvant, pour quelque motif que ce soit, accorder la modération ou la remise de l'impôt, si la succession présentait des valeurs mobilières suffisantes pour le payement intégral de la créance du Trésor, l'Administration ne pourrait pas être colloquée pour une somme inférieure au montant des droits.

III. — On ajoute que le caractère de l'impôt des successions conduit à la même solution. Cet impôt étant une dette des biens héréditaires, il est logique qu'il soit payé sur les biens.

Sans doute, les biens héréditaires doivent rester affectés au payement des dettes ; mais le fait même de la mort vient les grever *ipso facto* de l'impôt de mutation. Quand les créanciers voudront dès lors se faire payer leurs créances, leur action ne pourra s'exercer sur les biens de leur débiteur, que diminués des droits acquis au Trésor par le fait même du décès.

Le caractère de réalité de l'impôt des successions, est d'ailleurs conforme aux précédents historiques et aux Travaux Préparatoires.

Bacquet (1) disait déjà, dans l'ancien droit, que « le seigneur n'a que faire de toutes les dettes du défunt, et qu'il est préféré à tous les créanciers ». Or, cette maxime du régime féodal est passée chez nous, avec sa signification et ses effets. Crétet disait en effet, au Conseil des Cinq Cents, dans la séance du 17 Brumaire an VII, que les droits de mutation par décès sont « *un retranchement sur les capitaux* ».

IV. — On ne saurait d'ailleurs concilier le refus, d'un droit de prélèvement existant au profit de l'État, avec l'exigibilité reconnue des droits, en matière de successions bénéficiaires ou vacantes.

Si l'héritier sous bénéfice d'inventaire et le curateur d'une succession vacante peuvent être poursuivis, on leur reconnaît le droit, comme subrogés à l'État, de faire figurer dans leur compte d'administration, même au préjudice des créanciers, les droits payés par eux avec les deniers de l'hérédité, ou de les prélever sur les valeurs héréditaires, s'ils en ont fait l'avance. Si donc le Trésor doit ainsi passer avant les créanciers du défunt,

---

(1) Des droits de Justice, ch. 14, nº 22.

c'est qu'il a sur eux un droit de préférence, et un droit de prélèvement sur l'actif héréditaire (1).

V. — Enfin, le dernier argument est tiré de l'article 2102, 3° du Code civil.

Cet article considère, dit-on, comme une créance privilégiée les frais faits pour la conservation de la chose. « Or qui ne voit que l'impôt en général, et spécialement l'impôt sur les mutations, n'est que la représentation des frais que l'État est obligé de faire pour mettre tous les propriétaires à l'abri des attaques, des usurpations ? Les créanciers peuvent-ils se plaindre avec justice du privilège exercé par l'État, lorsque, sans la protection de l'État, leur gage était exposé à périr ? » (2)

§ II. — Second système : Le Trésor ne jouit
d'aucun privilège (3).

Les partisans de ce système invoquent les principes généraux du droit ; l'esprit dans lequel l'article 32 a été écrit ; les Travaux Préparatoires du Code civil et l'article 2098 de ce Code. Ils ajoutent que l'Administration de l'Enregistrement, elle-même, a reconnu à plusieurs reprises la non-existence du privilège.

I. — C'est un principe de droit, dit-on d'abord, que les privilèges sont de droit étroit ; et qu'on ne peut les faire résulter de textes ambigus et peu précis. Or, l'article 32, considéré isolément, ne contient aucune dis-

---

(1) De Serrigny : Répertoire périodique de Garnier, n° 777.
(2) Rodières: *loco citato.*
(3) Pont : *Privil. et Hyp.* I, p. 27 ; — Championnière et Rigaud : *Traité des Droits d'Enreg.*. IV, n°ˢ 388₇ et suiv. ; et Supplément, n°ˢ 547 et suiv. ; — Mourlon : *Examen critique des priv. et hyp.* de Troplong p. 55 et suiv. ; — Toullier : VII, p. 162 ; — Merlin *Répertoire*, V° Privilège, sect. II, § 2, n° 7 ; — Dalloz : *Jurispr. Gén.* V° Enregistrement, tit. VIII, chap. 8, n° 5175.

position directe ou indirecte, qui puisse être citée à l'appui du privilège.

Aucune hésitation n'est possible sur ce point. Appelé à interpréter ce texte, en effet, le Conseil d'État, par un Avis des 4-21 septembre 1810, a décidé que le troisième paragraphe de l'article 32 avait eu pour but unique de restreindre aux revenus des biens à déclarer, l'action en recouvrement ouverte d'une manière générale par le premier paragraphe. Or, cette interprétation, quelle que soit d'ailleurs sa valeur, doit nécessairement être admise, les Avis du Conseil d'État, antérieurs à la Charte de 1814, ayant force de loi interprétative.

II.—L'esprit, dans lequel l'article 32 a été écrit, confirme d'ailleurs cette manière de voir. Duchâtel, rapporteur de la loi de Frimaire, disait en effet, devant le Conseil des Cinq Cents, dans la séance du 6 fructidor an VI : « Un droit, pour le payement duquel il faudrait vendre une partie de la propriété, ou sacrifier plus d'une année de revenus, ou emprunter à gros intérêts la somme nécessaire pour l'acquitter, si toutefois encore on la trouvait, ne pourrait qu'être fatal à la prospérité publique elle-même, tout en ruinant le redevable ».

Si donc, l'article 32 n'accorde d'action que sur les revenus des biens héréditaires, c'est que, dans le système de la loi, le droit de succession ne devait jamais excéder le produit annuel. Le tarif le plus élevé était, en effet, de 5 pour 100, c'est-à-dire le vingtième de la valeur des biens (L. 22 frimaire, an VII, art. 69, § 8) ; il était donc au plus égal au revenu, puisque le capital, sur lequel était perçu l'impôt se formait de vingt fois le produit des immeubles.

L'action conférée par l'article 32 devait donc suffire

au Trésor pour le recouvrement de sa créance, sans qu'il fut nécessaire de lui accorder un privilège.

III. — Les Travaux Préparatoires du Code civil et l'article 2098 conduisent à la même solution.

On avait eu l'intention d'accorder au Trésor un privilège, s'étendant à la fois sur les meubles et les immeubles. L'article 13 du Projet, correspondant à l'article 2104 actuel, mentionnait en effet dans cette catégorie de privilèges : « ... le privilège en faveur de la Régie des domaines, relativement aux droits dus pour les ouvertures de succession ». Mais cette disposition fut supprimée, dans le but de réunir tous les droits du Trésor, sous une disposition générale qui pût se prêter à toutes les modifications (1).

L'article 2098 porte également, dans le même sens, que « le privilège, à raison des droits du Trésor public, et l'ordre dans lequel il s'exerce, sont réglés par les lois qui les concernent ».

Or, aucune disposition générale ou spéciale n'étant intervenue, il faut nécessairement conclure qu'aucun privilège n'existe aujourd'hui, pour le recouvrement des droits de mutation par décès. Ce privilège n'existait pas en effet, au moment de la discussion du Code civil, puisqu'on sentait la nécessité de le créer ; — il n'existe pas davantage aujourd'hui, puisqu'aucun texte postérieur n'est venu l'établir.

IV. — Cela est si vrai d'ailleurs, que l'Administration de l'Enregistrement elle-même, représentant le Trésor, a reconnu à maintes reprises qu'aucun privilège n'existait à son profit.

Après l'Avis du Conseil d'État des 4-21 septembre

(1) Merlin: Répertoire, Vo Privilège Sect. II § 2 no 7.

1810, elle ordonnait, par une décision du 16 mai 1819, l'abandon des poursuites dans lesquelles elle prétendait avoir un privilège.

De même, à la suite de l'arrêt de la Cour de Dijon du 5 février 1848, qui rejetait formellement sa doctrine, une délibération du Conseil d'administration du 11 août de la même année, prescrivait l'exécution de l'arrêt.

Bien plus, à cette époque, l'Administrrtion crut devoir demander l'intervention du pouvoir législatif. Un projet, présenté à l'Assemblée nationale par M. Goudchaux, Ministre des finances, et dont le but principal était d'établir un impôt progressif sur les successions, contenait un article 5, ainsi conçu : « A compter du jour du décès, le Trésor public a pour le droit de mutation, un privilège général sur tous les biens meubles dépendant de la succession ; ce privilège prend rang immédiatement après ceux qui sont mentionnés aux articles 2101 et 2102 C. C. et à l'article 191 C. Com. Tous les immeubles de la succession sont, à partir du même jour, légalement hypothéqués pour les droits de mutation ».

Aucune discussion ne serait plus possible, si cet article avait été voté. Or précisément, il n'en a pas été ainsi. L'Administration se trouve donc, comme avant 1848, sans aucun privilège. Elle le reconnaissait d'ailleurs encore elle-même, de la façon la plus expresse, dans les observations qu'elle présenta, à la suite du rejet de l'article 5, par la Commission, chargée de faire l'examen du Projet du Gouvernement.

La Commission, disait-elle, n'a pas pensé qu'il fut nécessaire d'accorder à l'État, le privilège et l'hypothè-

que énoncés dans le Projet. Sans insister sur l'hypothèque légale, l'Administration croit devoir demander des
garanties spéciales.

S'occupant alors de la garantie qui semblait résulter
de l'article 32, elle faisait remarquer que, d'après la
Cour de Cassation, l'action sur les revenus ne pouvait
être exercée à l'encontre des créanciers qui avaient
fait saisir les immeubles, les revenus étant immobilisés
par la saisie ; — ni à l'encontre des tiers acquéreurs
qui avaient fait transcrire leurs titres.

Sans doute, la Cour de Cassation avait admis que le
privilège s'étendait à toutes les valeurs mobilières
(3 décembre 1839 ; S. 40, 1, 28). Mais aujourd'hui,
ajoutait-elle, l'opinion contraire a prévalu, un arrêt
de la Cour de Dijon du 5 février 1848, ayant résumé
les motifs de cette doctrine « dans cette considération
péremptoire qu'aucun privilège ne peut être établi par
argumentation, et qu'il faut un texte positif pour le
créer ».

Rien de plus net et de plus précis, dit-on, que cette
déclaration, confirmée par les conclusions de l'Administration, qui demandait alors à l'Assemblée nationale
de statuer que le Trésor aurait un droit de privilège
sur tous les biens de la succession.

§ III. — Troisième système : Le Trésor jouit d'un privilège, sur les revenus des biens héréditaires (1).

On invoque, à l'appui de ce système, trois arguments :
l'article 32 de la loi de Frimaire ; le rapprochement de

(1) Troplong : *Privil. et Hyp.* n° 97 ; Grenier, *des Hypothèques*, II

ce texte avec l'article 15 n° 7 ; et les garanties accordées d'une façon générale, par le législateur, au Trésor public, pour assurer le recouvrement de ses créances.

I. — S'il est incontestable, dit-on d'abord, que les privilèges sont de droit étroit, et ne peuvent être étendus d'un cas à un autre, il n'est pas moins certain qu'aucune expression sacramentelle n'est exigée pour l'établissement d'un droit réel quelconque, et qu'il faut uniquement rechercher l'intention du législateur.

Or, cette intention résulte aussi clairement que possible de l'article 32 de la loi de Frimaire, qui accorde au Trésor « une action sur les revenus des biens à déclarer, en quelques mains qu'ils se trouvent ». Ces derniers mots ne peuvent laisser aucun doute sur le caractère de cette action : suivant les biens entre les mains des tiers détenteurs, elle est une action réelle, et par suite elle implique un droit de préférence par rapport aux créanciers, qui n'ont qu'une action personnelle.

II. — Il suffit, d'ailleurs, de rapprocher ce texte de l'article 15 n° 7, pour se convaincre du caractère privilégié de l'action.

Cet article, décidant en effet que la valeur des biens, pour la liquidation et le payement des droits de mutation par décès, sera déterminée « *sans distraction des charges* », il en résulte d'une façon certaine, que l'action dont il parle est opposable à tous les créanciers, chirographaires, hypothécaires, et même aux créan-

n° 418, p. 267 ; Favard de Langlade : *Répertoire,* V° Privilège sect. II § 2 ; — Rolland de Villargues : *Répertoire,* V° Mutation par décès, n° 284 ; — Demante : *Principes de l'enregistrement,* n°s 669 et suiv. et *Revue critique,* 1855, p. 300 ; — Naquet : *Traité des droits d'enregistrement,* III, n° 1222 ; — Garnier : *Répertoire Général,* V° Succession, n° 16853 ; — *Dictionnaire des rédacteurs,* V° Succession, n° 2254.

ciers privilégiés dont la créance est moins favorable ;
car vis-à-vis du Trésor, les dettes des successions
ouvertes sont considérées comme n'existant pas, l'expression « *sans distraction des charges* », devant se traduire ainsi : « *sans avoir égard pour les charges* ».

III. — Enfin, des nombreuses lois fiscales qui établissent au profit du Trésor public, des privilèges spéciaux,
démontrent clairement que le législateur a toujours
voulu garantir par des sûretés efficaces, le recouvrement de l'impôt.

C'est ainsi que la loi des 6-22 août 1791 (tit. XIII,
art. 22), confirmée par les lois postérieures du 4 Germinal an XI et du 28 avril 1816 (art. 58) établit le privilège des Douanes : — que le décret du 1er Germinal
an XIII (art. 47) établit le privilège des Contributions
Indirectes ; — que les lois du 11 Brumaire an VII et du
12 novembre 1808 déclarent privilégiées les Contributions Directes ; — et que la loi des finances du 28 avril
1816 (art. 76) a étendu ce privilège aux droits et amendes de timbre (1).

Or, s'il en est ainsi des différents impôts, on ne
comprendrait pas qu'il en fut autrement de l'impôt des
successions.

(1) Voir également L. 5 septembre 1807 pour les frais de justice et L. 5 septembre 1807 pour les débets ces comptables.

SECTION II.

Examen critique des systèmes.

§ I. — Premier système : Le Trésor jouit d'un droit de prélèvement ou de privilège sur toutes les valeurs héréditaires.

Les arguments invoqués à l'appui de ce système sont loin d'être concluants, et la théorie dont M. de la Beaume voudrait faire la base du système, est absolument inadmissible.

Le cadre de cette étude est trop restreint pour donner à la réfutation de cette théorie toute l'étendue qu'elle comporterait ; nous nous bornerons à résumer sur ce point, le rapport fait, devant la Cour de Cassation, par M. le conseiller Laborie.

Après avoir, par des considérations philosophiques, prouvé que ce n'est point au droit positif, mais au droit naturel, qu'il faut rattacher l'origine et le fondement de la propriété, le conseiller-rapporteur démontre que cette doctrine, qui, revendiquant au profit de l'État, un droit souverain de propriété, ne reconnait aux citoyens qu'une possession précaire dont l'impôt de mutation serait le prix, est condamnée tout à la fois par notre droit public et notre droit civil.

On ne peut, en effet, concilier, dit-il, la prétention d'expliquer la légitimité des impôts par un droit de propriété de l'État sur les biens des citoyens, avec cette règle, qui est l'un des principes fondamentaux de notre droit public, qui veut qu'aucun impôt ne puisse exister qu'à la condition d'avoir été consenti par les représentants de la nation (1).

Ce droit de propriété de l'État n'est pas moins contraire aux principes de notre droit civil. Et à l'appui de sa thèse, M. Laborie invoque l'"Exposé des motifs du Titre de la propriété, et les textes de la période intermédiaire et du Code.

Portalis, se demandant « quel est le pouvoir de l'État sur les biens des particuliers », s'exprime ainsi : « Au citoyen appartient la propriété ; et au souverain, « l'empire. Telle est la maxime de tous les pays et de « tous les temps... L'empire, qui est le partage du sou-« verain... ne donne à l'État sur les biens des citoyens « que le droit de régler l'usage de ces biens par des « lois civiles, le pouvoir de disposer de ces biens pour « des objets d'utilité publique, la faculté de lever des « impôts sur les mêmes biens..... Nous convenons « que l'État ne pourrait subsister, s'il n'avait les moyens « de pourvoir aux frais de son gouvernement ; mais « en se procurant ces moyens par la levée des subsides, « le souverain n'exerce pas un droit de propriété ; il « n'exerce qu'un simple droit d'administration ».....

Au surplus, rattacher l'impôt, à l'idée d'un droit primordial de propriété de l'État ou du souverain, ce serait, ajoutait le conseiller-rapporteur, « mentir à l'histoire même de nos institutions nouvelles, de notre émancipation sociale, et ressusciter entre le domaine éminent et direct, et le domaine utile, une distinction,

_____

(1) Cette règle, admise déjà dans notre ancien droit (Guy Coquille, Instit. du droit des Français, édition de 1630, p. 29 ; — Philippe de Commines, Mémoires, V. 18), a été consacrée par les décrets de l'Assemblée Constituante des 17 juin et 7 octobre 1789.

une séparation que le droit de propriété ne comporte plus, depuis qu'il a recouvré ses imprescriptibles titres de légitimité naturelle ».

L'article 1ᵉʳ de la loi des 28 septembre-6 octobre 1791 posait en effet le principe que « le territoire de la France, dans toute son étendue, est libre comme les personnes qui l'habitent : ainsi, toute la propriété territoriale ne peut être sujette... envers la nation, qu'aux contributions publiques établies par le Corps législatif, et aux sacrifices que peut exiger le bien général, sous la condition d'une juste et préalable indemnité ». De même, l'Assemblée législative, par un décret du 25 août 1792, déclarait que toute propriété était réputée franche et libre de tous droits féodaux et censuels.

Enfin, c'est aussi la doctrine admise par le Code civil, qui définit la propriété « le droit de jouir et disposer des choses, de la manière la plus absolue, pourvu qu'on n'en fasse pas un usage prohibé par les lois ou par les règlements (art. 544) ; et qui déclare que « nul ne peut être contraint de céder sa propriété, si ce n'est pour cause d'utilité publique, et moyennant une juste et préalable indemnité ». (art. 545)

Il est donc absolument impossible d'admettre la théorie proposée par M. de la Beaume. Au reste, s'il en est ainsi de la base même du système, les arguments que l'on invoque à son appui, ne laissent pas que de soulever des objections assez graves, qui conduisent à en faire rejeter la doctrine.

I. — Le premier argument, tiré de l'assimilation qui doit, dit-on, être faite entre le droit de relief et le droit de mutation par décès n'est nullement concluant.

Si l'on peut considérer, en effet, le droit de relief

comme l'origine première du droit de succession, aucune assimilation ne peut cependant être faite entr'eux ; car ils présentent des caractères tout différents ; le premier étant un droit essentiellement féodal et réel : le second, un droit personnel.

Le droit de relief, dérivant du droit de propriété originaire du suzerain ne s'appliquait qu'aux biens pour lesquels le domaine direct et le domaine utile étaient restés séparés. Sur les biens affranchis de toute sujétion féodale, le droit n'était point dû. C'était la règle générale, dans les provinces, où dominait la règle : « Nul seigneur sans titre » ; car il était de principe, qu'à défaut de titre formel d'inféodation, le droit de propriété existait plein et entier au profit du propriétaire. Dans les provinces même où dominait la règle : « Nulle terre sans seigneur », la propriété allodiale présentant les caractères d'indépendance et de plénitude, n'était pas soumise à l'impôt.

Le droit de relief était donc un droit réel, puisqu'il représentait le domaine direct, c'est-à-dire un droit éminent de propriété. Il ne saurait par conséquent être assimilé à notre impôt des successions, qui, pas plus qu'un impôt quelconque, ne peut être considéré comme étant un démembrement de la propriété en faveur de l'État.

Au surplus, la déclaration de 1704, comme l'article 32 de la loi de Frimaire sont formels ; c'est seulement des fruits et revenus qu'ils s'occupent. Or, le soin même pris par le législateur de ne parler que de cette catégorie de biens, indique clairement son intention de restreindre aux fruits et revenus les garanties du Trésor. Les règles d'interprétation stricte, applicables à cette matière, empêchent d'ailleurs toute extension.

II. — Les articles 4, 14 n° 8, 15 n° 7, 24, 28, 39, 59 et 60 ne prouvent rien également.

C'est un principe certain, en effet, qu'en matière de privilège, tout est de droit étroit. Sans doute, aucune expression sacramentelle n'est exigée : mais au moins faut-il que les textes invoqués impliquent l'idée de privilège. Or, on ne peut conclure des dispositions qui précèdent, à l'existence d'un droit réel quelconque.

Si l'article 4 décide que le droit proportionnel pour les mutations par décès sera perçu « *sur les valeurs* », il le dit également des obligations, libérations, collocations ou liquidations de sommes, et de toute transmission par acte entre-vifs. Or, jamais on n'a soutenu l'existence d'un privilège, garantissant le recouvrement de l'impôt dans ces différentes hypothèses. Pourquoi dès lors admettre une solution contraire pour les droits dus sur les transmissions par décès ?

Les articles 14 n° 8 et 15 n° 7, qui ordonnent la perception de l'impôt « *sans distraction des charges* », semblent, au premier abord, fournir un argument plus sérieux. Il n'en est rien pourtant. Ces textes, en effet, n'ont pour objet que de déterminer les règles à suivre pour la liquidation du droit proportionnel. C'est ce qui résulte à la fois, de la rubrique du titre dans lequel ils sont placés, intitulé « des valeurs sur lesquelles le droit proportionnel est assis et de l'expertise », et de leur dispositif même qui parle uniquement de la liquidation et du payement du droit, sans s'occuper des garanties qui peuvent en assurer le recouvrement. Ils sont exclusivement relatifs aux rapports de l'Administration et des redevables, et non point aux rapports de l'administration et des créanciers. On ne saurait dès lors rien en conclure, quant à l'existence d'un privilège.

Il en est de même des articles 24, 28 et 29.

Enfin, quant aux articles 59 et 60, ils ont, comme l'article 4, des dispositions générales qui s'appliquent à tous les droits d'enregistrement, et desquels par suite, on ne saurait faire naître au profit exclusif du droit de succession, un privilège que l'on ne prétend pas exister pour les autres droits.

III. — L'argument, tiré du caractère de l'impôt des successions, n'est pas plus concluant que les deux premiers.

S'il est vrai de dire que cet impôt est non-seulement une dette personnelle de l'héritier, mais encore une dette des biens eux-mêmes, il ne résulte pas nécessairement de ce second caractère que la créance, pesant sur eux, est une créance privilégiée. Aucun texte de la loi ne conduit à cette solution.

Et dans ce sens, on ne saurait prétendre que la maxime que « le seigneur n'a que faire de toutes les dettes du défunt, et qu'il est préféré à tous ses créanciers » est passée dans la loi de frimaire.

Cette règle ne peut s'expliquer que dans le système féodal, en vertu de cette idée très bien exprimée par Claude de Ferrières (1), que le droit du seigneur « procède de la première et originaire concession, laquelle est plus ancienne que le droit du vassal et de ceux auxquels il a succédé dans le fief, et plus ancienne par conséquent que celle de tous ses créanciers, sur quelques privilèges qu'ils soient fondés, et parce qu'il n'a

_____

(1) *Loco citato*, p. 562, nᵒ 1.

pu transmettre en leur personne plus de droit qu'il n'en avait ».

Si la théorie, développée par M. de la Beaume était exacte, on pourrait peut-être alors admettre l'application de la règle qui précède ; mais cette théorie ne saurait être acceptée.

IV. — On ne peut également rien conclure des règles admises pour les successions bénéficiaires et vacantes.

Quant aux successions vacantes, d'abord, on pourrait contester l'exigibilité de l'impôt (1). Mais en admettant même que le système contraire, admis dans la pratique, soit fondé, on ne peut rien en tirer pour l'existence d'un droit de prélèvement sur les capitaux ; car si le Trésor est créancier, rien ne prouve qu'il soit créancier privilégié.

Il en est de même des successions bénéficiaires.

Au surplus, cet argument n'est qu'une pétition de principe. Ce n'est, en effet, que comme subrogés aux droits du Trésor, que l'héritier bénéficiaire et le curateur sont autorisés à prélever les sommes qu'ils ont déboursées. Ce n'est donc que dans la mesure des droits du Trésor, qu'ils pourront se faire payer leurs avances. Or, c'est précisément cette mesure qui est en question.

V. — Une seule observation suffit enfin à écarter l'argument d'analogie tiré de l'article 2102, 3°.

Cet argument ne prouve rien, parce qu'il prouve trop. S'il fallait l'admettre, en effet, il faudrait l'appliquer non-seulement à l'impôt des successions, mais à

---

(1) Voir notamment Naquet, *loc. cit.* II, n° 882. — La Cour de cassation, persistant dans sa jurisprudence antérieure, s'est prononcée dans le sens de l'exigibilité de l'impôt, par un arrêt récent du 19 octobre 1886.

tous les impôts, et notamment à l'impôt sur les transmissions par actes entre-vifs, à titre onéreux et à titre
gratuit. Or, dans le silence des textes, il est impossible
de soutenir et on n'a jamais soutenu que cet impôt fut
privilégié.

Il faut donc conclure de tout ce qui précède, que le
Trésor ne peut se prévaloir d'un droit réel, portant sur
toutes les valeurs héréditaires. Est-ce à dire qu'il ne
jouit d'aucun privilège ? C'est l'opinion que soutient le
second système.

§ II. — Second système : Le Trésor ne jouit d'aucun privilège.

Les arguments invoqués à l'appui de ce système soulèvent certaines objections.

I. — Le principe de droit que l'on invoque d'abord,
d'après lequel les privilèges, étant de droit étroit, ne
peuvent être étendus d'un cas à un autre, est certainement incontestable.

Mais ce qu'il importe de remarquer, c'est qu'aucune
expression sacramentelle n'est exigée pour leur existence ; il suffit que les caractères constitutifs du privilège ressortent du texte de la loi. Or, le troisième système soutient que, par ces mots de l'article 32 « *en
quelques mains qu'ils se trouvent* », le législateur a voulu
créer une action privilégiée.

On ne saurait d'ailleurs rien conclure, en sens contraire, de l'Avis du Conseil d'État de 1810. De ce que
cet Avis a cru devoir repousser certains effets que l'on
aurait pu faire résulter de la généralité des termes de

l'article 32, il ne résulte pas nécessairement que, dans son principe, cette action ne soit privilégiée.

Au reste, cet Avis qui reconnaît lui-même expressément « *l'affectation des revenus au paiement des droits* », n'est peut-être que l'application de ce principe général que les meubles n'ont pas de suite par hypothèque. Ne concernant que les tiers acquéreurs, il ne saurait être invoqué par les créanciers.

II. — Quant à l'argument, basé sur ce fait que, dans le système de la loi, l'action sur les revenus devait suffire, l'impôt ne devant jamais dépasser le revenu des biens, il semble plutôt se retourner contre les partisans du second système, que pouvoir être invoqué par eux.

Si les revenus des biens à déclarer doivent seuls, en effet, constituer la garantie du Trésor, il faut au moins que cette garantie soit sérieuse, et que le Trésor n'ait à subir le concours d'aucun créancier.

III. — L'argument que l'on prétend pouvoir déduire de l'historique de l'article 2104, et de l'article 2098 C.C. n'est pas davantage concluant.

Sans doute, le n° 3 de l'article 13 du Projet, qui mentionnait, en termes exprès, le privilège du Trésor pour le recouvrement des droits de mutation par décès, ne se retrouve pas dans l'article 2104. Mais, s'il en est ainsi, c'est parce qu'on avait voulu, pour une raison de méthode, réunir tous les droits du Trésor dans une disposition générale. Quoiqu'il en soit d'ailleurs, l'intention certaine du législateur était d'assurer par un privilège le recouvrement de l'impôt.

Le second système ne nie point, il est vrai, cette intention ; bien au contraire, il s'en prévaut, et soutient que, puisqu'elle n'a pas eu de suite, aucun privilège n'existe au profit du Trésor ; car, antérieurement au Code civil, aucun droit privilégié n'existait à son profit.

Cette conclusion n'est vraie qu'en partie. Ce qui est incontestable, c'est que le privilège, établi par le Projet n'est point passé dans la loi ; mais ce privilège portait sur les meubles et les immeubles de la succession. L'argument que l'on veut tirer du Projet ne peut donc s'appliquer qu'à ce privilège général ; il ne touche en rien la doctrine du troisième système qui soutient l'existence d'un droit privilégié sur les revenus, antérieure au Code civil.

L'article 2098 ne prouve en effet nullement qu'aucun privilège n'existait déjà. Il ne dit pas que « le privilège à raison des droits du Trésor public, et l'ordre dans lequel il s'exerce, *seront réglés* par les lois qui les concernent » ; il dit que ce privilège et cet ordre «... *sont réglés* »...

IV. — Il n'est enfin nullement exact de prétendre que certaines décisions de l'Administration de l'enregistrement impliquaient la reconnaissance de la non-existence du privilège.

Il est à remarquer, en effet, que soit la décision du 16 mai 1819, soit la délibération du Conseil d'administration du 11 août 1843 ne s'occupaient que d'un privilège portant sur les capitaux mêmes de la succession. L'arrêt de la Cour de Dijon du 5 février 1848, à la suite duquel fut prise la délibération qui précède, réservait expressément la question du privilège sur les revenus. Il en est de même du projet déposé la même année.

Au reste, on comprend qu'alors l'Administration demanda de nouvelles garanties ; car les droits, pou-

vant s'élever à 9 fr. 90 pour cent, y compris le décime
(L. 21 avril 1832 art. 33), le revenu des biens ne pouvait plus suffire à assurer le payement de l'impôt.

Les arguments, invoqués à l'appui du second système, ne sont donc pas plus concluants, que ceux
invoqués à l'appui du premier. On ne peut admettre
que le Trésor ne jouit d'aucune action privilégiée. Il
ne reste dès lors plus que le troisième système, dont
la doctrine, admise par la jurisprudence, nous parait
devoir être suivie.

§ III. — Troisième système: Le Trésor jouit d'un privilège sur les revenus des biens héréditaires.

Si la doctrine de ce système nous parait être la
seule exacte, il faut reconnaître cependant, que deux
des arguments invoqués à son appui, ne sont pas absolument concluants.

Nous avons déjà vu d'abord, que la combinaison
des articles 15 n° 7 et 32 de la loi de Frimaire ne
démontrait pas, d'une façon certaine, l'existence au
profit du Trésor d'un droit privilégié.

De même, si la considération tirée des lois spéciales qui établissent des privilèges pour le recouvrement de divers impôts, peut paraître au premier abord
assez puissante, elle ne laisse pas cependant que de
soulever cette objection considérable que les règles
d'interprétation, applicables à notre matière, s'oppo-
sent à ce qu'on puisse étendre, par voie d'analogie,
un privilège d'un cas à un autre. Un texte formel est
absolument nécessaire.

Mais ici ce texte existe : c'est l'article 32 de la loi de Frimaire.

Sans doute, le mot « *privilège* » n'est pas dans loi. Mais comme nous l'avons déjà remarqué, s'il faut un texte exprès et formel qui crée le droit réel, une expression sacramentelle n'est pas également nécessaire. Or, l'article 32 nous parait consacrer le caractère privilégié de l'action du Trésor, en tant qu'elle porte sur le revenu des biens à déclarer.

La seule explication possible de ces mots « *en quelques mains qu'ils se trouvent* », est, en effet, de considérer l'action dont il parle, comme une action réelle, suivant les revenus entre les mains de quiconque les possède, sauf les restrictions qui résultent de l'Avis du Conseil d'État de 1810.

Autrement entendu, l'article 32 serait inutile. C'est un principe général, en effet, admis déjà dans notre ancienne jurisprudence, et consacrée par l'article 2092 C. C., qu'un débiteur est tenu sur tous ses biens, mobiliers et immobiliers. Si donc l'article 32 a seulement eu pour but de faire l'application de cette règle aux revenus, il était absolument inutile et sans objet.

Pour ne pas aboutir à cette conclusion, il faudrait admettre, et c'est ce que l'on a soutenu, que le législateur a entendu restreindre le gage du Trésor, aux seuls revenus des biens, sans aucune cause de préférence à l'encontre des autres créanciers, et à l'exclusion des capitaux de la succession.

Mais cette interprétation n'est nullemement acceptable ; elle constituerait une dérogation considérable aux principes généraux du droit. Or, rien dans le texte de l'article 32 ne conduit à une telle solution.

Elle serait d'ailleurs essentiellement dangereuse, au point de vue du recouvrement de l'impôt.

Sans parler, en effet, des biens productifs, dont l'héritier pourrait facilement faire disparaître les revenus, quelle sûreté garantirait le payement des droits exigibles, pour les biens improductifs? Tels sont les biens mobiliers proprement dits ; tels peuvent être des biens immobiliers importants, non loués au jour du décès ou non exploités par le propriétaire, et qui pourront rester dans cet état jusqu'à la prescription du droit dû par l'héritier. Dans ces hypothèses, le Trésor n'ayant aucun droit sur les biens mêmes, se trouverait dans une situation bien inférieure à celle d'un créancier ordinaire. Or, une telle conséquence est impossible à admettre.

Cette explication de l'article 32 paraît d'ailleurs confirmée par les Travaux Préparatoires. L'article 29 du Projet portait, en effet, dans son dernier alinéa : « les héritiers, légataires, et curateurs d'une même succession seront tenus solidairement du payement des droits ». Il ne parlait pas, comme l'article 32 actuel, d'une action sur les fruits, s'exerçant en quelques mains qu'ils se trouvent.

Or, on ne peut, il semble, expliquer l'introduction de cette action dans la loi, que par le désir du législateur d'assurer d'une manière efficace le recouvrement de l'impôt de successions. Décider que les rédacteurs de la loi de Frimaire avaient entendu restreindre aux seuls revenus des biens, sans aucune cause de préférence, le gage du Trésor, c'est aller à l'encontre de l'esprit du législateur, tel qu'il ressort des rapports faits au Conseil des Cinq Cents et au Conseil des Anciens.

« L'État, manquant de revenus suffisants pour les

besoins de la grande cause, disait Duchâtel (Conseil des Cinq Cents, séance du 6 fructidor an VI)..., nous avons considéré que l'enregistrement, plus qu'aucune autre partie, offrait de nouvelles ressources, non en l'étendant immodérément, mais en l'appliquant à propos, et *en prenant des mesures propres à en assurer la perception* ». « Cependant, ajoutait-il plus loin, en parlant des mutations de propriétés foncières, *si vous ne preniez pas en même temps, des mesures pour assurer la perception*, votre confiance dans une amélioration serait déçue ».

Enfin, dans la séance du 17 Brumaire an VII, il disait encore : « Veuillez, citoyens représentants, peser ces considérations dans votre sagesse. Les droits d'enregistrement ne peuvent être abandonnés à des mesures incertaines ou insuffisantes ; *il faut assurer leur entière perception*, ou renoncer, je ne dirai pas à y trouver de nouvelles ressources, mais encore à obtenir ce qu'ils ont produit précédemment ».

Crétet, devant le Conseil des Anciens rappelait de même, dans la séance du 17 Brumaire an VII, que la résolution prise par le Conseil des Cinq Cents, le 27 Brumaire de l'année précédente, avait été prise sous la forme d'urgence, par ces motifs notamment qu'il était « nécessaire de simplifier les droits d'enregistrement, ... *et de prendre sans délai les mesures propres à en assurer la perception* ».

Comment penser dès lors, en présence de déclarations aussi formelles, que le législateur ait voulu restreindre, au regard du Trésor, les garanties ordinaires existant au profit de tout créancier ?

On peut enfin, dans le sens du troisième système, invoquer les règles admises dans l'ancien droit. Sans doute, peut-on dire, l'esprit des institutions n'est plus le même ; mais comme le remarque très bien M. Demante (*loco citato*) « il n'est pas rare qu'une disposition législative survive aux raisons doctrinales qui l'ont fait introduire ; et puisque le texte de la loi de Frimaire est moulé sur celui de la coutume de Paris, il faut appliquer le système ancien avec toutes ses déductions ».

Nous concluons donc des arguments qui précèdent que l'action établie par l'article 32 de la loi de Frimaire, pour le recouvrement des droits de mutation par décès, est une action privilégiée, mais seulement en tant qu'elle porte sur les revenus des biens héréditaires.

CHAPITRE SECOND

ÉTENDUE DE L'ACTION

Les limites exactes, qu'il faut assigner à l'étendue du privilège du Trésor, sont difficiles à préciser.

On peut les étudier à trois points de vue : quant aux biens sur lesquels porte le privilège ; — quant aux personnes à l'encontre desquels il peut être invoqué ; — quant aux créances qu'il garantit.

Mais avant d'aborder l'étude de ces différentes questions, une remarque importante doit être faite.

Ce privilège, ne portant que sur les revenus des biens à déclarer, qui sont des biens meubles, il faudrait, il semble, appliquer les règles établies par la loi pour les privilèges mobiliers.

Or, en présence de l'article 2119 C. C., il est généralement admis, qu'en reproduisant dans ce texte la règle posée déjà dans l'ancien droit que « *les meubles n'ont pas de suite par hypothèque* », le législateur du Code civil a entendu considérer les meubles, comme ne pouvant être, en principe, l'objet d'une affectation réelle, susceptible d'engendrer un droit de suite.

Mais s'il en est ainsi des privilèges civils, la même règle n'avait pas été admise, il semble, par le législateur de frimaire, pour le privilège qui nous occupe.

Il est à remarquer, en effet, que le texte de l'article 32 est aussi général que possible. C'est « *en quelques mains qu'ils se trouvent* », qu'il autorise l'Administration de l'enregistrement à poursuivre les revenus qui forment le gage de la créance du Trésor. Or, en présence de termes aussi larges, il ne semble pas téméraire d'admettre que l'intention du législateur, avait été de déroger aux principes admis en matière civile, en autorisant l'exercice de l'action contre un tiers quelconque.

C'est en effet dans ce sens, que l'avait entendu, à l'origine, la Cour de Cassation, par des arrêts des 15 avril 1807, 3 janvier 1809, 3 ventôse an XI.

Il est vrai que le Conseil d'État a cru devoir restreindre la portée de l'article 32. Appelé à interpréter ce texte, il a décidé que l'action portant sur les revenus des biens à déclarer ne pouvait être exercée à l'encontre des tiers acquéreurs (Avis du 4 septembre 1810, approuvé le 21 du même mois). Or, cet Avis, qui a la force d'une loi interprétative, puisqu'il est antérieur à la Charte de 1814, doit être nécessairement suivi.

Mais précisément, étant donné qu'il n'a fait qu'interpréter le texte principal de la matière, on ne doit admettre son interprétation que restrictivement, et seulement dans les limites qu'il assigne au droit privilégié du Trésor. Nous sommes, en effet, ici, dans une matière toute spéciale, gouvernée par des principes et des textes spéciaux, devant lesquels il faut d'autant plus s'incliner, qu'en droit fiscal, tout est de droit étroit; et que d'ailleurs, certaines règles, en réalité contraires aux principes généraux, s'expliquent par l'intention du législateur d'assurer d'une manière efficace le recouvrement de l'impôt.

Or, l'avis du Conseil d'État ne s'occupe que des tiers acquéreurs. Il n'est donc pas applicable, par exemple, au légataire de l'usufruit, entre les mains duquel, ainsi que nous le verrons, les fruits et revenus des biens héréditaires pourront être saisis, même pour le paiement des droits dus sur la nue-propriété.

SECTION I

Des biens sur lesquels porte l'action.

Si le Trésor ne jouit pas d'une action privilégiée sur les capitaux de la succession (1), il n'en est pas de même des revenus des biens à déclarer.

§ I. — De la règle qui soumet les revenus à l'action privilégiée du Trésor.

Tous les revenus des biens héréditaires sont, en principe, affectés par privilège, au paiement des droits de succession. L'article 32 de la loi de frimaire est, en effet, aussi général que possible : « *la nation aura action sur les revenus des biens à déclarer* ».

Au reste, la généralité des termes de cet article démontre qu'il n'entend pas seulement parler des fruits naturels. Les biens à déclarer peuvent être des

---

(1) Il peut cependant concourir sur eux avec les créanciers chirographaires au marc le franc de sa créance. (Cass. 2 juin 1860. S. 69, 1, 326 ; D. 69, 1, 428).

créances, des rentes, productives de fruits civils ; aux revenus de ces biens s'appliquera le privilège. Il peut arriver enfin que des biens héréditaires ayant été vendus, le prix n'ait pas été payé comptant ; la question se pose alors de savoir si le Trésor peut également prétendre à se faire colloquer par préférence, sur les intérêts dus par l'acquéreur.

A. — **Fruits naturels.** — Aucune difficulté ne s'élève sur cette catégorie de revenus, lorsqu'ils ont été produits par les biens héréditaires, postérieurement au décès. Deux conditions sont donc nécessaires pour que l'action privilégiée du Trésor puisse s'exercer sur eux.

La première d'ailleurs est d'évidence : il est incontestable que cette action ne doit pouvoir s'exercer que sur les revenus des biens dépendant de la succession du défunt. Elle est cependant importante à noter, à cause des solutions inexactes, auxquelles pourrait conduire une interprétation trop large de l'article 32.

Tous les biens, dépendant d'une succession, étant, en effet, soumis à l'impôt, pourrait-on dire, les revenus de ces biens doivent en garantir le paiement.

Mais, si cette conclusion est conforme au texte de la loi, elle serait inexacte pour les biens qui n'appartenaient au défunt, qu'en nue-propriété. Ces biens, qui sont compris dans la masse héréditaire, sont incontestablement soumis à l'impôt ; on ne peut pas dire pourtant que leur revenu doive garantir le paiement du droit dû par l'héritier ou le légataire ; car ce revenu ne fait point partie de la succession.

La Cour de Cassation a jugé, dans ce sens, par un arrêt du 21 juin 1815, que dans l'hypothèse où un immeuble, appartenant au défunt, était grevé de la moitié de l'usufruit que s'était réservée le vendeur, l'autre moitié des fruits, revenant, d'après les usages locaux, au fermier chargé de l'exploitation, l'action du Trésor ne pouvait pas être intentée.

Si donc, il paraît exact de dire que les revenus des biens ne dépendant que pour la nue-propriété, de la succession du défunt, ne sont pas soumis à l'exercice du privilège ; en sens inverse, il est non moins certain que les revenus des biens n'appartenant au *de cujus*, qu'en sa qualité de fermier ou d'usufruitier, ne doivent pas davantage garantir le payement de l'impôt.

Deux motifs conduisent à le décider ainsi. Le premier se tire de l'article 32 lui-même ; les immeubles, n'étant détenus par le défunt, qu'en vertu d'un droit de bail ou d'usufruit, ne constituent pas des « *biens à déclarer.* » Le second est tiré de la nature même de ces revenus, que l'on doit, au point de vue qui nous occupe, considérer, moins comme des fruits que comme des capitaux.

C'est la solution admise par un arrêt de la Cour de Rouen du 1er mars 1879 (D. 80, 2, 168). Il faut remarquer d'ailleurs que, dans l'espèce soumise à la Cour, les récoltes avaient été faites avant le décès. Or c'est là, la seconde condition de l'exercice du privilège : l'action du Trésor ne peut s'exercer sur les fruits que s'ils ont été produits postérieurement à l'ouverture de la succession.

On pourrait cependant soutenir que les revenus, échus et non touchés avant le décès peuvent être atteints par cette action. Deux arguments pourraient être invoqués à l'appui de cette manière de voir.

Le texte même de l'article 32, d'abord, qui est très général, ne distingue pas entre les revenus, antérieurs ou postérieurs au décès : il parle seulement « du revenu des biens à déclarer ».

Limitée aux fruits à échoir, d'ailleurs, l'action du Trésor ne serait pas suffisamment garantie, car il suffirait à l'héritier d'aliéner ces biens, pour rendre inutile la poursuite de l'Administration. Aux termes de l'Avis du Conseil d'État de 1810, en effet, l'action ne peut être intentée à l'encontre des tiers acquéreurs.

Cette manière de voir ne doit pas cependant être admise : seuls, les revenus échus postérieurement au décès, sont grevés du privilège du Trésor. C'est l'opinion généralement admise par la doctrine et la jurisprudence (1).

A l'appui de ce système, plusieurs arguments ont été invoqués ; mais deux d'entr'eux soulèvent des objections.

Un premier argument, invoqué par la jurisprudence, consiste à dire que la créance du Trésor, ne naissant qu'au moment du décès, qui est la cause même de son exigibilité, le nantissement qui en garantit le recouvrement ne peut naître avant elle.

Cet argument, il faut le reconnaître, n'est pas absolument concluant. On peut, en effet, objecter avec raison, qu'il est de l'essence de tout privilège d'affecter les biens du débiteur, entrés dans son patrimoine,

---

(1) Demante, *loc. cit.* n° 671 ; — Naquet, III, 1224 ; — *Dict. des Rédact.* V° Succession n° 2291 ; — Garnier, Rép. Gén. n° 16854. — Seine, 16 mars 1858, J.-E. 16702 ; — 26 mars 1858, R. p. 1029 ; — Lyon, 24 avril 1863. J.-E. 17740 ; R. p. 1934 § 9 ; — C. Lyon, 26 février 1864, J.-L 17877 ; R. p. 2013 ; — C. Rouen, 1er mars 1879, cité plus haut.

antérieurement ou postérieurement à la naissance même du droit privilégié.

Un second argument, également invoqué par la jurisprudence, ne pourrait plus l'être aujourd'hui. Partant de cette idée que l'impôt des successions constitue une dette essentiellement personnelle de l'héritier, elle concluait que cet impôt ne pouvait être payé sur les valeurs héréditaires, au préjudice des créanciers personnels du défunt. Or la Cour de Cassation a décidé, par l'arrêt du 2 juin 1869, — ce que la jurisprudence admet depuis d'une façon constante, — que cet impôt est non seulement une dette des héritiers, mais encore une dette inhérente aux biens de la succession.

A l'appui du même système, on peut cependant faire valoir un argument concluant.

Quand il parle de l'action du Trésor, l'article 32 n'assujettit au privilège que « *le revenu des biens à déclarer.* » Or, les fruits et revenus, produits avant l'ouverture de la succession, constituent eux-mêmes des biens à déclarer, soumis à l'impôt ; ils sont, vis-à-vis du Trésor, de véritables capitaux. Si donc, ces biens devaient être grevés du privilège, on arriverait à reconnaître le droit de prélèvement, proscrit par les arrêts de 1857.

Cet argument suffit à réfuter l'objection tirée par le système adverse de la généralité des termes de l'article 32.

Quant à la considération, basée sur l'aliénation possible des fruits par l'héritier, elle ne prouve rien ; car, ce que l'on craint pour les revenus à échoir serait à craindre aussi pour les revenus échus : l'héritier pourrait également les aliéner et rendre par suite illusoire la garantie du Trésor.

B. — **Fruits civils.** — La succession peut comprendre des fruits civils, c'est-à-dire, des prix de baux à ferme ou à loyer, des arrérages de rentes et des intérêts produits par les créances du défunt (C. C. 584).

Tous ces fruits constituent certainement des revenus, dans le sens de l'article 32, et par conséquent doivent être soumis à l'exercice du privilège, sous les mêmes conditions que les fruits naturels.

Mais quelques explications sont nécessaires sur les intérêts des cautionnements et les arrérages de rentes.

I. — Intérêts des cautionnements. — Aux termes des lois des 7 Ventôse an VIII, 25 Nivôse et 6 Ventôse an XIII, 28 avril 1816, les fonctionnaires des administrations financières, les titulaires d'offices ministériels et certains autres comptables publics sont soumis à l'obligation de fournir un cautionnement, qui répond envers l'État ou les parties lésées, des abus ou des prévarications commis par ces fonctionnaires dans l'exercice de leurs fonctions.

Lorsque le cautionnement est fourni par le comptable lui-même, sans qu'aucune difficulté s'élève, le montant doit en être compris, lors du décès, dans la déclaration de succession, et être soumis à l'impôt. De même, sans contestation possible, les intérêts courus postérieurement au décès, seront affectés par privilège au payement des droits exigibles.

Mais le cautionnement peut avoir été fourni par un tiers ; dans cette hypothèse, des difficultés se présentent. C'est une question délicate, en effet, que celle de savoir si le tiers qui a fourni le cautionnement, demeure, après comme avant la déclaration prescrite par le décret du 22 décembre 1812, propriétaire de la somme versée par lui, ou si le cautionnement doit au contraire être considéré comme la propriété du comptable.

L'intérêt de la question, au point de vue qui nous occupe, est considérable. Si le cautionnement reste la propriété du bailleur de fonds, il ne devra pas être compris dans la déclaration de succession du comptable ; et cette valeur, n'étant pas un « bien à déclarer », les intérêts produits par elle ne seront pas grevés du privilège de l'article 32 ; au cas contraire, si le cautionnement doit être considéré comme la propriété du comptable, c'est une solution toute différente qu'il faut admettre.

Les deux systèmes ont été soutenus.

Aux termes du décret de 1812, dit-on dans un premier sens, la déclaration que le titulaire du cautionnement doit souscrire pour assurer au bailleur de fonds, le privilège du second ordre, doit mentionner expressément que la somme versée par lui « *appartient* », en capital et intérêts au bailleur de fonds. Il résulte donc de là, d'une façon certaine, que ce dernier est bien propriétaire du cautionnement fourni.

C'est ce qui ressort d'ailleurs de ce fait qu'aux termes des Règlements sur la comptabilité publique de 1846 et 1866, c'est le bailleur de fonds qui touche lui-même les intérêts, et qui peut obtenir directement, à l'expiration des fonctions du titulaire, le remboursement du cautionnement.

Enfin, dit-on, cette manière de voir est seule conforme aux Travaux Préparatoires. Lors de la discussion du Titre des Privilèges, devant le Conseil d'État, Treil-

hard fit remarquer qu'il était inutile d'établir un privilège, au profit des bailleurs de fonds, par ce motif
qu'ils étaient propriétaires des sommes fournies par
eux (1).

Quelles que soient les conséquences rigoureuses,
auxquelles conduit l'opinion contraire, elle doit cependant être admise ; car elle est seule conforme aux textes des lois sur la matière, et seule conciliable avec
elles.

La loi du 25 Nivôse an XIII, en effet, décide dans
son article 1ᵉʳ, que les cautionnements qui ne seront
pas fournis par les titulaires eux-mêmes, seront affectés «... par second privilège au remboursement des
fonds qui leur avaient été prêtés pour tout ou partie de
leur cautionnement, et subsidiairement au payement,
dans l'ordre ordinaire, des créances particulières qui
seraient exigibles sur eux ». La loi considère donc le
bailleur de fonds, comme un véritable prêteur ; or, il
est de l'essence du prêt de consommation, de transférer à l'emprunteur la propriété de la chose prêtée
(C. C. 1893).

De plus, par cela seul que le législateur a cru devoir
garantir au bailleur de fonds, le recouvrement de sa
créance, par un privilège, c'est qu'il l'a considéré comme
n'étant pas propriétaire du cautionnement fourni, le
propriétaire n'ayant jamais de privilège sur sa propre
chose.

On objecte les termes de la déclaration prescrite par
le décret de 1812. Deux réponses peuvent être faites
à l'objection.

On peut dire d'abord, que cette déclaration ayant

(1) Locré, XVI, p. 245.

pour but de faire acquérir un privilège au bailleur de
fonds, elle implique elle-même que ce dernier n'a plus
la propriété de la somme fournie par lui. Or, sur le but
de la déclaration, aucune discussion n'est possible.
La rubrique du décret porte en effet qu'il est « relatif
aux déclarations à faire par les titulaires du cautionnement en faveur de leur bailleur de fonds, pour leur
faire acquérir le privilège du second ordre ».

On peut répondre ensuite, qu'alors même que la
déclaration constate que le cautionnement appartient au
bailleur de fonds, les expressions employées ne sauraient prévaloir contre les termes et l'esprit des lois sur
la matière.

Le second argument n'est pas plus concluant que le
premier. Le droit qui appartient au bailleur de fonds,
de toucher les intérêts et de retirer directement à l'expiration des fonctions du titulaire, la somme prêtée, ne
résulte pas nécessairement d'un droit de propriété. On
peut expliquer ce droit, en disant que c'est en vertu
d'un mandat présumé, résultant de la déclaration sous-
crite par le titulaire, que le bailleur de fonds vient toucher directement les intérêts et le capital.

Quant aux paroles de Treilhard, elles n'ont aucune
portée, en présence des lois positives qui établissent le
privilège de second ordre.

Au surplus, s'il fallait également admettre, comme
on l'a soutenu, que la déclaration prescrite par le
décret de 1812, aurait pour effet de retransférer la
propriété du cautionnement, il faudrait conclure que
le titulaire ne pourrait jamais en consentir la cession,
puisqu'il n'en serait pas propriétaire. Or, il a toujours
été reconnu, que de même qu'un propriétaire peut alié-

ner ses biens, malgré les hypothèques qui le grèvent, le titulaire d'un cautionnement peut également le céder à un tiers, malgré l'existence des privilèges de premier ou de second ordre dont il peut être affecté (1) ; c'est donc qu'il en est propriétaire.

C'est l'opinion qui, repoussée par MM. Championnière et Rigaud (IV, 3347) est admise par l'Administration et la jurisprudence (2).

Il résulte de là, cette conséquence nécessaire que le cautionnement devra être compris dans la déclaration de la succession du fonctionnaire ou de l'officier public (3) ; et que les intérêts, sous les conditions indiquées plus haut, seront affectés par privilège au payement des droits exigibles.

II. — Arrérage de rentes. — L'article 584 Code civil, classant ces arrérages dans la catégorie des fruits civils, ils doivent incontestablement être soumis au privilège du Trésor. C'est ce qui a été reconnu par la Cour de Cassation, dans un arrêt du 24 octobre 1844

---

(1) Favard de Langlade : *loc. cit.* V° Cautionnement n° 4 ; — Rolland de Villargues : *loc. cit.* V° Cautionnement n° 95 ; Dard : des Offices, p. 67 ; — Aubry et Rau, 4ᵉ édit. IV, 424. — Rouen, 27 févr. 1838, S. 38, 1, 753, note 3 ; — Paris, 11 mars 1852, S. 52, 2, 176 ; — Lyon, 30 avril 1852, S. 52, 2, 335 ; — Paris, 29 juin 1863, S. 6 , 2, 138.

(2) Déc. min. fin. 28 juin 1856, 12 avril 1862, 5 août 1865 ; — Sol. 21 sept. 1878, 15 juillet 1879, 21 oct. 1880 et solutions antérieures. Tribunal Aubusson, 10 mai 1860 ; — Bergerac, 3 janv. 1867 ; — Seine, 13 décembre 1872 ; — C. Rennes, 21 janv. 1848 ; — Cass. 17 juillet 1849, S. 50, 1, 529 ; — 11 mars 1861 ; S. 61, 1, 401.

(3) Le montant du cautionnement devra également être compris dans la déclaration de la succession du bailleur de fonds ; il constitue en effet une créance de ce dernier, qui doit dès lors, être soumise à l'impôt. La solution est, sans doute, très rigoureuse : elle est de plus contraire, il semble, au principe « *non bis in idem* » (L. 22 frimaire an VII, art. 10). Mais elle est conforme au principe de la non-distraction des charges (art. 14 n° 8 et 15 n° 17). Le même résultat se produit pour les créances hypothécaires ; les immeubles hypothéqués sont compris, pour leur valeur entière, dans la succession du propriétaire ; et le montant des créances dans celle du prêteur.

(S. Col. nouv. IV, 1, 621), et par l'Administration, dans une solution du 5 août de la même année (J. E. 4879).

Il est cependant une catégorie de rentes, auxquelles les règles qui précèdent ne sont pas applicables : ce sont les rentes sur l'État. Ce n'est pas à dire d'ailleurs que leurs arrérages ne sont pas, en théorie, soumis au privilège ; car aucune exception n'existe dans la loi. Mais s'ils échappent à l'action du Trésor, c'est parce que la procédure de la saisie-arrêt est à leur égard impossible.

Aux termes de l'article 4 de la loi du 8 Nivôse an VI, en effet, ces rentes sont insaisissables, sauf une exception au profit de l'État, contre les comptables de deniers publics, dont les comptes ne sont pas encore apurés.

La loi de l'an VI ne parlait que des rentes mêmes, d'où l'on aurait pu conclure, qu'elle était inapplicable aux arrérages ; mais une loi du 22 floréal de l'année suivante, vint décider (art. 7), qu'il ne serait plus reçu « d'opposition au payement des arrérages dus pour rentes perpétuelles, viagères et pensions, à l'exception de celle qui serait formée par le propriétaire de l'inscription ou du brevet de pension ». De là, il résulte, que le privilège du Trésor ne peut s'exercer sur les arrérages de rentes sur l'État. C'est ce qu'a reconnu l'Administration par une délibération du 8 mars 1854 (J. E. 16793-3).

Aux rentes sur l'État, on pourrait être tenté d'assimiler les rentes que le défunt aurait déclarées insaisissables dans son testament.

Aux termes de l'article 1981 C. C. les rentes viagères peuvent, en effet, être revêtues de ce caractère, pourvu qu'elles soient constituées à titre gratuit. L'arti-

cle 581, 4° C. Proc., décide même que la clause d'insaisissabilité sera sous-entendue, lorsque la rente sera
constituée ou léguée à titre d'aliments.

L'assimilation ne serait cependant pas exacte. S'il est
certain, d'une part, en effet, que cette clause étant valablement stipulée, les créanciers personnels du légataire
ne pourraient saisir les biens qui ne lui sont advenus
que sous cette condition : il est non moins certain, d'autre part, que cette condition ne pourrait être opposée
aux créanciers de la succession ; car pour eux, les
valeurs héréditaires demeurent toujours leur gage, sans
que le défunt puisse les soustraire à leur action, par
des donations ou des legs (1).

Or, la dette des droits de mutation par décès, étant
inhérente aux biens mêmes de la succession, et le Trésor étant ainsi un créancier héréditaire, la clause d'insaisissabilité ne lui est point opposable. Le tribunal
de la Seine l'a reconnu par un jugement du 22 janvier
1876 (J.E. 20019 ; R. p. 4619); mais il a fait une
réserve, très juste d'ailleurs, quant aux rentes qui ont
un caractère alimentaire ; il a décidé pour elles qu'il
appartient au juge de restreindre les effets de la saisie,
à une portion seulement des arrérages.

C. — Intérêts de prix de ventes. — Si l'on suppose
que des biens dépendant d'une succession ont été vendus, la question se pose de savoir si, le prix n'ayant pas
été payé comptant, les intérêts dus par l'acquéreur

(1) C'est ce que la Cour de Cassation a reconnu en matière civile, par un
arrêt du 7 mars 1856 (S. 56, 1, 593 ; D. 56, 1, 152), dans lequel elle a décidé
que la Cause d'insaisissabilité, contenue dans un testament, n'a pas d'effet à
l'égard des créanciers du défunt, alors même qu'en l'absence d'une demande
en séparation des patrimoines, ces créanciers seraient devenus les créanciers
personnels de l'héritier.

seront, comme les autres fruits civils, affectés au privilège du Trésor.

S'appuyant sur cette règle d'interprétation qu'en matière de privilège, tout est de droit étroit, certains tribunaux avaient conclu que l'article 32 de la loi de frimaire, ne parlant que des revenus, devait être restreint en ce qui touche les immeubles, aux récoltes et aux fermages produits par eux ; ils avaient par suite, refusé à l'Administration le droit d'exercer le privilège sur les intérêts du prix d'aliénation de biens héréditaires.

Admise par deux jugements des tribunaux de Boulogne et de Saint-Amand des 10 janvier et 3 juin 1857, la même doctrine avait été suivie par deux jugements du tribunal de commerce de la Seine, des 21 et 22 novembre 1862 (R. p. 1726.)

Mais cette doctrine a été condamnée, — et elle devait l'être, — par l'arrêt de la Cour de Cassation du 2 décembre 1862. Au reste, sur ce point, la Cour a toujours assimilé aux récoltes, les intérêts de prix de ventes (23 juin 1857, cité plus haut ; — 9 août 1859. S. 59, 1, 785 ; D. 59, 1, 346 ; — 24 nov. 1869, S. 70, 1, 88 ; D. 70, 1, 339) (1).

Cette assimilation s'explique, en effet très bien. Si l'on doit considérer le prix comme ayant remplacé dans la succession le bien vendu, il paraît également certain que les intérêts de ce prix doivent remplacer les revenus de la chose. On ne s'expliquerait pas dès lors, que

---

(1) La jurisprudence est aujourd'hui constante. Tournon, 31 août 1853 ; — Lodève, 14 décembre 1854 ; — Châteaudun, 15 décembre 1855 ; — Villefranche, 31 juillet 1868 ; — C. Grenoble, 28 juin 1871, S. 72, 2, 51 ; D. 72, 2, 45 ; — C. Toulouse, 29 juin 1872 : S, 73, 2, 9 ; D. 74, 2, 17 ; — C. Nîmes, 9 février 1876, S. 77, 2, 317 ; D. 76, 2, 217.

ces intérêts ne fussent pas, comme les revenus, affectés par privilège, au payement de l'impôt.

Au reste, si l'aliénation des biens héréditaires avait eu lieu quelques jours avant le décès, et si le prix n'avait pas été payé comptant, il est incontestable que les intérêts, courus du jour du décès seraient, en leur qualité de fruits civils, soumis à l'action privilégiée du Trésor. On ne comprendrait pas dès lors que la solution fut différente, par celà seul que l'aliénation se serait produite quelques jours seulement après le décès. C'est le cas, il semble, d'appliquer la maxime : « *eadem ratio, idem jus* ».

En résumé, il faut donc considérer comme affectés par privilège au payement des droits de succession, non-seulement les fruits naturels et civils produits par les biens héréditaires, mais encore les intérêts du prix d'aliénation des mêmes biens.

Mais si tel est le principe, il subit des restrictions importantes, résultant de l'Avis du Conseil d'État des 4-21 septembre 1810.

§ II. — Des restrictions à la règle qui soumet les revenus à l'action privilégiée du Trésor.

De l'Avis qui précède, il résulte que l'action du Trésor « ne peut être exercée au préjudice des tiers acquéreurs ». En combinant cette règle avec celle étudiée dans le premier paragraphe, on peut poser les deux propositions suivantes : Lorsque le principal et l'accessoire, c'est-à-dire les capitaux et les revenus, seront encore dans le patrimoine du défunt, le privilège du Trésor conservera toute son étendue, et pourra s'exercer sur tous les revenus des biens. Lorsque, au contraire, le principal et l'accessoire ne feront plus partie de l'hérédité, parce qu'ils seront entre les mains de tiers acquéreurs, le privilège ne pourra plus atteindre les fruits et revenus.

C'est par application de ces principes que, par un arrêt du 9 mars 1814, la Cour suprême a jugé que le Trésor ne pouvait plus être admis à exercer son action privilégiée sur des récoltes vendues sur pied, et dont le prix avait été délégué à un créancier saisissant, qui avait accepté la délégation.

Ce qui est vrai des fruits et revenus, l'est également des intérêts du prix d'aliénation des biens héréditaires : il faudra donc leur appliquer aussi les règles qui précèdent, et décider que le privilège du Trésor ne pourra plus être exercé sur eux, quand ils pourront être considérés comme ne faisant plus partie du patrimoine du défunt.

Seulement alors, la question se pose de savoir quel est le moment précis auquel il sera vrai de dire que les revenus et les intérêts ne font plus partie de la succession, parce qu'ils appartiennent légalement aux tiers acquéreurs ou aux créanciers hypothécaires. Ce moment sera celui de l'immobilisation.

Quatre situations principales peuvent se présenter : l'expropriation forcée, la vente volontaire non suivie de surenchère, la surenchère et la revente sur folle-enchère.

A. — **Expropriation forcée**. — On peut supposer, dans cette hypothèse, que l'expropriation a lieu pour cause d'utilité privée, si l'on peut s'exprimer ainsi, ou pour cause d'utilité publique.

I. — Expropriation pour cause d'utilité privée ; sai-

sie. — Lorsque les créanciers hypothécaires ont poursuivi la réalisation de leur gage par voie de saisie immobilière, aucune difficulté ne s'élève, le législateur ayant
déterminé le moment auquel se produit l'immobilisation.

Aux termes de l'article 682 C. proc. « les fruits naturels et industriels recueillis postérieurement à la transcription (de la saisie), ou le prix qui en proviendra,
seront immobilisés pour être distribués avec le prix de
l'immeuble, par ordre d'hypothèque ». De même, pour
les fruits civils, l'article 684 déclare « que les loyers
et les fermages seront immobilisés à partir de la transcription de la saisie... »

Il en résulte que, dès cette époque, l'Administration
de l'enregistrement ne sera plus admise à exercer l'action privilégiée du Trésor (1).

II. — Expropriation pour cause d'utilité publique.
— La détermination de l'époque précise de l'immobilisation des fruits et revenus présente, dans cette hypothèse, certaines difficultés, à cause des règles spéciales,
auxquelles sont soumises les expropriations de cette
nature.

Sous l'empire de la loi du 3 mai 1841, le jugement
d'expropriation avait pour effet principal de transférer
hic et *nunc*, à l'exropriant, la propriété de l'immeuble. Le jugement devait bien, aux termes de l'article 16,
être transcrit immédiatement après la double notification prescrite par l'article 15 ; mais cette formalité
n'était nécessaire que pour fixer le point de départ
d'un délai de quinzaine, pendant lequel les créanciers
privilégiés en hypothécaires doivent faire inscrire leurs
créances ; à défaut d'inscription dans ce délai, l'im-

(1) Dans ce sens, cassation 24 juin 1857, cité plus haut.

meuble était purgé, sauf le droit réservé aux femmes, aux mineurs et aux interdits, de se faire colloquer sur le montant de l'indemnité tant qu'elle n'avait pas été payée, ou que l'ordre n'avait pas été réglé entre les créanciers.

Postérieurement à la loi du 23 mars 1855, qui a soumis à la transcription tous actes et jugements translatifs de propriété, la question s'est élevée de savoir, si cette loi n'avait pas modifié les règles spéciales de la loi de 1841, et si notamment la transcription du jugement n'était pas nécessaire pour le transfert de la propriété à l'égard des tiers.

Sans insister sur le détail de cette controverse, l'opinion dominante admet que la loi de 1841, qui est une loi spéciale n'a pu être modifiée par la loi de 1855 qui est une loi générale. Elle ajoute que telle était bien l'intention du législateur, puisque, devant le Sénat, M. de Casabianca, rapporteur de la loi, s'exprimait ainsi : « MM. les commissaires du gouvernement ont déclaré qu'il n'était nullement dérogé à la loi du 3 mai 1841 sur l'expropriation pour cause d'utilité publi-que » (1).

De là cette conséquence que le jugement d'expropriation transfère toujours immédiatement la propriété à l'égard des tiers, et que la purge spéciale, établie par l'article 17 de la loi de 1841 n'a pas été abrogée.

(1) Troplong : de la Transcription, n° 103 ; — Cabantous : Revue critique VII p. 92 et suiv. ; — Rivière et Huguet, Questions sur la Transcription, n° 353 ; — Gauthier : Doctrine et Jurisprudence sur la Transc. n° 19 ;—Daffuy de la Monnoie : Expropriation pour cause d'utilité publique I, p. 182. — En sens contraire : Mourlon : de la Transcription, n° 88 ; — Flandin, ibid., n° 598 et suiv. ; — de Lalleau : Exprop. pour cause d'utilité publique, n° 292.

Mais, quant à l'immobilation des intérêts, on peut hésiter sur le point de voir, si elle se produit par l'effet du jugement lui-même, ou par l'effet de la transcription de ce jugement.

L'expropriation étant consommée, comme l'enseigne la majorité des auteurs, par le jugement même, on pourrait soutenir que c'est à partir du jugement que l'immobilisation se produit.

A cette époque, le droit de l'exproprié ou de ses créanciers est définitivement fixé, peut-on dire. L'indemnité peut bien n'être réglée que postérieurement au jugement ; mais dès cette époque le droit à l'indemnité devient le gage des créanciers hypothécaires, qui ne peuvent mettre en mouvement leur droit de suite, puisque la faculté de surenchère n'existe pas en matière d'expropriation pour cause d'utilité publique (art. 17 *in fine*). Leur gage étant dès lors définitivement fixé par le jugement, les intérêts de l'indemnité deviennent, comme elle, la propriété des créanciers et échappent au privilége du Trésor (C. Caen, 9 mai 1871. S. 72, 2, 225).

La seconde opinion nous paraît cependant préférable.

Ce n'est, en effet, qu'à dater de la transcription du jugement, que court le délai de la purge spéciale établie par la loi de 1841. Ce n'est qu'à partir de cette époque que les créanciers encore non inscrits, pourront se faire inscrire et mettre en mouvement leur droit hypothécaire ; sans doute leur droit ne va pas jusqu'à pouvoir surenchérir ; mais il leur permet d'exiger que l'indemnité soit fixée par le jury.

Au reste, l'expropriation pour cause d'utilité publique est, avant tout, une vente forcée, qui doit être soumise dès lors aux règles de la saisie immo· bilière (Nice, 22 fév. 1875, J. E. 19802 ; R. p. 4123).

Les règles qui précèdent s'appliquent également aux cessions amiables qui peuvent intervenir entre l'ex-propriant et l'exproprié ; la cession amiable n'est en effet, aux yeux de la loi, qu'une forme de l'expro-priation, ainsi que cela résulte expressément de l'ar-ticle 19 de la loi de 184: (1).

B. — **Aliénation volontaire non suivie de surenchère.** Sous cette dénomination générale, il faut com-prendre non-seulement les ventes consenties à l'a-miable, sans aucune intervention de la justice, mais encore certaines aliénations qui, bien qu'elles soient faites sous les yeux du Tribunal, n'ont cependant aucun caractère forcé : telles sont, au point de vue qui nous occupe, les ventes de biens de mineurs (C.C. 459) ; les ventes de biens dépendant d'une succession indivise (C.C.827), bénéficiaire (806), ou vacante (art. 1001) ; et la vente de biens ayant appartenu à un failli (C. Com. 571 et suiv.).

I. — Ventes amiables. — Le moment auquel se pro-duit l'immobilisation des revenus, est loin d'être aussi bien déterminé pour les ventes amiables, que pour les ventes sur expropriation forcée, au moins en ce qui touche les intérêts dus par l'acquéreur (2).

Quatre systèmes divisent en effet les auteurs et la jurisprudence sur cette question.

Un premier système soutient que l'immobilisation se

---

(1) Cass. 30 janvier 1865, S. 65, 1, 142 ; D. 65, 1, 75 : — 2 juillet 1872, S. 72, 1, 341 ; D. 72, 2, 217.

(2) Quant aux fruits naturels, ils échappent à l'action du Trésor, du jour de la transcription du contrat.

produit du jour même de la vente, en vertu d'une subrogation tacite consentie par le vendeur au profit des créanciers inscrits, de telle sorte que ceux-ci n'auraient pas droit aux intérêts, s'il n'en était point dû au vendeur, parce que l'acquéreur aurait payé son prix (1).

Un second système, plus radical, admet que les créanciers auraient droit aux intérêts, quand même l'acquéreur se serait libéré (2).

D'après un troisième système, les intérêts ne seraient la propriété des créanciers inscrits, que du jour de l'acceptation expresse de l'offre de payer, à eux faite par l'acquéreur; ou de l'expiration du délai de quarante jours, qui leur est accordé pour faire surenchère (3).

Enfin, suivant une dernière opinion, l'immobilisation se produirait du jour de la sommation de payer ou de délaisser faite par les créanciers à l'acquéreur (C. C. 2169), ou du jour de la notification à fin de purge, faite par ce dernier aux créanciers hypothécaires (C. C. 2183 et 2184). C'est le système soutenu par la majorité des auteurs et le plus généralement admis par la jurisprudence. C'est également celui qui nous paraît devoir être suivi (4).

---

(1) Troplong : Priviléges et hypothèques, IV, 929 ; — C. Amiens, 10 juillet 1824, S. 24, 2, 383 ; D. 25, 2, 11 ; — C. Orléans, 11 janvier 1853 ; S. 53, 2, 293 ; D. 54, 2, 170.

(2) Cass., 21 février 1826 ; 15 février 1847 ; S. 47, 1, 511 ; D. 47, 1, 136 ; — C. Paris, 10 juin 1833 ; D. 33, 2, 184.

(3) Pont : Privil. et hyp. II, n° 1319 ; — Martou, n° 1427.

(4) Aubry et Rau : III p. 449 et 519, texte et notes 41 et 42 ; — Duranton: XX, 376 ; Grenier : Priv. et hyp. II, 444, C. Caen, 23 avril 1826, D. 27, 2, 29 ; — Rouen, 4 juillet 1828, D. 29, 2, 181 ; — Montpellier, 13 mai 1841 ; D. 42, 2, 134 ; — Bordeaux, 6 juillet 1841, D. 41, 2, 330 ; — Rouen, 16 juillet 1844, D. 45, 2, 114 ; — Paris, 24 avril 1845, D. 45, 2, 113 ; — Cass., 9 août 1859, S. 60, 1, 795 ; D. 59, 1, 346 ; — 23 juin 1862, S. 68, 1, 243 ; D. 63, 1, 205.

A l'appui des deux premiers systèmes, on invoque l'idée d'une subrogation tacite, qui s'appliquerait non-seulement au prix, mais encore aux intérêts. Les articles 2183 et 2184 en effet, dit-on, obligent l'acquéreur, à faire connaître dans la notification de son contrat, le prix et les charges faisant partie du prix. Or, dans le langage du droit, quand on parle du prix, on entend également parler des intérêts ; c'est ce qui ressort de l'article 1673 C. C., dans lequel le législateur, voulant distinguer le prix et les intérêts, parle de prix principal.

Cet argument n'est rien moins que concluant.

Quant à la subrogation, d'abord, qui forme le fondement du système, on n'en trouve aucune trace dans la loi.

Quant aux intérêts, sans doute le tiers qui a acquis l'immeuble, doit non-seulement le prix, mais encore les intérêts qui en sont l'accessoire ; mais il les doit, du jour de la vente, non aux créanciers, mais au vendeur. Les hypothèques grevant un immeuble, n'enlèvent en effet nullement au propriétaire, le droit d'en jouir et d'en percevoir les fruits. Les créanciers n'ayant dès lors, avant la vente, aucun droit aux fruits, ne peuvent, par le fait seul de la vente, acquérir un droit sur les intérêts, qui ne sont que la représentation de ces fruits.

Il est donc impossible d'admettre que les intérêts du prix appartiennent aux créanciers inscrits du jour même de l'aliénation. Ils n'auront droit à ces intérêts que du jour où le prix lui-même deviendra leur gage, au lieu et place de l'immeuble.

Ce jour serait, d'après le troisième système, celui « où l'offre qui leur a été faite par le nouveau pro-

priétaire a été acceptée, c'est-à-dire, à défaut d'une
acceptation expresse, quarante jours (sauf l'augmentation à raison des distances), après celui où les notifications ont été faites, si aucune surenchère n'a été
requise dans ce délai ».

Ce jour, dit-on dans ce sens, ne peut être ni celui
de la notification du contrat faite par l'acquéreur, ni
celui de la sommation faite par les créanciers inscrits,
« car, d'une part, les créanciers par la sommation,
demandent que le nouveau propriétaire paye, non pas
son prix d'acquisition, ce qu'ils n'ont pas le droit de
lui demander, mais le montant de leur créance ; d'une
autre part, les notifications du nouveau propriétaire
ne présentent rien de définitif, puisqu'elles contiennent
simplement une offre à laquelle les créanciers peuvent
ne pas s'arrêter, et qui ne sera plus rien, s'ils la repous-
sent, en requérant une surenchère » (1).

On peut contre ce système, faire valoir certaines
objections.

Si l'on prend d'abord le cas où les créanciers ont
fait au tiers acquéreur sommation de payer ou de
délaisser, et si l'on suppose que le tiers opte pour le
payement, on peut dire que, dès ce moment, un
contrat s'est formé entre l'acquéreur, le vendeur et les
créanciers : le premier, s'engageant à payer le prix
d'acquisition, avec le consentement présumé du vendeur que l'on peut considérer comme ayant alors
consenti à la subrogation de ses droits sur le prix, en
faveur des créanciers ; et ceux-ci s'engageant de leur
côté, moyennant ce payement, à abandonner leur gage
primitif.

(1) Pont, *loco citato*, p. 581.

Or, c'est à partir de ce moment, que le prix devient la propriété des créanciers inscrits, et que les intérêts, suivant le sort du principal, sont immobilisés à leur profit. L'option peut n'intervenir, il est vrai, qu'un mois après la sommation (C. C. 2183); mais son effet doit remonter au jour même où les créanciers ont mis en mouvement l'action hypothécaire.

On peut d'ailleurs, dans le même sens, tirer un argument d'analogie de l'article 2176 C. C.. Si, sur la sommation faite par les créanciers, l'acquéreur avait choisi le second parti que lui donne l'article 2168, s'il avait délaissé l'immeuble, il eut été débiteur des fruits du jour de la sommation. Il semble donc très logique d'admettre, que, quand il opte pour le payement, c'est du même jour qu'il est tenu envers les créanciers, du payement des intérêts.

Le même raisonnement s'applique au cas où c'est l'acquéreur qui, prenant les devants, fait les notifications prescrites par les articles 2183 et 2184.

Comme dans la première hypothèse, un contrat se forme entre l'acquéreur, le vendeur et les créanciers. Sans doute, l'acceptation de ceux-ci pourra n'intervenir que dans les quarante jours de l'offre faite par l'acquéreur de payer son prix (art. 2185); mais cette acceptation doit remonter quant à ses effets, au jour même de l'offre.

On peut argumenter aussi des règles admises pour le délaissement. La notification doit produire sur les intérêts, les mêmes effets que la sommation de payer ou de délaisser produit sur les fruits (art. 2176). On ne comprendrait pas qu'une solution différente dut être admise, parce que l'acquéreur aurait notifié son contrat, sans attendre la sommation des créanciers inscrits.

Au reste, les auteurs même qui admettent le troisième système, reconnaissent que l'acquéreur ne peut plus délaisser du jour de la notification de son contrat (1). C'est donc que dès cette époque, il est obligé envers les créanciers inscrits, qui n'ont plus alors besoin de renouveler leurs inscriptions.

L'on pourrait enfin se prévaloir de ce qui a lieu en matière d'offres réelles, dont l'effet remonte au jour même de la consignation, quand même l'acceptation du créancier ou le jugement de validité n'interviendraient qu'ultérieurement.

Il faut donc conclure de ce qui précède, qu'en matière de ventes amiables, l'immobilisation des revenus s'opère par l'accomplissement des formalités prescrites par les articles 2176, 2183 et 2184 C. C., parce que dès ce moment, les prix de ventes sont directement dus aux créanciers hypothécaires ; d'où résulte cette conséquence que le privilège du Trésor ne pourra plus s'exercer sur les intérêts courus postérieurement à la sommation faite par les créanciers, où à la notification faite par le tiers acquéreur. La Cour de Cassation s'est prononcée en ce sens par l'arrêt du 24 juin 1857 (déjà cité).

On peut supposer que les formalités prescrites par les articles 2176, 2183 et 2184 n'ont pas été remplies. Dans cette hypothèse, quel sera le moment précis de l'immobilisation ?

Plusieurs situations sont possibles : on peut supposer d'abord que tous les créanciers, étant d'accord,

(1) Pont : Loco citato nº 1187 et 1320 ; — Martou, nº 1295.

aient voulu procéder entr'eux à la distribution du prix,
sans l'intervention du juge, ou en présence du juge, par
voie d'ordre amiable. Il peut arriver aussi que les
créanciers, n'ayant pu se régler amiablement, un ordre
judiciaire soit nécessaire ; ou que les créanciers inscrits
n'étant pas au nombre de quatre, la distribution ait lieu
par voie d'attribution devant le Tribunal. On peut supposer enfin, qu'il n'y ait pas lieu à un ordre, mais à une
distribution par contribution.

Ordre consensuel. — Dans cette situation, aucune
difficulté ne se présente. C'est au moment où intervien-
dra entre les créanciers et l'acquéreur, la convention
aux termes de laquelle ils acceptent le prix dû par ce
dernier, que l'immobilisation se produira. Cette convention est, en effet, la mise en mouvement la plus mani-
feste de l'action hypothécaire ; elle fait produire à l'inscription son effet légal (1).

Ordre amiable. — Lorsque, sur la poursuite du
créancier saisissant, de la partie saisie, ou de l'adjudicataire, au cas d'aliénation forcée (Pr. 750) ; ou au
cas d'aliénation volontaire, sur la poursuite du créancier le plus diligent, de l'acquéreur ou du vendeur,
quand le prix est exigible (art. 772), l'ouverture de
l'ordre a été requise, les créanciers doivent, sous certaines pénalités, comparaître dans les dix jours de la
convocation qui leur est faite par le juge-commissaire
ou le juge spécial, chargé de l'ordre (art. 751).

Dans cette hypothèse, ce sera le jour même de la

---

(1) Dans ce sens, la Cour de Cassation a jugé, par un arrêt du 15 mars 1876
(S. 76, 1, 216 ; D. 78, 1, 61), que cet effet pouvait résulter de tout acte impliquant, d'une part l'offre par l'acquéreur de payer son prix aux créanciers en
ordre de le recevoir, et d'autre part l'acceptation du prix par tous les créanciers inscrits.

comparution des parties qui devra être considéré comme le point de départ de l'immobilisation des intérêts ; cette comparution pouvant être considérée comme impliquant de la part des créanciers la mise en jeu de leur droit hypothécaire (Avignon, 26 nov. 1879 ; J. E. 21630 ; R. p. 5400).

Ordre judiciaire. — Au cas où les créanciers inscrits n'ont pu se régler à l'amiable, il faut, dans le délai d'un mois, recourir à l'ordre judiciaire (. Pr. art. 752 à 758).

Dans les huit jours de l'ouverture de l'ordre, sommation de produire leurs titres est faite aux créanciers, qui doivent répondre dans les quarante jours de cette interpellation. Quant à la clôture, elle varie suivant que l'état de collocation provisoire dressé par le juge-commissaire (art. 775) a été ou non l'objet de contredits : au premier cas, le juge arrête définitivement l'ordre des créances contestées, dans les huit jours qui suivent l'expiration du délai d'appel, ou s'il y a eu appel, dans les huit jours de la signification de l'arrêt (art. 765) ; — au second cas, le juge doit clôturer l'ordre dans les quinze jours qui suivent l'expiration du délai pour prendre communication du règlement provisoire et contredire (759).

Quant à l'immobilisation des intérêts, la question est délicate à résoudre. Tandis que d'après les uns, elle se produirait au jour de l'ouverture de l'ordre ; d'après d'autres, ce serait seulement au jour de la clôture. Enfin, dans un troisième système, ce serait à partir de la sommation de produire que les intérêts seraient immobilisés.

Le système qui place l'immobilisation au jour de la

clôture est inacceptable ; il est impossible de considérer, en effet, l'action hypothécaire comme ayant été mise en mouvement, seulement à cette époque.

On peut hésiter au contraire, entre les deux autres opinions.

Pour soutenir que les intérêts sont immobilisés du jour de la sommation de produire faite aux créanciers, on pourrait dire que cette sommation remplace les notifications prescrites par les articles 2183 et 2184, C. C. ; — que dès lors, de même que ces notifications produisent l'immobilisation des intérêts, de même la sommation doit engendrer le même effet.

L'autre opinion est cependant préférable.

Les deux situations ne sont pas en effet, identiques. Dans le cas où l'acquéreur notifie son contrat aux créanciers, rien ne précède cette notification, que la sommation de payer ou de délaisser qu'auraient pu faire les créanciers inscrits. On ne peut donc que reporter à cette notification, le moment où les intérêts sont immobilisés. Dans le cas qui nous occupe, au contraire, la sommation de produire est précédée par l'ouverture de l'ordre.

C'est en réalité par cette dernière, que les créanciers inscrits sont mis en demeure de faire valoir leurs droits et que le prix des immeubles peut être considéré comme affecté, en capital et intérêts, au paiement de leur créance. La procédure de l'ordre, en effet, n'a d'autre but que de déterminer le rang des différents créanciers (1).

---

(1) Le tribunal de la Seine s'est prononcé dans le sens de ce dernier système, par un jugement du 21 août 1878 (J. E. 20866 ; R. p. 5116). Deux arrêts, rendus l'un par la Cour de Grenoble, le 28 juin 1871 (S. 72, 2, 51 ;

Par un jugement du 13 mars 1876 (R. p. 4633), le tribunal de Montpellier a décidé qu'à défaut de notification et de sommation de produire, le privilège du Trésor pourrait s'exercer sur les intérêts, courus jusqu'au jour de la distribution dans l'ordre ouvert.

Distribution par voie d'attribution devant le Tribunal. — Lorsqu'il y a moins de quatre créanciers inscrits, à défaut de règlement amiable entr'eux, la distribution du prix est réglée par le Tribunal, jugeant sur assignation, signifiée à personne ou à domicile, à la requête de la partie la plus diligente, sans autre procédure que des conclusions motivées. (C. Pr. 773).

Dans cette hypothèse, la demande d'attribution équivalant à l'ouverture de l'ordre, c'est à cette époque que se produira l'immobilisation des intérêts, (Seine, 21 août 1878).

Contribution. — Il y a lieu à distribution par contribution, lorsque le prix provenant d'une vente mobilière, ou le prix d'un immeuble qui n'était grevé d'aucune hypothèque, sont affectés au paiement des créanciers chirographaires. La distribution peut également comprendre des deniers provenant d'une succession bénéficiaire ou vacante (C.C. 808, 814).

Dans ces hypothèses, des intérêts peuvent être dus par l'acquéreur ou la Caisse des dépôts et Consignations ; jusqu'à quel moment le privilège du Trésor pourra-t-il être exercé sur eux ?

A défaut de contribution amiable dans le délai d'un

D. 72, 2, 45) ; — l'autre par la Cour de Toulouse, le 29 juin 1872 (S. 73, 2, 9 ; D. 74, 2,17) ont décidé que le privilège du Trésor ne pourrait plus s'exercer du jour de l'ouverture de l'ordre et de la sommation de produire adressée aux créanciers. C'est seulement à l'une de ces deux époques, il semble, que l'immobilisation doit être considérée comme s'étant produite.

mois du jour de la vente, le prix dû doit être consigné, dans la huitaine suivante, à la charge de toutes les oppositions (C. Pr. 657). A l'expiration d'un délai de même durée, à moins d'une requisition antérieure de la part d'un créancier, a lieu l'ouverture de la contribution judiciaire. Sommation de produire est faite aux créanciers opposants, qui doivent à peine de forclusion, produire dans le délai d'un mois (660). Le juge dresse ensuite un règlement provisoire (663), que les créanciers pourront contester dans la quinzaine. S'il n'y a pas de contestation, le juge clôt son procès-verbal, et le règlement devient définitif (665) ; au cas contraire, la clôture n'a lieu qu'à l'expiration du délai d'appel ou après la signification de l'arrêt au domicile de l'avoué (670). Dans la huitaine qui suit, le greffier délivre les mandements aux créanciers (671).

Quant à l'immobilisation des intérêts, deux opinions se sont produites. Tandis que, suivant un jugement du Tribunal de la Seine du 3 avril 1868, le privilège du Trésor pourrait s'exercer sur les intérêts courus jusqu'au réglement définitif, aux termes d'un jugement du Tribunal de Bayonne, du 5 mai 1874, le privilège ne pourrait atteindre que les intérêts courus jusqu'au jour de l'ouverture de la contribution.

Cette seconde opinion nous paraît seule acceptable. Les motifs invoqués pour l'ordre amiable ou judiciaire doivent, en effet, s'appliquer ici. L'ordre et la contribution, à raison même de leur but identique, qui est de distribuer entre certaines catégories de créanciers des prix d'origine différente, doivent produire les mêmes effets.

Au cas de contribution amiable, ce sera dès lors du

jour de la comparution des créanciers, que les intérêts du prix seront affectés à leur créance ; au cas de contribution judiciaire, ce sera du jour de l'ouverture. C'est par suite, à partir de l'une de ces deux époques, que le privilège du Trésor ne pourra plus porter sur les intérêts.

II. — Ventes de biens de mineurs et de biens provenant de successions bénéficiaires, vacantes ou indivises. — Au point de vue de l'exercice du droit de suite, ces ventes quoique faites en justice, sont considérées, en principe, comme des aliénations volontaires, d'où cette conséquence que les règles qui précèdent leur seront applicables.

C'est ce qui résulte pour les successions bénéficiaires, d'un arrêt de la Cour de cassation du 24 novembre 1869 (S. 70, 1, 88 ; D. 70, 1, 339) (1), et pour les ventes de biens dépendant de successions vacantes ou indivises, de deux jugements des tribunaux de la Seine, du 21 août 1878, et de Langres du 26 mai 1880.

Une remarque importante doit être faite sur ces dernières aliénations, Si les notifications prescrites par les articles 2183 et 2184 C. C. sont, en principe, nécessaires de la part du tiers acquéreur, s'il est étranger, elles deviennent inutiles si l'adjudicataire est l'un des créanciers, qui sont tous cohéritiers des immeubles, dont ils poursuivent la licitation.

Ces formalités, en effet, ont seulement pour but de forcer les créanciers inscrits à mettre en jeu leur droit hypothécaire, en provoquant la surenchère de l'immeu-

---

(1) L'arrêt de la Cour d'Aix du 29 août 1867, cassé par la Cour de Cassation, avait confirmé un jugement du tribunal de Nice du 7 août 1866, aux termes duquel l'immobilisation des intérêts se produirait du jour de la transcription du jugement d'adjudication.

ble, s'ils n'entendent pas se contenter du prix qui leur est offert par l'acquéreur.

Or, lorsque l'adjudicataire n'est autre qu'un créancier, la surenchère n'est plus police de la part d'un autre créancier colicitant lui-même ; car il est de règle qu'un créancier soumis, pour une cause quelconque, à l'obligation de garantir l'éviction que souffrirait le tiers acquéreur, n'est pas recevable à poursuivre la surenchère (1).

Dans l'espèce d'ailleurs, le créancier est vendeur lui même ; par suite, étant tenu de l'obligation de garantie, il ne saurait être admis à faire des actes qui provoquent la résolution de la vente.

La Cour de cassation s'est formellemant prononcée dans ce sens (8 juin 1853, S. 53, 1, 508 ; D. 53, 1, 209 ; 30 janvier 1861 (S. 61, 1, 337 D. 61, 1, 211).

De là il résulte que la surenchère n'étant pas possible de la part du créancier colicitant, les notifications des articles 2183 et 2184 C. C. sont inutiles de la part du colicitant adjudicataire.

Au surplus, les créanciers étant parties à l'adjudication, le prix est définitivement fixé dès ce jour ; et les intérêts, étant immobilisés à leur profit, échapperont dès lors à l'action du Trésor (Trib. Langres, cité plus haut).

III. — Ventes de biens dépendant d'une faillite. — La question de l'immobilisation des intérêts produits par les prix de ventes de biens de failli est délicate à résoudre. Elle touche à celle de savoir, si la surenchère établie par l'article 573 C. com. est exclusive de la

---

(1) Aubry et Rau: III § 294, et p. 523 note 56 ; — Pont: *loc. cit.*, II, nº 1346 ; — Grenier: id. II, 463 ; — Troplong: de la vente, I, 426 et suiv ; — Duvergier: id. I, 321 ; — Duranton: XXI, 260.

surenchère établie par l'article 2185 C. C. Or, sur la solution de cette question, des divergences existent entre les auteurs et dans la jurisprudence.

Deux situations sont d'ailleurs possibles : l'adjudication peut avoir été poursuivie par le syndic, alors que les créanciers étaient en état d'union, ou antérieurement à cette époque. L'article 572 C. com. ne confère expressément au syndic, il est vrai, le droit de faire vendre les immeubles, qu'après l'union ; mais la Cour de Cassation a admis que ce droit devait lui être reconnu, antérieurement, pourvu qu'il procédât avec l'assentiment du failli, et sous l'autorisation du juge-commissaire et du tribunal de commerce (Cass. 13 janvier 1869 ; S. 69, 1, 152 ; D. 71, 5. 192 ; — 17 juin 1878, S. 79, 1, 165 ; D. 79, 1, 34).

Ces deux situations devaient être indiquées parce qu'on a voulu distinguer entr'elles, en ce qui touche l'exercice, par les créanciers hypothécaires du failli, de la surenchère organisée par l'article 2185 C. C.

Tandis, en effet, que par l'arrêt précité du 17 juin 1878, la Cour de Cassation décidait que l'article 573 C com. s'appliquait seul, aux ventes censenties avant l'union, comme à celles poursuivies postérieurement par le syndic, elle a jugé ,au contraire, par un arrêt postérieur du 6 juillet 1881 (S. 82, 1, 51 ; D. 82, 1, 449), que les adjudications opérées au cours des premières opérations de la faillite, avant l'état d'union, étaient soumises à l'article 2185. Elle confirmait sur ce point, un arrêt de la cour de Besançon du 15 mars 1880 (S. 81, 2, 161 ; D. 81, 2, 55) qui décidait que l'article 573 C. com. n'enlevait pas aux créanciers le droit de surenchérir dans les termes de l'article 2185, pour

13

les aliénations survenues même après l'état d'union.

La première doctrine de la Cour de Cassation était préférable ; aucune distinction ne doit être faite entre les ventes postérieures ou antérieures à l'état d'union. La situation est, en effet, la même dans les deux hypothèses ; au surplus, les nécessités financières de la faillite peuvent exiger l'aliénation des biens du failli, avant la constitution de l'état d'union.

Ceci admis, les auteurs et la jurisprudence sont partagés sur le point de savoir, si les articles 2176, 2183 et 2184 C. C. sont applicables à l'adjudication des biens de faillis.

D'après certains auteurs et certains arrêts, la vente judiciaire de ces biens, poursuivie à la requête du syndic, n'opérerait pas plus la purge, et par suite n'immobiliserait pas plus les intérêts au profit des créanciers, que toute autre vente, faite en dehors d'une saisie (1).

« Je ne puis admettre, dit à l'appui de ce système M. Demangeat, que les hypothèques inscrites soient purgées par cela seul que l'immeuble a été vendu, conformément à l'article 572 C. com., de telle sorte que les créanciers inscrits auraient perdu tout droit de surenchère, dès que quinzaine (délai donné à toute personne par l'article 573 C. com. pour surenchérir en matière de faillite) serait écoulée depuis la vente ; c'est seulement l'adjudication sur saisie qui a ainsi la puissance

---

(1) Aubry et Rau, III § 293 (bis) p. 500 texte et note 15 ; — Olivier et Mourlon : Commentaire de la L. 21 mai 1858 n° 460 : — Chauveau : Procédure de l'ordre n° 2613 ; — Petit : de la Surenchère p. 269 ; — Bravard-Veyrières et Demangeat : de la Faillite p. 627 note 1 ; — Ruben de Couderc : Dictionnaire de droit commercial V° faillite n° 104C. — Caen, 28 novembre 1825, D. 26, 2, 191 ; Paris, 19 mai 1836, S. 36, 2, 260 ; D. 37, 2, 43 ; — Cass. 9 novembre 1858, S. 59, 1, 49 ; — Douai, 4 août 1859, S. 60, 2, 299 ; — Paris, 21 août 1862, S. 62, 2, 545 ; — Besançon, 15 mars 1880, cité plus haut.

de nettoyer l'immeuble des hypothèques inscrites, mais non la vente volontaire judiciaire. L'ancien article 775 C. proc. montrait déjà que l'acquéreur doit purger toutes les fois qu'il ne s'agit pas d'une aliénation par expropriation. La loi du 21 mai 1858 est venue fournir un argument de plus en faveur de cette doctrine ».

D'après d'autres auteurs et d'autres arrêts, au contraire, le prix serait immédiatement fixé par l'adjudication elle-même, sans qu'il fut nécessaire de recourir aux formalités des articles 2176, 2183 et 2184 (1).

C'est le système qui nous paraît devoir être suivi.

On peut remarquer d'abord, dans ce sens, que ce n'est point sans motifs que le législateur du Code de Commerce a cru devoir établir une surenchère spéciale, soumise à certaines règles particulières ; et que cette surenchère a été maintenue par la loi du 28 mai 1838.

C'est qu'en effet, cette surenchère correspond à certains besoins ; en la restreignant à un délai assez bref, le législateur a voulu satisfaire au besoin de célérité, toujours impérieux en matière commerciale. Ce serait donc aller contre le but du législateur, que d'accorder aux créanciers le droit de surenchérir dans les formes ordinaires ; ce qui mettrait l'acquéreur dans la nécessité de remplir les formalités prescrites par le Code civil, et retarderait les opérations de la faillite.

(1) Alauzet : Commentaire du Code de commerce VIII, n° 2818 p. 107 ; — Lainné : Faillite et Banqueroute, sur l'art. 573 p. 488 : — Laroque-Sayssinel et Dutruc : Formulaire des fail. et banq. II n° 1558 ; — Rodières : Comp. et procéd. civ. III, n° 453 ; — Pont, loc. cit. II n° 1345 (bis) ; — Labbé, Journal du Palais 1864 p. 1077 note. — Orléans, 20 mars 1850, S. 50, 2, 325 ; D. 50, 2, 69 : — Cass, 19 mars 1851, S. 51, 1, 270 ; D. 51, 5, 292 ; — Caen, 1 juillet 1864, S. 64, 2, 284, D. 64, 2, 335 ; — Cass. 3 août 1864, S. 64, 1, 381 ; D. 64, 1, 329 ; — 8 avril 1867, S. 68, 1, 31 ; D. 67, 1, 380 ; — 13 août 1837, S. 67, 1, 390 ; D. 67, 1, 375 ; 17 juin 1878, cité plus haut.

Le texte même de l'article 573 confirme d'ailleurs cette solution. Il est, en effet, conçu en termes restrictifs : « la surenchère, après adjudication des immeubles du failli sur la poursuite des syndics n'aura lieu qu'aux conditions et dans les formes suivantes. »

Au reste, si en matière d'adjudication sur expropriation forcée, la purge et par suite la notification du contrat sont inutiles, le vrai motif de cette dispense réside dans ce fait que les créanciers hypothécaires, étant avertis par la notification qui leur est faite du cahier des charges, sont réputées parties à la procédure d'expropriation et au jugement d'adjudication.

Or, la situation est la même, dans le cas de vente après faillite. Dans cette hypothèse, comme dans la précédente, les créanciers hypothécaire du failli sont parties à l'adjudication. Les syndics ne représentent pas, en effet, seulement les créanciers chirographaires ; ils représentent la masse des créanciers dans tous les actes de liquidation de la faillite.

Représentés par les syndics dans l'adjudication, « ils sont censés, comme le dit très-bien M. Pont, avoir fait la vente eux-mêmes ; ils ne sauraient donc avoir le droit de former la surenchère qui, dans la pensée de la loi, est réservée seulement aux créanciers hypothécaires, dont le gage a été vendu par un acte auquel ils sont restés complètement étrangers, pour un prix convenu à leur insu entre le vendeur et l'acheteur ».

En d'autres termes, représentés par les syndics, les créanciers hypothécaires du failli, connaissant l'état de ce dernier, avertis par les publications faites dans les journaux et par la notoriété publique, ont pu se

renseigner sur la valeur exacte des biens, et les faire
porter, lors de l'adjudication, à leur prix le plus
élevé ; d'où cette conséquence que la fixation du prix
se trouvant contradictoirement réglée avec eux, la
purge et par suite les formalités des articles 2183 et
2184 ne sont pas nécessaires.

Au surplus, d'ailleurs, par le fait même de la for-
mation de l'union, les créanciers inscrits perdent tous
droits d'action sur les immeubles de la faillite. Ils ne
peuvent plus exproprier individuellement les biens,
pour que l'immobilisation se produise du jour de la
transcription ; ils ne peuvent pas davantage exercer
leur droit hypothécaire individuellement, pour immo-
biliser les intérêts dus par l'acquéreur, du jour de la
sommation. Or, puisqu'il leur est impossible de mettre
en jeu l'action hypothécaire, la notification du contrat
devient inutile ; les articles 2176, 2183 et 2184 sont
inapplicables.

La conclusion à tirer des arguments qui précèdent
est donc que les créanciers du failli ne peuvent se prévaloir de la surenchère organisée par l'article 2185
C. C., mais exercer seulement la surenchère spéciale
établie par l'article 573 C. Com. ; que le prix restant
définitivement fixé par l'adjudication non suivie de
cette surenchère, il n'y a pas lieu à l'accomplissement
des formalités prescrites par les articles 2176, 2183,
et 2184 C. C., et que dès lors les intérêts sont immobilisés du jour même de l'adjudication (1), de telle
sorte que le privilège du Trésor ne pourra s'exercer
sur eux.

C. — **Vente sur surenchère.** — On peut supposer

(1) C. Amiens 30 mars 1865, S. 68, 1, 31 et décisions citées plus haut.

que dans tous les cas d'aliénation qui précèdent, sauf pourtant en matière d'expropriation pour cause d'utilité publique, une surenchère intervienne. Quel sera son effet sur l'immobilisation qui s'était produite antérieurement ?

I. — Expropriation forcée. — Aux termes de l'article 708 C. Proc., toute personne peut dans les huit jours de l'adjudication d'immeubles ayant fait l'objet d'une saisie, pratiquer la surenchère du sixième.

Sans difficulté, cette surenchère ne produit aucun effet sur l'immobilisation des fruits et revenus.

Ce n'est point, en effet, par l'adjudication que cette dernière s'est produite, mais par la transcription de la saisie. Or, de même qu'à la suite de l'adjudication primitive, l'Administration n'aurait pu exercer l'action privilégiée du Trésor, de même il en doit être ainsi à la suite de la surenchère.

II. — Aliénation volontaire. — Dans certains cas, les formalités prescrites par les articles 2176, 2183 et 2184 sont nécessaires ; dans d'autres, au contraire, elles sont inutiles ; il faut distinguer les deux situations.

1°. — La surenchère intervient à la suite des notifications prescrites par les articles 2183 et 2184 C. C. (C. Proc. 832 et suiv.). — Dans cette première situation, deux hypothèses sont possibles : ou bien c'est le tiers acquéreur primitif qui se rend adjudicataire ; ou bien c'est un tiers étranger.

Dans la première hypothèse, aucune difficulté n'existe.

L'adjudication sur surenchère ne rend pas, en effet, le tiers acquéreur, propriétaire ; son droit de propriété résulte de la première acquisition ; la seconde ne fait

que le consolider et le confirmer. Cela est si vrai que
l'article 2189, C. C. le dispense de la transcription.

Or, de là il résulte que la surenchère ne produit
aucun effet sur l'immobilisation des intérêts, qui s'est
produite au jour de la notification faite par l'acquéreur,
de son premier contrat.

La seconde hypothèse est plus délicate : deux opinions ont été soutenues.

Un premier système soutient que l'adjudication sur
surenchère, étant tranchée au profit d'un étranger, la
première aliénation doit disparaître. Il en serait ainsi,
dit-on, par suite de la réalisation de la condition résolutoire dont elle était affectée, à raison de la nécessité
de purger incombant à l'acquéreur primitif (1).

On serait amené, dès lors, à conclure que, les suites
de l'aliénation disparaissant avec elle, les notifications
faites par l'acquéreur n'ont pas produit leur effet, de
telle sorte que l'immobilisation, qui en était résultée
au préjudice du Trésor, cesse de lui être opposable.

Cette manière de voir n'est pas exacte : dès que les
formalités prescrites par les articles 2183 et 2184 ont
été remplies, l'immobilisation s'est produite, et produite d'une manière définitive.

Il n'est pas exact de prétendre, en effet, que l'adjudication sur surenchère opère une véritable résolution
de l'aliénation primitive (2). Quand il use du droit de
surenchère, le créancier n'entend nullement contester

---

(1) Dalloz : Jurisprudence générale, V° Vente d'immeubles n° 2144 ; Troplong, n° 962.

(2) Aubry et Rau : III § 294, p. 523 ; Pont, *loc. cit.* II n° 1395 ; Mourlon :
Traité de la Transcription I, p. 80 à 86, 304 à 315 ; — Vernet : Revue pratique,
XX p. 126.

la transmission de propriété, qui s'est opérée du vendeur au tiers détenteur. Ce qu'il conteste seulement,
c'est que le prix, offert par ce dernier, soit le prix réel
de l'immeuble ; et c'est pour cela, que sans toucher
en rien au contrat primitif, il use du droit qui lui
appartient de faire revendre l'immeuble grevé de son
hypothèque, sous la condition de porter à un dixième
en sus le prix de la première aliénation.

Il s'agit donc de l'exercice même du droit hypothécaire du créancier.

Or, l'on est d'autant plus obligé de considérer la
vente primitive comme n'étant pas résolue, que c'est
de la transcription de cette vente que nait, pour le
créancier le droit de surenchérir.

Au reste, les solutions, auxquelles conduit le premier
système le condamnent. Si la vente est résolue, il faut
aller jusqu'à dire que les créanciers, qui avaient négligé
de s'inscrire en temps utile, auront pu s'inscrire dans
l'intervalle de la transcription du contrat primitif à
la surenchère. Or, il est impossible d'admettre cette
solution : ce serait enlever indirectement aux créanciers inscrits le droit de surenchère ; ils pourraient
hésiter, en effet, à exercer leur droit, dans la crainte de
voir s'inscrire des créanciers, qui, à raison du caractère
privilégié de leurs créances, viendraient se faire payer
avant eux.

Si donc l'aliénation primitive ne doit pas être considérée comme résolue par la surenchère, il en résulte
que les créanciers conservent le gage qui était résulté
pour eux de l'accomplissemnt des formalités des articles 2183 et 2184, et que le privilège du Trésor ne pourra
porter sur les intérêts, courus du jour de la notification

(Carpentras, 22 novembre 1866 ; J. E. 18396 — 3 ; R. p. 2401).

2° — Les formalités des articles 2183 et 2184 n'étaient pas nécessaires. — Il y a des cas où la surenchère du dixième n'est pas possible : il en est ainsi, notamment, lorsqu'après la vente de biens de mineurs ou de biens dépendant d'une succession indivise, la surenchère du sixième (C. Pr. art. 965 et 973) a été pratiquée ; ou encore, en matière de faillite, lorsque la surenchère spéciale, établie par l'article 573 C. com. a eu lieu. (1).

Dans ces hypothèses, la surenchère prévue par l'article 2185 C. C. n'étant pas possible, les formalités prescrites par les articles 2183 et 2184 ne sont pas nécessaires. Partant de là, l'Administration avait soutenu que l'immobilisation des intérêts ne devait se produire, que du jour de la sommation faite aux créanciers inscrits de produire à l'ordre ; et que le privilège du Trésor pouvait dès lors être exercé sur les intérêts courus jusqu'à cette époque.

Repoussée par un jugement du tribunal de Toulouse, du 5 mars 1872, cette doctrine a été accueillie par un arrêt de la Cour de cette ville, du 29 juin de la même année.

Mais elle ne saurait prévaloir. Par celà seul, en effet, que la faculté de surenchérir n'existe plus à l'égard des créanciers inscrits, leur droit de suite se convertit immédiatement en un droit sur le prix d'adjudication. Dès l'instant qu'une vente n'est plus sujette à suren-

---

(1) C'est une application de la règle, admise déjà sous l'ancien Code de procédure, et consacrée par la loi du 2 juin 1841 que « surenchère sur surenchère ne vaut ». C. Pr. art. 838, 965, 973 ; C. Com. art. 753.

chère, le prix est définitivement fixé à l'égard des créanciers hypothécaires, dont il devient le gage, de même que les intérêts qui n'en sont que l'accessoire. Dès ce moment par conséquent, le privilège du Trésor ne pourra plus s'exercer sur eux.

C'est en ce sens que s'est prononcé un jugement du tribunal de Pau du 17 mai 1877.

D. — Revente sur folle-enchère. — Il peut arriver, enfin, qu'à défaut d'exécution des conditions d'une première aliénation par le tiers acquéreur, une adjudication sur folle-enchère intervienne.

L'effet de cette dernière sur l'immobilisation des intérêts dépend de la question de savoir si cette adjudication est ou nom soumise à la surenchère de l'article 2185 C. C.

Il est de jurisprudence constante aujourd'hui que la surenchère du sixième, autorisée par les articles 708, 965, 973 et 988 C. Pr., ne peut plus être exercée après une adjudication sur folle-enchère (1).

Mais, quant à la surenchère du dixième, la question est controversée. L'opinion dominante admet que cette surenchère est possible ; c'est l'opinion qui doit être admise.

Aucun texte ne pose, en effet, la règle que « Surenchère sur folle-enchère ne vaut ». On admet, il est vrai, en thèse générale, que la surenchère du sixième n'est pas possibe ; mais le rejet de cette dernière n'entraîne pas nécessairement celui de la surenchère du dixième ; on ne peut conclure par analogie de l'une à l'autre.

___

(1) Cass. 10 janvier 1844, S 44, 1, 97 ; — 30 juin 1847, S. 47, 1, 679 ; — 1er mars 1848, S. 48, 1, 344 ; — 24 mars et 4 août 1851, S. 51, 1, 434 ; — 11 mars 1863, S. 63, 1, 380 ; — 14 mars 1870, S. 70, 1, 198.

Ces deux surenchères, en effet, ne sont pas identiques ; tandis que la première est accordée à toute personne, la seconde est réservée aux créanciers hypothécaires ; de plus, tandis que celle-ci est la conséquence du droit de suite de ces créanciers, celle-là n'est la conséquence d'aucun droit préexistant. Refuser dès lors la surenchère du dixième aux créanciers inscrits, ce serait porter atteinte à leur droit, avec d'autant plus d'injustice qu'ils sont restés étrangers à tout·ce qui s'est passé ; tandis que ne pas admettre la surenchère du sixième, c'est ne léser aucun droit acquis.

On conçoit d'ailleurs très-bien qu'il en soit ainsi ; car le plus souvent la revente sur folle-enchère donnera un prix moins bon que la première aliénation. L'utilité de nouvelles enchères est donc certaine, alors surtout que le recours établi par l'article 740 C. Pr. contre le fol-enchérisseur, tenu de la différence en moins des deux prix de vente, sera le plus souvent illusoire.

Il faut donc conclure que l'adjudication sur folle-enchère est soumise à la surenchère du dixième (1). Les formalités prescrites par les articles 2176, 2183 et 2184 devront, par suite, être remplies, pour que les intérêts dus par le nouvel adjudicataire soient immobilisés au profit des créanciers inscrits.

---

(1) Aubry et Rau : III, p. 499 note 14. M. Pont, qui avait admis l'opinion contraire (Revue de législation XIX p. 605) l'a abandonnée dans la troisième édition de son Commentaire des Priv. et Hyp. II p. 601, — Cass. 6 juillet 1864 (S. 64, 1, 377, D. 64, 1, 279).

SECTION II.

*Des personnes à l'encontre desquelles l'action peut être
intentée.*

En présence des termes très-larges de l'article 32,
on aurait pu et l'on aurait dû même conclure, il semble, que l'action privilégiée du Trésor pouvait être
intentée, à l'encontre de toutes personnes, entre les
mains desquelles se trouveraient les valeurs affectées
au recouvrement de la créance du Trésor.

C'est, en effet, dans ce sens que la jurisprudence
avait interprêté ce texte à l'origine.

Un arrêt de la Cour de Cassation du 3 janvier 1809,
(S. Col, Nouv. 3, 1, 2) avait jugé que « cette disposition
« ayant introduit sans exception ni distinction un droit de
« suite sur les revenus de l'immeuble héréditaire, en quelques
« mains qu'il soit passé, ce n'est pas l'héritier seulement qui
« est grevé de l'acquittement du droit de mutation, mais les
« biens de la succession, quel qu'en soit le détenteur ».

De même, un autre arrêt du 3 Ventose an XI (S. C.
N. I, 1, 763) avait décidé que les contraintes pour
payement pouvaient être exercées sur les revenus des
biens à déclarer, encore que ces biens fussent entre les
mains des créanciers du défunt (1).

C'était là l'interprétation la plus exacte de l'article 32. Elle n'a pas été admise pourtant, ainsi que nous
l'avons vu, par le Conseil d'État qui a décidé que l'action du Trésor ne pouvait être exercée au préjudice des

(1) Voir également, Cass. 15 avril 1807 (S. C. N. II, 1, 373) — 29 mai 1807
(S. C. N. II, 1. 281)

tiers acquéreurs : « Considérant : 1° relativement au droit
« principal, que l'article 32 précité ne concerne que les per-
« sonnes dénommées au paragraphe premier, c'est-à-dire les
« héritiers, donataires ou légataires ; — que les deux paragra-
« phes suivants n'ont pour objet, que d'expliquer les obligations
« principales qui résultent de la disposition principale pour
« chacune de ces mêmes personnes, savoir : pour les cohéri-
« tiers, la solidarité ; et pour tous, même pour les donataires
« ou légataires à titre particulier, l'affectation des revenus au
« payement des droits ; — et que cet article ne peut regarder
« en rien les tiers acquéreurs ; — 2° en ce qui concerne le
« droit et le demi-droit en sus, que la rédaction de l'article 39
« précité prouve de plus en plus que la loi ne s'est point occupée
« des tiers acquéreurs : il n'y est question que des héritiers,
« donataires ou légataires, comme dans l'article 32. Si la loi
« avait entendu comprendre les tiers acquéreurs dans la dispo-
« sition des articles 32 et 39, elle l'aurait déclaré par une
« disposition expresse, puisque celle des articles 32 et 39 ne peu-
« vent s'appliquer à eux ; ce n'est pas en effet aux tiers acqué-
« reurs à faire des déclarations de mutation par décès, et les
« peines pour omission de biens ou insuffisance d'estimation ne
« peuvent s'appliquer à eux, puisqu'ils ne sont pas tenus des
« formalités... ; — Est d'avis que, ni pour le droit principal dû
« à cause de mutation par décès, ni conséquemment pour le
« droit et le demi-droit en sus, dont la peine est prononcée par
« l'article 39 de la loi de frimaire an VII, l'action accordée par
« l'article 32 de cette loi, ne peut être exercée au préjudice des
« tiers acquéreurs (1).

L'Avis du Conseil d'État ne parle que des tiers acquéreurs ; mais on peut supposer aussi que des fruits
naturels ou civils se trouvent dans les mains d'un léga-

(1) Le raisonnement même dont s'est servi le Conseil d'État prouve bien
encore, il semble, que dans la pensée du législateur de frimaire, le privilège
du Trésor, quoiqu'étant un privilège mobilier, devait pouvoir s'exercer même
contre les tiers acquéreurs. Il est curieux de constater en effet que l'Avis de
1810 ne fait aucune allusion à la règle que les meubles n'ont pas de suite par
hypothèque. Il aurait cependant suffi d'invoquer cette règle, pour mettre les
tiers acquéreurs, à l'abri de toute poursuite.

taire de l'usufruit des biens héréditaires, ou de détenteurs à titre précaire (locataire, fermier, antichrésiste) ;
l'action privilégiée pourra-t-elle être intentée contre
eux ?

§ I. — Tiers acquéreurs.

A leur égard le principe est formel ; l'Avis du Conseil
d'État décide d'une manière expresse que l'action
accordée par l'article 32 ne pourra être exercée au
préjudice des tiers acquéreurs. Mais, quant à l'application du principe, il faut distinguer entre les tiers qui
ont acquis seulement les revenus des biens héréditaires,
et ceux qui ont acquis ces biens eux-mêmes.

A. — **Tiers acquéreurs des fruits.** — Dès que les
revenus des biens ont été acquis de bonne foi par un
tiers, avant que l'Administration de l'Enregistrement
ait pratiqué une saisie, ce tiers ne pourra pas être
poursuivi.

Aussi bien, la Cour de Cassation a-t-elle décidé par
un arrêt du 9 mars 1814 (cité plus haut), que l'acquéreur de récoltes n'était soumis à aucun recours de la
part du Trésor, si, comme dans l'espèce, le prix de la
vente avait été délégué à un créancier saisissant qui
avait accepté la délégation.

B. — **Tiers acquéreurs des biens.** — De même,
l'acquéreur des biens héréditaires ne peut plus être
poursuivi, à cause des fruits et revenus détenus par
lui, lorsqu'il peut être considéré comme propriétaire
incommutable de ces biens.

A l'origine, des difficultés s'étaient élevées sur ce
dernier point.

L'Administration avait cherché à établir une distinc-tion, sur l'application de l'Avis du Conseil d'État ; elle soutenait (1) que, si, en principe, le tiers acquéreur ne pouvait être poursuivi, l'action du Trésor pourrait cependant être intentée contre lui, s'il n'avait pas rempli les formalités de la purge.

Dans ce sens, un arrêt de la Cour de Cassation du 8 mai 1811 (S. Col. N. III, 1, 346) avait jugé que le tiers acquéreur serait affranchi de toute poursuite sur les fruits de l'immeuble, s'il avait fait transcrire son contrat d'acquisition.

Enfin, une Décision du Ministre des finances, du 14 juillet 1817 portait que « l'action déférée au Trésor par l'article 32 de la loi de l'an VII sur les revenus des biens à déclarer, doit s'exercer même contre les tiers acquéreurs, non-seulement pour les revenus échus au moment de l'adjudication, mais encore sur ceux à écheoir, jusqu'à l'épuisement total de la créance, à moins que les tiers n'aient rempli les formalités hypo-thécaires, et ne soient devenus propriétaires incom-mutables, avant les saisies et oppositions faites dans l'intérêt du Trésor ».

En sens contraire, un jugement du tribunal de Ven-dôme du 26 février 1819 avait rejeté la distinction que l'administration voulait établir ; et l'exécution de ce jugement avait été ordonné par une Décision Ministé-rielle du 24 septembre suivant.

On comprend, d'ailleurs, que les difficultés aient pu s'élever sur ce point. C'est une question discutée encore de nos jours, en effet, que celle de savoir si le législateur avait maintenu dans le Code civil, le prin-

(1) Instruction générale, n° 809.

cipe posé par l'article 26 de la loi du 11 Brumaire an VII, qui exigeait, à l'égard des tiers dont parlait cette disposition, la transcription de tous les actes entre vifs, translatifs de l'un des droits susceptibles d'hypothèques.

Sans insister sur les détails de cette controverse, l'opinion générale admet que l'on avait voulu satisfaire les scrupules des adversaires de la transcription ; et que, sous l'empire du Code, malgré certains textes qui parlaient de cette dernière (art. 2181, 2182, 2189, 2196...), elle avait été supprimée, au moins pour les actes à titre onéreux ; d'où découlait cette conséquence que la vente était par elle-même, translative de la propriété à l'égard des tiers.

Cette opinion étant admise, la transcription n'était plus nécessaire que pour permettre au tiers acquéreur d'accomplir les formalités de la purge. (C. C. art, 2181 et suiv).

Or, s'il avait fallu exiger, comme le voulait la Décision Ministérielle de 1317, l'accomplissement des formalités hypothécaires, pour que le tiers acquéreur fut à l'abri de toute poursuite, on serait arrivé à un résultat certainement trop rigoureux ; car, pour éviter la saisie de ses récoltes, le tiers eut été obligé de recourir aux formalités de la purge ; formalités assez onéreuses, et qui auraient lésé le tiers, exposé aux poursuites, pendant une période assez longue, puisque la purge n'était complète que par l'anéantissement des hypothèques légales (C. C. 2193 et suiv).

Aucune difficulté ne peut plus s'élever aujourd'hui. L'article 1er de la loi du 23 mars 1855, soumettant à la transcription les actes entre-vifs translatifs de propriété immobilière, le privilège du Trésor pourra s'exercer à l'encontre du tiers acquéreur, sur les fruits et revenus de l'immeuble, tant que son contrat d'acquisition n'aura pas été transcrit; au contraire, dès cette époque, sans qu'il soit obligé de recourir aux formamalités de la purge, le tiers est à l'abri de toute poursuite.

Mais s'il en est ainsi pour les fruits et revenus, il n'en est pas de même des intérêts du prix d'acquisition qui viennent remplacer dans le patrimoine du défunt les fruits naturels de l'immeuble. Sur ces intérêts, l'action privilégiée du Trésor peut donc s'exercer, mais seulement jusqu'au jour où se produira l'immobilisation au profit des créanciers inscrits (1).

§ II. — Usufruitier

Sous ce titre, il n'y a lieu de s'occuper que des tiers, qui ont la qualité d'usufruitier, en vertu des dispositions testamentaires du défunt ; car si, dans les valeurs héréditaires, se trouvaient des biens n'appartenant au défunt, qu'en nue-propriété, les revenus perçus par l'usufruitier, ne seraient pas grevés du privilège.

Un point d'abord qui ne saurait être contesté, c'est que les fruits naturels et civils sont affectés au payement des droits dus sur ce legs. Mais ces mêmes revenus peuvent-ils être saisis entre les mains de l'usufrui-

---

(1) La Cour de Grenoble a même décidé, par son arrêt du 28 juin 1871 (cité plus haut), que si les intérêts avaient été payés aux créanciers inscrits, l'Administration pouvait actionner en paiement les adjudicataires qui les avaient payés à tort, sauf le recours personnel de ces derniers contre les créanciers.

14

tier, pour le payement des droits dûs par les nus-propriétaires ?

La jurisprudence paraît fixée en ce sens que l'action privilégiée de l'article 32 s'applique à tous les revenus saisissables de la succession, pour le payement intégral de tous les droits quelconques, dûs à raison du décès (1). Il résulte de là nécessairement que les fruits légués par le défunt, pourront être atteints non-seulement pour le payement des droits dûs à raison de l'usufruit, mais encore pour le payement de ceux dûs sur la nue-propriété.

L'Avis du Conseil d'État, loin d'être contraire à cette solution, vient, en effet, la confirmer ; car il oppose aux tiers acquéreurs, les héritiers, donataires ou légataires, auxquels dès lors il n'est point applicable.

Aussi bien, la Cour de Cassation décidait-elle quatre ans après cet Avis, que pour le recouvrement des droits dûs par le légataire de la nue-propriété, l'Administration était en droit de saisir les revenus des biens héréditaires, bien qu'ils fussent la propriété du légataire de l'usufruit (24 octobre 1814, S. C. N. IV, 1, 621). La jurisprudence s'est depuis lors, toujours prononcée dans le même sens (2).

(1) Un arrêt de la Cour de Dijon, du 22 août 1881, semble bien avoir fait une restriction sur ce point, en décidant que le privilège ne pouvait s'exercer, pour les droits dus par le légataire d'une quotité de la succession (un quart par exemple), que sur une quotité égale du revenu des biens héréditaires. Mais il faut remarquer que cette décision n'est intervenue que sur les déclarations formelles de l'Administration de s'en tenir à une quotité ; et que d'ailleurs, la Cour n'a point cantonné le privilège sur les revenus de tels biens déterminés, mais a seulement réduit son exercice à une quote-part du revenu de tous les biens.

(2) Calais, 11 août 1865 ; J. E. 18074 ; R. p. 2226 ; — St-Gaudens, 13 juin 1871 ; D. 73; 5, 220 ; J. E. 18217-7 ; R. p. 3387 ; — Pamiers, 19 décembre, 1872, R. p. 3930 ; — Toulouse, 28 janvier 1875 ; Brioude, 29 juin 1876, J. E. 20381 ; R. p. 4608 ; — Rouen, 27 avril 1877 ; J. E. 20586 ; R. p. 4790 ; — Epinal, 30 mars 1878 ; — Nancy, 25 avril 1881, etc.

Au reste, si le légataire de l'usufruit a payé les droits qui étaient à la charge du nu-propriétaire, il aura son recours immédiat contre ce dernier (Cass. 9 juin 1813 ; S. C. N, IV, 1, 365 ; — 3 avril 1866, S. 66, 1, 223 ; D. 66, 1, 149) ; et des intérêts lui seront même dûs du jour où l'avance a été faite (Seine 19 août 1873 ; et C. Paris, 16 juin 1874 ; D. 75, 2, 24).

On avait soutenu qu'une exception devait cependant exister, pour le cas où le légataire en usufruit se rendrait acquéreur de la nue-propriété. Mais une telle prétention ne saurait prévaloir ; car, si pour la nue-propriété, l'usufruitier pourrait être considéré comme un tiers acquéreur dans le sens de l'Avis du Conseil d'État, il ne saurait en être de même en ce qui touche l'usufruit, pour lequel il conserve toujours sa qualité de donataire (S. Gaudens, 13 juin 1871, cité plus haut).

§ III. — Détenteurs à titre précaire.

On peut supposer enfin que les biens héréditaires se trouvent entre les mains d'un fermier, ou d'un créancier auquel ils ont été remis à titre d'antichrèse.

Par un arrêt du 3 janvier 1809 (cité plus haut), la Cour de Cassation avait jugé que les revenus pouvaient être saisis entre les mains du fermier, sans que celui-ci fut admis à opposer la compensation qui avait été faite par le contrat de bail, du prix de ferme avec une créance qu'il avait contre la succession. Elle avait motivé sa décision sur cette considération que « l'article 32 ayant introduit sans exception ni distinction un droit de suite sur les revenus de l'immeuble héréditaire, en quelque main qu'il soit passé », c'était moins l'héritier

que les biens eux-mêmes, qui étaient grevés du payement des droits, quel qu'en fut le détenteur.

Mais depuis l'Avis du Conseil d'État, le fermier peut-
il encore être poursuivi ?

Deux motifs conduisent à répondre négativement, en
ce qui touche les fruits qu'il perçoit.

Aux termes de l'Avis de 1810, d'abord, si les tiers
acquéreurs ne peuvent être poursuivis, c'est parce que
« l'article 32... ne concerne que les personnes dénommées au paragraphe premier, c'est-à-dire les héritiers,
donataires ou légataires..., et que cet article ne peut
regarder en rien les tiers acquéreurs ». En d'autres
termes, c'est uniquement parce qu'ils ne sont ni héritiers, ni légataires, qu'aucune poursuite ne peut être
exercée contr'eux. Or, le fermier n'est pas davantage
héritier ou légataire.

Au surplus, par l'effet du bail, le fermier étant devenu
propriétaire des récoltes, peut être considéré *lato sensu*,
comme un tiers acquéreur.

Il est à remarquer d'ailleurs, que s'il en est ainsi des
fruits naturels, il n'en est pas de même du prix du bail
qui, étant un fruit civil (C. C. 584) tombe sous le coup
de l'article 32 de la loi de Frimaire.

Ce qui précède s'applique aussi au créancier antichrésiste, qui ne peut être poursuivi à raison des fruits
qu'il perçoit. Mais un jugement du tribunal de Mayenne
du 7 juin 1876 (Garnier : Rép. Gén. n° 16855) a décidé
que, pour être opposable au Trésor, l'antichrèse devait
être transcrite.

SECTION III

Des créances que garantit l'action.

Aux termes de l'article 39 de la loi du 22 Frimaire an VII « les héritiers, donataires ou légataires qui n'auront pas fait, dans les délais prescrits, les déclarations des biens à eux transmis par décès, payeront, à titre d'amende, un demi-droit en sus du droit qui sera dû pour la mutation. La peine pour les omissions qui seront reconnues avoir été faites dans les déclarations sera d'un droit en sus de celui qui se trouvera dû pour les objets omis : il en sera de même pour les insuffisances constatées dans les estimations des biens déclarés ». De ce texte, il résulte qu'en sus du droit principal, l'héritier ou le légataire peuvent être redevables d'un demi-droit ou d'un droit en sus, suivant que la déclaration faite par eux, aura été tardive, incomplète ou insuffisante.

Sans difficulté, le privilège du Trésor garantit le recouvrement du droit simple ; il n'est pas également certain qu'il garantisse le payement des droits et demi-droits en sus.

§ I. — Droit simple

Le recouvrement de ce droit étant garanti par un privilège, la question se pose de savoir si ce privilège garantit le payement de tous les droits dus par les différents héritiers ou légataires ; en d'autres termes, si les

revenus produits par un bien déterminé sont spécialement affectés au payement du droit dû sur ce bien ; ou
au contraire, si les revenus produits par tous les biens
héréditaires sont affectés au recouvrement de l'impôt
dû sur un bien quelconque, quand même ce bien ne
produirait pas de revenus.

Nous avons vu que la jurisprudence paraît fixée dans
le sens de la première opinion. Quelques tribunaux ont
bien admis que le privilège devait être spécialisé sur
chacun des biens, productifs de revenus (Issoire, 15 janvier 1856) ; mais telle n'est pas la solution généralement
admise (Seine, 9 février 1859 ; Amiens, 6 février 1874).

C'est qu'en effet, l'article 32 de la loi de Frimaire
ne fait aucune distinction ; le privilège du Trésor atteint
« les revenus des biens à déclarer », et garantit « le
payement des droits dont il faudrait poursuivre le
recouvrement ». Il est donc impossible de distinguer,
en présence de termes aussi absolus.

Au surplus, comme le dit M. Garnier (*loc. cit.* n° 16872),
« dans la pensée du législateur, la succession constitue
une espèce d'être moral, dont le patrimoine demeure
tenu indivisément du droit de mutation, comme le
patrimoine d'un débiteur est affecté à la garantie de son
créancier. »

Le payement du droit simple peut donc être intégralement poursuivi sur la totalité des revenus.

§ II. — Droit et demi-droit en sus.

La question est plus délicate pour le droit et le demi-
droit en sus.

La jurisprudence décide cependant d'une façon générale que le privilège du Trésor garantit tous les droits quelconques dus pour mutation par décès (1). Cette manière de voir nous paraît la seule exacte, quoiqu'on puisse faire valoir contr'elle de puissantes objections.

On peut objecter d'abord, en effet, que malgré la généralité des termes de l'article 32, ce texte ne s'occupe que du droit simple. Il se trouve placé dans le titre V, qui, parlant « du payement des droits et de ceux qui doivent les acquitter » ne s'occupe lui-même que du droit principal, puisque le titre suivant est spécialement réservé aux peines en cas de retard, et à celles encourues pour omissions ou fausses estimations, c'est-à-dire aux droit et demi-droit en sus.

Au surplus d'ailleurs, il en doit être d'autant plus ainsi, pourrait-on-dire, que l'article 39 qui établit ces droits, le fait à titre d'amende et de peine, or, c'est une règle certaine que les peines sont personnelles (2) ; elle est admise par l'Administration et la jurisprudence. C'est ainsi notamment qu'il est reconnu d'une façon constante, que si le contrevenant vient à décéder avant le payement ou un jugement de condamnation, ses héritiers ne sont pas tenus du payement du droit en sus encouru par leur auteur.

Or, pourquoi en serait-il autrement du tiers détenteur des biens héréditaires, poursuivi seulement à raison des fruits, et qui n'est en rien responsable de la négligence ou de la mauvaise foi des contrevenants ?

(1) Brioude, 29 novembre 1876 ; — Gannat, 28 janvier 1876 ; J. E. 20108 ; R. p. 4400 ; — Langres, 26 mai 1880 ; J. E. 22455 ; R. p. 5549 ; — C. Dijon 22 août 1881 ; J. E. 22077. — Un jugement du tribunal de Boulogne, du 20 mars 1885 (R. p. 6306) s'est prononcé en sens contraire.

(2) Décis. min. fin. 15 juillet 1806. Sol. 26 fév., 14 août, 6 septembre 1879 ; 12 avril 1880; — Cass. 10 nov. 1874 (S. 75, 1, 132 ; D. 75, 1, 115).

On pourrait enfin ajouter que, lorsque le législateur entend assurer le recouvrement du droit simple et de l'amende, il s'en explique formellement. C'est ainsi, notamment, que dans la loi de Frimaire même, l'article 59 déclare qu'aucune autorité publique ne pourra accorder remise ou modération des droits établis et des *peines* ; et que l'article 64 s'occupant des actes de poursuite parle aussi des droits et des *peines et amendes encourues*.

Malgré la gravité des objections qui précèdent, on peut les écarter : car le texte de l'article 32 n'est pas absolument clair sur ce point ; et quant au caractère personnel des amendes et des peines, incontestable sans doute, il doit disparaître devant la volonté contraire du législateur.

Or cette volonté résulte expressément de l'Avis du Conseil d'État de 1310. Cette décision s'occupant en effet, tout à la fois du droit simple et des droits en sus, il en résulte, que si, dans certaines hypothèses. le privilège ne peut pas davantage être invoqué pour le droit simple et les droits et demi-droits en sus, c'est qu'en principe il garantit le recouvrement de l'un et de l'autre droit.

Nous concluons donc que le payement des droits et demi-droits en sus est garanti, comme le payement du droit simple, par une affectation privilégiée sur les revenus des biens à déclarer.

APPENDICE

DES CONSÉQUENCES DE LA SÉPARATION DES PATRIMOINES,
DU BÉNÉFICE D'INVENTAIRE,
ET DE LA VACANCE DE LA SUCCESSION,
DE LA FAILLITE DU DÉFUNT
ET DE LA CESSION DE BIENS SUR LE PRIVILÈGE
DU TRÉSOR.

§ 1. — Séparation des patrimoines.

« La séparation des patrimoines, dit M. Demolombe (1), est un bénéfice au moyen duquel les créanciers du défunt et les légataires peuvent obtenir que les biens et les dettes du défunt soient séparés des biens et des dettes de l'héritier, afin d'être payés sur les biens du défunt, par préférence aux créanciers personnels de l'héritier ». Les créanciers du défunt qui, par conséquent, auront invoqué la séparation, n'auront pas à subir, sur les biens héréditaires, le concours des créanciers de l'héritier.

Mais s'il en est ainsi des capitaux de la succession, certaines difficultés s'élèvent quant aux revenus, produits depuis le jour du décès, pour lesquels on discute

(1) Successions V. n° 99.

la question de savoir, si la séparation des patrimoines leur est applicable.

Un premier système soutient que « les créanciers du défunt ne doivent pas profiter des fruits naturels et civils produits par les biens de la succession, avant la demande en séparation (1) ».

On invoque d'abord, dans ce sens, cette idée que du jour même de leur perception par l'héritier, les fruits se sont confondus dans son patrimoine.

On ajoute que les créanciers personnels du défunt ne sauraient prétendre à aucun droit sur les fruits ; car ils n'ont jamais appartenu au débiteur défunt, la perception n'ayant eu lieu qu'après l'ouverture de la succession.

On prétend enfin que cette solution est conforme à la tradition, puisque Merlin rappelle un arrêt du Parlement de Paris du 16 février 1694, qui avait admis cette doctrine.

Dans un second système, on soutient, au contraire, que l'effet de la séparation des patrimoines se produit non-seulement sur les capitaux, mais encore sur les fruits (2).

On remarque d'abord, dans ce sens, que la tradition n'est pas aussi conforme à l'opinion contraire que le prétend le premier système. Lebrun qui reconnaissait expressément que sur les loyers échus depuis le décès, les créanciers du défunt devaient être préférés aux créanciers personnels de l'héritier, ajoutait : « les fruits de la succession ne sont pas moins affectés aux dettes

---

(1) Grenier : Priv. et hyp. II, n° 436 ; — Conf. Dubreuil ch. VI n° 3 ; — Rolland de Villargues n° 55.

(2) Demolombe : *loc. cit.* V, n° 132 ; — Aubry et Rau, V. p. 214, 215 ; — Dufresne n° 118.

du défunt que les fonds mêmes ». (Liv. IV, Ch. II, Sect. 1, n° 24).

Le second argument, invoqué par le système adverse, n'est pas davantage concluant.

La confusion des fruits produits avant le décès avec les biens personnels de l'héritier pourra être assez fréquente, sans doute ; mais ce n'est là qu'une question de fait, pour laquelle il faudrait au moins admettre les créanciers du défunt à invoquer la séparation, quand l'origine et l'identité des fruits pourraient être constatées.

Au surplus, même pour les fruits perçus par l'héritier depuis la demande, il faudrait refuser aux créanciers le droit de se prévaloir de la séparation, si ces fruits s'étaient confondus dans les biens personnels de l'héritier. Or, le premier système ne va pas jusqu'à cette conséquence.

Enfin, l'argument basé sur ce fait que les fruits ayant été perçus postérieurement au décès, n'ont jamais appartenu au défunt, méconnaît le principe essentiel de la matière. La séparation des patrimoines, en effet, entraine sous certains rapports, la résolution de la transmission héréditaire. Or, cette résolution se produisant avec un effet rétroactif, l'héritier est censé n'avoir eu aucun droit sur les biens de la succession ; il n'a pu dès lors acquérir les fruits, qui sont venus augmenter la masse, en vertu de la règle : « *fructus augent hereditatem.* »

La conclusion à tirer de ce second système, est donc que les fruits naturels et civils perçus postérieurement à l'ouverture de la succession, tombent dans la masse héréditaire et deviennent le gage des créanciers du défunt.

La question qui précède, paraît au premier abord présenter beaucoup d'intérêt, quant à l'exercice du privilège du Trésor. L'intérêt n'apparaît cependant que si l'on considère le droit de succession, comme une dette personnelle de l'héritier.

Dans ce cas alors, il est de toute utilité de prendre parti sur l'effet de la séparation sur les fruits.

Si l'on considère, en effet, l'impôt de succession comme une dette de l'héritier, le privilège pourra ou non s'exercer, suivant que l'on admettra tel ou tel système. Si l'on admet par exemple, que les fruits perçus depuis le décès, font partie de la succession, il faudra nécessairement conclure que ces fruits ne seront pas soumis à l'action du Trésor, parce que le but de la séparation est précisément d'écarter les créanciers de l'héritier, même privilégiés (1).

Si l'on considère, au contraire, le droit de mutation par décès, comme étant à la fois une dette héréditaire et une dette personnelle de l'héritier, la question de l'effet de la séparation des patrimoines sur les fruits, ne présente plus aucun intérêt. Que l'on doive, en effet, considérer les fruits comme faisant partie de la masse héréditaire, ou comme appartenant à l'héritier, le privilège viendra toujours les atteindre ; car l'arti-

---

(1) Le tribunal de Versailles s'était prononcé en ce sens par un jugement du 4 avril 1879 (J. E. 21263) Mais il a été réformé par un arrêt de la Cour de Paris du 6 janvier 1880 (S. 81, 1, 105 ; D. 80, 2, 141). Ce jugement ne s'occupait il est vrai, que de l'action non privilégiée du trésor, sur les capitaux. Mais la même solution devrait être admise pour l'action privilégiée sur les revenus (Bourgoin, 6 juillet 1864, R. p. 2106).

cle 32 ne subit alors aucune restriction de l'Avis du Conseil d'État de 1810.

Aujourd'hui, par conséquent, que la jurisprudence, depuis l'arrêt de la Cour de Cassation du 2 juin 1869, reconnaît à l'impôt des successions, le double caractère d'une dette inhérente aux biens héréditaires et d'une dette personnelle de l'héritier, le Trésor, étant créancier du défunt, ne peut se voir opposer la séparation des patrimoines, puisqu'elle n'opère que contre les créanciers de l'héritier.

On ne serait d'ailleurs même pas en droit de prétendre que par la Séparation, les créanciers de la succession peuvent au moins venir en concours avec le Trésor, en vertu de cette idée que la Séparation conférant à tous les créanciers un privilège de même nature, aucun droit ne doit être préféré à l'autre, par application du principe *privilegiatus non habet privilegium contra æque privilegiatum* ».

C'est une question discutée, en effet, que celle de savoir si le législateur a entendu, dans l'article 2111 C. C., considérer la séparation des patrimoines, comme conférant aux créanciers héréditaires un véritable privilège. Si des auteurs considérables admettent cette opinion (1), l'opinion dominante paraît fixée en sens contraire.

Au reste, en supposant même qu''il fallut considérer la séparation comme un privilège, il n'en résulterait pas moins que l'action du Trésor doit l'empor-

---

(1) Demolombe: *loc. cit.* V. no 209 ; — Demante : Revue critique 1854, p. 177 ; — Barafort : de la Séparation des Patr. nᵒ 13 ; — Hureaux : Revue pratique XXXVII p. 371.

ter, quant aux revenus sur toutes les créances existant contre le défunt.

Bien qu'on l'ait contesté, il est, en effet, généralement admis que la séparation des patrimoines ne peut être invoquée que contre les ayants-cause de l'héritier, et non dans les rapports des créanciers héréditaires entr'eux. C'est ce qui ressort, tant de l'article 878 C. C., qui autorise la demande en séparation contre les créanciers du successible, que de l'article 2111 qui déclare formellement qu'elle ne s'exerce « qu'à l'égard des créanciers des héritiers ou représentants du défunt » (2).

Sans doute, la séparation est individuelle, et non pas collective ; mais tout ce que l'on peut induire de ce caractère, c'est qu'elle ne pourra pas être invoquée par ceux qui ne l'auront pas demandée, et nullement qu'elle pourra être invoquée contr'eux. L'admettre, ce serait aller contre le but même de la séparation, qui n'a été introduite que contre les créanciers personnels de l'héritier.

Comme on l'a dit, la séparation des patrimoines n'est en quelque sorte que « la résurrection fictive du défunt, ou du moins la personnification de la succession, désormais séparée de la personne des héritiers », établie pour que les créanciers de la succession soient payés, comme ils l'auraient été, si le défunt vivait encore, et qu'ils pussent se prévaloir entr'eux des causes de préférence existant à leur profit personnel.

_____

(2) Grenier : *loc. cit.* II, 213 ; — Troplong : id. I n° 323 à 327 ; — Aubry et Rau : VI § 619 ; — Mourlon : Examen critique du com. de Troplong n° 307 à 316 ; — Pont : *loc. cit.* I, 269 ; — Dufresne : *loc. cit.* n° 89-94 ; — Revue critique, IV, p. 40 ; — Labbe : note sous l'arrêt de cassation du 27 juillet 1870 (D. 72, 1, 153).

Or, le Trésor étant considéré comme un créancier héréditaire, pourra invoquer son privilège. Il primera dès lors tous les créanciers chirographaires et hypothécaires ; et quant aux créanciers privilégiés, il primera tous ceux dont la créance est moins favorable. Or, nous verrons qu'à raison de son caractère, la créance du Trésor l'emporte, en principe, quant aux revenus des biens héréditaires, sur toutes les créances garanties par un privilège.

Il y a donc lieu de conclure de tout ce qui précède, que la Séparation des Patrimoines ne pourrait être invoquée à l'encontre de la créance du Trésor, pour droits de mutation par décès.

§ II. — Bénéfice d'Inventaire et vacance de la succession.

S'il a toujours été généralement admis que le droit de succession est dû, même au cas d'acceptation sous bénéfice d'inventaire, la question est encore discutée de nos jours pour les successions vacantes ; mais l'opinion générale, en doctrine et en jurisprudence, reconnaît sur elles l'exigibilité de l'impôt (1).

Les droits de mutation étant dès lors exigibles sur les successions qui précèdent, on peut se demander si l'acceptation sous bénéfice d'inventaire ou la déclaration de vacance de la succession ne produisent aucun effet sur le privilège du Trésor.

C'est un point de droit très-discuté, que celui de savoir si l'acceptation bénéficiaire entraîne *ipso facto* la

---

(1) Demante : Exposé raisonné des principes de l'enregistrement, II, n° 677 ; — Championnière et Rigaud, III n° 2568 et suiv. ; — Demolombe, *loco citato* III, n° 446 ; — Cass. 19 octobre 1886. — Contra : Naquet, II, n° 882.

séparation des patrimoines (1), ou si au contraire les créanciers du défunt et les légataires doivent, pour l'obtenir, se conformer aux prescriptions des articles 878 et suiv. et 2111 C. C. (2).

La jurisprudence de la Cour de Cassation est fixée depuis longtemps dans le sens du premier système (11 décembre 1854, S. 55, 1, 277 ; — 3 août 1857, S. 58, 1, 286 ; — 25 août 1858, S. 59, 1, 65 ; — 8 juin 1863, S. 63, 1, 379 ; — 11 janvier 1882, S. 84, 1, 317),

Quant aux successions vacantes, l'opinion générale admet que la vacance de la succession entraîne par elle-même la séparation des patrimoines.

De là découle cette conséquence que la même opinion admise dans le paragraphe qui précède, doit également s'appliquer ici : l'acceptation bénéficiaire et la vacance de la succession ne produiront aucun effet sur l'exercice de l'action privilégiée du Trésor.

C'est l'opinion qui résulte implicitement des décisions où la jurisprudence, assimilant à des ventes volontaires, les ventes de biens dépendant de successions bénéficiaires ou vacantes, a reconnu au Trésor le droit d'exercer son privilège sur les intérêts du prix dus par l'acquéreur, jusqu'à leur immobilisation ; et d'une façon expresse, d'un jugement du tribunal de la Seine, du 9 février 1859 (J. E. 16937 ; R. p. 1195), et de l'arrêt de la Cour de Paris, du 6 janvier 1880

---

(1) Aubry et Rau : V p. 285 ; Massé et Vergé : II, 341 ; — Troplong : *loc. cit.* III, 651 ; — Grenier : id. II, 433 ; — Persil : Régime hypoth. art. 2111, n° 7 ; — Blondeau, de la Sép. des Patr. p. 507 ; — Dufresne : id. n° 76 et suiv. ; — Hureaux, id. 377 ; — Tambour : du Bénéfice d'inventaire, p. 405 ; — Fouet de Conflans : art. 878 note 10.

(2) Demolombe : *loc. cit.* III, n° 172 et suiv. ; — Delvincourt : II p. 33 ; — Duranton : VII n° 47 et XIX n° 218 ; — Pont : *loc. cit.* I n° 301 ; — Barafort, *loc. cit.* n° 162 à 164 ; — Revue critique, IV, p. 41.

(cité plus haut), qui décide que, la séparation des patrimoines, soit qu'elle résulte d'une acceptation bénéficiaire, ou de la poursuite des créanciers, ne modifie en rien la nature de la créance de la Régie, qui peut toujours être réclamée sur les biens laissés par le défunt... »

§ III. — Faillite et cession de biens.

A. — Faillite. — En étudiant la question de l'immobilisation des fruits et intérêts, nous avons admis que le privilège du Trésor pouvait s'exercer sur les revenus des biens dépendant d'une faillite. L'exigibilité des droits de succession, et l'existence du privilège qui en garantit le recouvrement, ont été cependant vivement contestées.

Deux hypothèses sont possibles : la déclaration de faillite peut avoir précédé ou suivi le décès du failli.

I. — La déclaration de faillite a précédé la mort du failli. — Acceptée par deux jugements du tribunal de Commerce de la Seine des 21 et 22 novembre 1862, la doctrine qui soutient la non-exigibilité des droits et la non-existence du privilège avait été admise par un arrêt de la Cour d'Orléans du 9 juin 1860.

Le premier argument, invoqué à l'appui de ce système, est tiré du second paragraphe de l'article 2098, aux termes duquel : « Le Trésor public ne peut... obtenir de privilège au préjudice des droits antérieurement acquis à des tiers ». Ce texte, dit-on, qui est clair et précis, entend réserver au profit des tiers, les droits qu'ils ont acquis antérieurement à la naissance du privilège du Trésor.

C'est ainsi que le comprenait l'orateur du gouvernement, quand il disait : « L'esprit de l'article 2098 est
que tous les droits acquis à des tiers soient respectés ;
mais qu'après ces droits, le Trésor public ait la préférence. »

Or, dans l'hypothèse où la déclaration de faillite a
précédé la mort du failli, le privilège du Trésor n'a pu
naître que postérieurement aux droits acquis par les
créanciers du défunt, dont les droits ont été irrévocablement fixés avant le décès. Le dessaisissement, établi par l'article 443 C. Com. est, en effet, général et
absolu : le jugement déclaratif de faillite a fixé la condition de tous les créanciers antérieurs à cette époque,
en leur affectant comme gage, tout l'actif de la faillite.
Il serait dès lors absolument injuste de permettre l'acquisition de droits nouveaux, qui pourraient s'exercer à
l'encontre ou tout au moins en concours avec les droits
des créanciers antérieurs.

Au reste, le droit des créanciers de la faillite n'est pas
un droit ordinaire. Le jugement déclaratif a produit en
leur faveur « une véritable mainmise de tous les biens
du failli » ; et c'est pour assurer les effets de cette main-
mise, que l'article 490 C. Com. prescrit aux syndics de
prendre inscription sur les immeubles, au nom de la
masse ; d'où cette conséquence que le droit des créanciers est un droit réel, analogue à celui du créancier-
gagiste, qui leur permet « de se faire payer par préférence sur la chose remise entre leurs mains par la loi,
pour sûreté de leurs créances ».

Enfin, dit-on, l'Avis du Conseil d'État de 1810 confirme
cette doctrine. La même raison qui empêche toute
poursuite à l'égard des tiers acquéreurs, peut être

invoquée au profit des créanciers du failli, qui, pas
plus que ces derniers, ne sont tenus de faire eux-mêmes
la déclaration de succession, puisqu'ils ne sont ni héritiers, ni légataires. Les deux situations étant identiques,
la même règle doit s'appliquer.

Ces arguments ne sont nullement concluants.

On assigne d'abord à l'article 2098 un sens et une
portée qu'il n'a pas. On ne saurait admettre, en effet,
que le législateur ait voulu soustraire à l'exercice du
privilège du Trésor des droits acquis à des tiers, parce
que ces droits seraient antérieurs à ceux du Trésor. Une
pareille doctrine serait la négation de la règle « *privilegia non ex tempore æstimantur, sed ex causa.* » (C.
C. 2095 et 2096).

L'article 2098 s'explique autrement. Il n'est que l'application aux privilèges du Trésor du principe de
la non-rétroactivité des lois (C. C. art. 2). Il signifie seulement que les lois, qui créeront au profit du Trésor
des privilèges, ne pourront rétroagir à l'encontre des
droits acquis par des tiers, antérieurement à la promul-
gation de ces lois, quelle que soit d'ailleurs la valeur
qui s'attache au droit nouvellement créé (1).

Le second argument est également très-contestable.
Les créanciers n'ont pas acquis sur les biens du failli,
par le jugement déclaratif de faillite, un droit de nantissement, présentant les caractères d'un privilège. Ils
ont conservé le gage imparfait qu'ils avaient antérieurement, sauf l'impossibilité pour le failli d'y porter
atteinte désormais par son fait et sa volonté ; tout ce à
quoi ils peuvent prétendre, c'est à l'hypothèque créée par

(1) Pont : *loc. cit.* I, n° 29 ; — Troplong ; I n°s 90 et 97 ; — Merville : Revue
pratique XII, p. 5 et suiv.; — Contra Aubry et Rau : III, p. 187.

l'article 490 C. Com., ce n'est point pour eux qu'ont été
écrits les articles 2073 et 2102, 2° C. C.

« Ce qui est vrai, comme le dit M. Merville, c'est
qu'ici la loi crée un bénéfice analogue à celui qui ressort de la séparation des patrimoines, ou de la distinction si connue entre les créanciers d'une société et les
créanciers personnels des associés. » Or, la séparation
des patrimoines qui peut être considérée comme un
droit acquis au profit des créanciers héréditaires, n'est
nullement opposable au Trésor.

Au reste, à supposer même qu'il fallut considérer les
créanciers de la faillite comme jouissant du même privilège que le créancier-gagiste, on ne saurait prétendre
a priori que ce privilège doit primer celui du Trésor. Il
resterait alors à régler la question de savoir, si, à raison de sa qualité, le privilège du Trésor doit l'empor-
ter sur celui du créancier-gagiste, et par suite sur celui
des créanciers du failli.

Au surplus, le motif même sur lequel est fondé le
dessaisissement du failli, qui l'empêche de contracter
de nouvelles dettes, prouve que la prohibition n'est
point absolue. C'est pour cause « de défiance personnelle », dit M. Merville, que le failli est dessaisi, et
parce qu'il est légalement présumé incapable ou indigne
de continuer à gérer ses biens. Or s'il en est ainsi des
obligations qui pourraient résulter du fait du failli, il
n'en saurait être de même des obligations prenant leur
source dans la loi, auxquelles le motif qui précède, ne
saurait s'appliquer.

On admet d'ailleurs généralement, pour certaines créances contractées par le failli, qu'elles seront opposables
aux créanciers de la faillite. C'est ainsi, par exemple,

qu'aux termes de l'article 474 C. Com., « le failli pourra obtenir pour lui et sa famille, sur l'actif de la faillite, des secours alimentaires. » De même encore, il est admis que les frais de maladie seront prélevés sur la masse, ainsi que les frais funéraires. (1).

Si donc, certaines créances, quoique faites postérieurement au dessaisissement du failli, et dans son intérêt exclusif, résultant pour la plupart de son fait personnel, sont opposables aux créanciers, à plus forte raison doit-il en être ainsi, des droits de mutation par décès qui ont leur source dans la loi.

Enfin, quant à l'argument tiré de l'Avis du Conseil d'État, la réponse est facile.

Si le jugement déclaratif de faillite dessaisit le failli, il n'en est ainsi qu'en ce qui touche l'administration et la direction de son patrimoine ; ses biens sont frappés, dans l'intérêt des créanciers, d'une sorte d'indisponibilité ; mais la propriété reste toujours sur sa tête. « Le dessaisissement, disent MM. Lyon-Caen et Renault (Précis de droit commercial, II n° 2658), n'équivaut en rien à une expropriation ; aucun déplacement de propriété ne s'opère. Le failli reste propriétaire et créancier. » La propriété des biens dépendant d'une faillite, résidant dès lors sur la tête du failli, ces biens doivent être compris dans la déclaration de succession ; les droits de mutation par décès sont dus ; et par voie de conséquence, les revenus de ces biens seront affectés par privilège au recouvrement de ces droits.

On ne peut dès lors rien conclure de l'Avis du Conseil

---

(1) M. Pardessus (n° 1197) admet même que, dans le cas de poursuites criminelles ou correctionnelles, les faits de la défense, quoique faits dans l'intérêt exclusif du failli, et postérieurement à la déclaration de faillite, seront néanmoins privilégiés sur l'actif.

d'État; car il n'est point applicable au cas où les biens sont dans le patrimoine du défunt. Dans l'espèce, ils ne cesseront d'en faire partie que par l'aliénation consentie par les syndics. Ce n'est alors qu'à partir de cette époque que l'Avis de 1810 sera applicable, sous les conditions indiquées dans le second chapitre.

La conclusion à tirer de tout ce qui précède, c'est donc que la faillite du défunt n'exerce aucune influence sur l'existence de l'action privilégiée du Trésor, sur les revenus des biens à déclarer. La Cour de Cassation s'est prononcée dans ce sens, par l'arrêt du 2 décembre 1862 (cité plus haut) (1).

II. — La déclaration de faillite a suivi la mort du failli. — Aux termes de l'article 437 C. com. le jugement déclaratif de faillite peut n'intervenir qu'après le décès, pourvu d'ailleurs que le failli soit décédé en état de cessation de payement.

Dans cette hypothèse, il est encore moins possible de discuter que dans la précédente ; le droit de succession ayant sa source dans un fait antérieur à la déclaration de faillite, les arguments invoqués ne pourraient pas l'être ici.

On ne saurait prétendre d'ailleurs que par la cessation des payements, les droits des créanciers avaient été fixés irrévocablement, avant la naissance de la créance du Trésor; car l'effet que l'on voudrait attribuer ainsi à la cessation des payements ne se produit que par le jugement déclaratif de faillite.

B. — Cession de Biens. — « La cession de biens, dit l'article 1265 C. C., est l'abandon qu'un débiteur

---

(1) C. Bourges, 24 février 1864 ; — Villefranche, 31 juillet 1868 ; — Lure, 14 juin 1873,

fait de tous ses biens à ses créanciers, lorsqu'il se trouve hors d'état de payer ses dettes ». Elle peut être conventionnelle ou judiciaire ; mais dans les deux cas, ses effets sont les mêmes.

Pas plus que le jugement déclaratif de faillite, la cession de biens ne transfère aux créanciers la propriété des biens cédés ; il n'en serait ainsi au cas de cession volontaire, que si le contrat d'abandonnement avait stipulé cette transmission. Mais, cette hypothèse mise à part, le seul droit qui appartienne aux créanciers, est de faire vendre leur gage, pour se partager ensuite le prix, suivant leurs droits respectifs.

De là il résulte que si les biens n'ont pas été vendus lors du décès du débiteur, la propriété résidant encore sur sa tête, ces biens seront soumis au droit de mutation par décès, et que le privilège du Trésor pourra s'exercer sur les fruits et revenus.

Il faut remarquer cependant que si les fruits des immeubles hypothéqués sont, comme la plupart des auteurs l'admettent (1), immobilisés de plein droit au profit des créanciers hypothécaires, à partir de la cession, par analogie de l'article 682 C. Pr., l'action privilégiée du Trésor ne pourra pas être intentée, puisque l'immobilisation se sera produite antérieurement au décès.

---

(1) Aubry et Rau : VIII, p. 496 ; — Demolombe : XXVIII, 207 ; — Larombière : des Obligations III, art. 1267, 3° ; — Toullier : VII, 239.

CHAPITRE TROISIÈME.

CONDITIONS D'EXISTENCE ET D'EXERCICE DE L'ACTION

Si des fruits naturels et civils, ou des intérêts de prix de ventes peuvent être atteints par l'action privilégiée du Trésor, il faut se demander si certaines conditions ne sont pas exigées pour que le privilège puisse être invoqué à l'encontre des autres créanciers ; et ces conditions étant remplies, étudier dans quelles formes et dans quels délais l'exercice de l'action sera possible.

SECTION I.

Conditions d'existence.

Des termes formels de l'article 2106 C. C., il résulte que, quant au droit de préférence, les privilèges ne produisent d'effet à l'égard des immeubles, que tout autant qu'ils ont été rendus publics par l'inscription. Une seule exception existe pour les créances privilégiées de l'article 2101 (C. C. 2107) qui conservent leur caractère, quoique non inscrites, et sont préférées sur le prix de l'immeuble, aux créances même hypothécaires.

Aucune difficulté ne s'élève sur le principe. Mais

l'article 2106 ajoute que cet effet se produira seulement « à compter de la date de cette inscription... » Sur le sens de ces derniers mots, des divergences existent dans la doctrine.

D'après certains auteurs, s'il fallait suivre l'article 2106 à la lettre, et décider que les privilèges ne prendront rang qu'à compter du jour où ils auront été inscrits, il n'y aurait plus dans la loi de privilèges sur les immeubles ; ces prétendus privilèges ne seraient que des hypothèques légales, auxquelles s'appliquerait la règle : « *potior tempore, potior jure* ».

Or, cela est impossible, dit-on. Un pareil système, en effet, supprimerait l'article 2095 et l'article 2096 C. C., d'après lequel « entre les créanciers privilégiés, la préférence se règle par les différentes qualités des privilèges ».

Si l'inscription est nécesaire, pour faire produire aux privilèges sur les immeubles, leur effet quant au droit de préférence, elle est absolument étrangère au rang qui doit leur être assigné, et qui doit seulement être déterminé par application de ce principe formel de la loi : « *privilegia non ex tempore æstimantur, sed ex causâ* » (1).

D'après d'autres auteurs, au contraire, le privilège « n'obtient, à l'égard des immeubles, le rang qu'il tient de la faveur de la créance, qu'autant qu'au moment même où il prend naissance, il est rendu public par la voie d'une inscription ; à défaut de cela, et si le créancier ne s'est pas mis en mesure, sa créance cesse

(1) Grenier : II n° 375 ; — Persil : art. 2106 n° 2 et 2108 n° 22 ; — Duranton XIX n°s 209 et 210 ; — Troplong : n° 266 et 266 (*bis*). — Taulier : VII p. 200 ; — Aubry et Rau : III, p. 484 ; — Mourlon : *Traité de la Transc.* n°s 626-641 et 724-731.

d'être privilégiée ; elle est simplement hypothécaire, et ne peut avoir d'autre rang que celui qui lui est assigné par la date de l'inscription (1) ».

On invoque, dans ce sens, le texte de l'art. 2106 et les précédents législatifs.

Ce texte, dit-on, étant la reproduction à peu près littérale de la rédaction proposée par la Cour de Cassation, quelle avait empruntée elle-même à l'art. 2 de la loi du 11 Brumaire an VII, doit être interprêté sous l'inspiration des principes consacrés par cette loi. Or, si l'article 2 ne le dit pas expressément, il résulte pourtant des applications du principe de la publicité faites par cette loi que « l'inscription qui était la condition nécessaire pour que le privilège eut son effet, s'entendait... d'une inscription qui n'était utile, qu'autant qu'elle se produisait avant la naissance de la créance privilégiée dont elle révélait l'existence, ou au moins à l'instant même où naissait cette créance privilégiée (2) ».

La conséquence à tirer de ce système, c'est qu'en dehors d'une disposition formelle de la loi, le dispensant de l'inscription, tout privilège sur un immeuble devait être inscrit, pour produire son effet à l'égard des créanciers, le rang de ce privilège n'étant déterminé que par la date de l'inscription.

Quoiqu'il en soit sur ce point, ce qu'il importe de remarquer, c'est que l'article 2106 ne s'occupe que des immeubles.

Quant aux créances privilégiées sur les meubles,

---

(1) Pont: *loc. cit.* I nº 252 *in fine*;— Valette : Effet ordinaire de l'inscription en matière de privilèges sur les immeubles.

(2) Pont: *loc. cit.* I, p. 261.

aucune inscription n'est exigée par la loi. La Rubrique de la Section IV « Comment se conservent les privilèges », est sans doute générale ; elle ne distingue point entre les privilèges mobiliers et immobiliers, mais l'article 2106, qui pose le principe, ne parle que des immeubles ; et les articles, qui suivent, montrent également que c'est aux privilèges immobiliers seuls que s'applique la nécessité de l'inscription.

Cela se comprend d'ailleurs. Le législateur ne pouvait exiger pour les privilèges mobiliers, une inscription qui le plus souvent eut été inutile et impossible. Dans la plupart des cas, la cause du privilège est notoire d'elle-même ; de plus, le bien grevé peut se trouver entre les mains du créancier ou d'un tiers, auxquels cas la dépossession du débiteur montre suffisamment l'existence du droit réel sur le bien donné en gage. Au reste, alors même que la publicité fut utile, elle pourrait être impossible ; car l'inscription devrait être prise au lieu où les meubles seraient situés, ou au lieu du domicile du débiteur ; or ces biens n'ont pas de situation fixe, et le domicile n'a guère plus de fixité qu'eux.

Aucune modification n'a été apportée par la loi du 23 mars 1855 aux règles posées sur ce point par le Code civil.

On pourrait, il est vrai, être tenté de soutenir le contraire, en présence de l'article 6 qui déclare qu'à partir de la transcription, les créanciers privilégiés « ne peuvent prendre utilement inscription » ; par cette expression, pourrait-on dire, le législateur a entendu viser toute l'utilité qu'on peut tirer du privilège, c'est-à-dire tout à la fois le droit de suite et le droit de préférence, pour la conservation desquels une inscription est nécessaire.

Mais telle n'est pas la solution qu'il faut admettre. Il résulte, en effet, de l'Exposé des motifs et du Rapport au Corps législatif (1), que le législateur de 1855 n'a entendu porter nullement atteinte aux principes du Code, hors les cas spécialement prévus. L'article 3 dit expressément que les droits résultant des actes susceptibles d'être transcrits, ne seront point opposables jusqu'à la transcription, aux tiers qui, ayant des droits sur l'immeuble, « les ont conservés en se conformant aux lois ». La loi de 1855 se référant, par conséquent, au Code civil, dans tous les cas où une inscription n'était pas nécessaire, elle ne le sera pas davantage, sous l'empire de cette loi.

Les règles qui précèdent étant posées, il est facile d'en faire l'application au privilège du Trésor.

S'il fallait considérer ce privilège, comme portant sur les capitaux de la succession, et notamment sur les immeubles, une inscription devrait être prise. C'est ce qu'avait admis la Cour de Cassation qui par un arrêt du 8 mai 1811, (S. C. n° III, 1, 346), avait jugé que l'article 834, C. Proc., qui obligeait tout créancier de requérir inscription dans les quinze jours qui suivaient la transcription du contrat de vente, s'appliquait au Trésor Public, comme aux simples particuliers ; et qu'en conséquence le privilège était éteint à défaut d'inscription dans le délai fixé par cet article.

On avait également, plus tard, avant l'application de la loi de 1855, et sous l'empire des arrêts de la Cour de Cassation, qui reconnaissait au Trésor une action

(1) *Moniteur Officiel* des 11 et 31 mai 1854.

privilégiée sur les capitaux, essayé de soutenir que l'inscription devait être prise avant l'aliénation des immeubles. Mais le tribunal de Clermont avait rejeté cette doctrine, par un jugement du 14 novembre 1855.

Aujourd'hui, si le même système devait être admis, c'est avant la transcription du contrat que l'inscription devrait être prise, par application de l'article 3 de la loi de 1855.

Au surplus, dans la doctrine qui prend l'article 2106 à la lettre, le privilège, pour conserver son rang, devrait être inscrit au moment même où prend naissance le droit du Trésor, c'est-à-dire au moment du décès, sauf à ne produire son effet qu'au jour de l'inscription, si celle-ci n'avait été prise que postérieurement à cette époque. Dans la première doctrine, au contraire, le privilège conserverait son rang, quelle que fut la date de l'inscription, pourvu qu'elle fut antérieure à la transcription du contrat de vente.

Mais il n'y a pas lieu de prendre parti sur l'une ou l'autre de ces doctrines, puisqu'il est admis aujourd'hui d'une façon à peu près unanime que l'action du Trésor n'est privilégiée que sur les revenus des biens à déclarer ; or ces revenus, étant des biens meubles, une inscription n'est pas nécessaire.

Les mêmes motifs invoqués pour les privilèges mobiliers appartenant aux simples particuliers, s'appliquent également au privilège du Trésor. « Le décès, dit M. Demante (*loc. cit.* n° 671) a une notoriété suffisante ». L'inscription serait donc inutile. « D'ailleurs, ajoute-t-il, jusqu'à la loi du 23 mars 1855, l'antichrèse s'établissait d'une manière occulte ; et le privilège dont il s'agit, est une espèce d'antichrèse. L'article 32 L.

22 frimaire an VII était donc en harmonie avec l'état du droit civil antérieur à la loi de 1855. Cette dernière loi n'ayant rien statué à son égard, il reste *in statu quo ante* ».

La distinction entre les privilèges mobiliers et immobiliers, quant à la nécessité de l'inscription, est d'ailleurs très nettement faite par les lois spéciales, constitutives de privilèges au profit du Trésor public.

C'est ainsi que la loi du 12 novembre 1808, qui accorde à l'État un privilège pour le recouvrement des contributions directes sur les fruits et récoltes, et sur les meubles et autres effets mobiliers des redevables, n'exige nullement l'inscription. Il en est de même de la loi du 1er Germinal an XIII, sur les contributions indirectes (art. 47), et de celles des 6-22 août 1791 (tit. XIII art, 22), 4 Germinal an XI (art. 4) et 28 avril 1816 (art. 22) sur les douanes.

L'application des principes ressort encore mieux, s'il est possible, des lois qui créent au profit du Trésor, un privilège portant à la fois sur les meubles et les immeubles.

La loi du 5 septembre 1807, sur le remboursement des frais de justice, par exemple, n'exige pas l'inscription pour le privilège portant sur les meubles et effets mobiliers des condamnés (art. 2), tandis que l'article 3 l'exige pour le privilège sur les immeubles (1).

Il résulte donc de ce qui précède, que le privilège du Trésor sur les revenus des biens à déclarer, étant un privilège mobilier, aucune inscription ne sera nécessaire pour lui faire produire son effet, à l'égard des

(1) Voir également la loi du même jour, relative au privilège du Trésor sur les biens des comptables (art. 2 et 5).

autres créanciers ; et que le rang en sera déterminé par application du principe « *non ex tempore, sed ex causa, privilegia æstimantur* ».

SECTION II

Conditions d'exercice.

Pour parvenir à la réalisation du gage qui garantit le payement du droit de succession, et obtenir le recouvrement de la créance du Trésor, l'Administration de l'Enregistrement doit obéir à certaines conditions de formes et de temps.

§ I. — Conditions de forme.

Il ne rentre pas dans le cadre de cette étude, d'étudier en détail les formes qui doivent être employées pour aboutir au payement de l'impôt ; nous indiquerons seulement, d'une manière très-succincte, la procédure à suivre dans les différentes hypothèses.

A. — **Réalisation du gage.** — Pour parvenir à la réalisation du gage, affecté au recouvrement du droit de succession, la procédure type est celle de la saisie. Dans certains cas pourtant, elle n'est pas possible, soit que les biens ne sont pas loués ou sont exploités par un usufruitier, qui a confondu dans son patrimoine les fruits et revenus ; nous verrons si, dans cette hypothèse le Trésor est dépourvu de toute action.

Le titre en vertu duquel l'Administration pourra agir, est, aux termes de l'article 64 de la loi du 22 Frimaire

an VII, une contrainte, qui sera visée et rendue exécutoire par le juge de paix du lieu où réside l'agent qui
l'aura décernée.

I. — Saisie. — La saisie revêt différentes formes,
suivant la situation et la nature des biens sur lesquels
elle est pratiquée.

Si les fruits sont encore adhérents au sol, il y aura
lieu d'agir par la voie de la saisie-brandon (C. Pr.
art. 626 et suiv.). Elle sera précédée d'un commandement avec un jour d'intervalle, et ne pourra être pratiquée que dans les six semaines qui précèdent l'époque
ordinaire de la maturité des fruits (art. 626). — Si les
fruits ont été séparés du sol, c'est à la saisie-exécution
qu'il faudra recourir, dans les formes prescrites par les
articles 583 et suivants du même Code. — Au cas enfin,
où les revenus sur lesquels peut s'exercer le privilège,
sont des fruits civils dus au débiteur de l'impôt, la réalisation du gage sera poursuivie par la saisie-arrêt
(art. 557 et suiv.).

Aux termes des articles 557 et 558, aucune saisie-
arrêt ne peut être pratiquée qu'en vertu d'un titre, ou
à défaut de titre, qu'en vertu de la permission du juge.
Si donc, aucune contrainte n'a été décernée, et s'il y
a urgence, il y aura lieu d'adresser au président du
tribunal au domicile du tiers-saisi, une requête à l'effet d'obtenir l'autorisation nécessaire.

Outre les indications que doit contenir l'exploit de
saisie-arrêt, l'article 559, qui les fait connaître, exige
qu'élection de domicile soit faite dans le lieu où
demeure le tiers-saisi, le tout à peine de nullité. C'est
l'application des règles ordinaires de la procédure, qui
s'explique par ce motif que la saisie est pratiquée

contre un tiers qui n'est pas personnellement redevable envers l'État.

En matière de saisie-exécution, au contraire, la poursuite étant dirigée contre le débiteur même, l'article 584 C. pr., qui exige qu'élection de domicile soit faite au lieu de l'exécution, si le créancier n'y demeure pas, n'est pas applicable ; d'après une jurisprudence constante, le commandement doit seulement contenir élection de domicile au bureau où les droits doivent être acquittés (1).

Dans les huit jours de la saisie-arrêt, outre l'augmentation à raison des distances (un jour par cinq myriamètres), entre le domicile du tiers-saisi et celui du saisissant et le domicile de ce dernier et du débiteur, la saisie-arrêt doit être dénoncée à celui-ci, avec assignation en validité (art. 563).

Dans un délai de même durée, à compter du jour de la demande en validité, cette demande devra être dénoncée au tiers-saisi (art. 564) ; faute de quoi, les paiements faits jusqu'à la dénonciation seraient valables ; la saisie-arrêt serait même nulle, à défaut de demande en validité (art. 565).

Quant à la compétence du tribunal, d'après la jurisprudence, l'article 567, qui attribue compétence au tribunal du domicile de la partie saisie n'est pas applicable ; le tribunal compétent est celui dans le ressort duquel se trouve le bureau de l'agent qui a décerné la contrainte (2).

---

(1) Cass., 16 fév. 1831 ; D. 31, 1, 288 ; — Seine, 13 juillet 1861 ; J. E. 17364 ; R. p. 1521 ; – Toulouse, 22 mars 1866 ; J. E. 18356 : R. p. 2265 :— Auch, 22 janv. 1867 ; J. E. 18388 ; R. p. 2551.
(2) Cass., 21 juillet 1810 ; — 14 décembre 1819 : — 23 janvier 1822.

En ce qui touche l'instruction de la demande, une jurisprudence constante décide que la demande en validité, n'étant qu'un accessoire des poursuites contre le débiteur de l'impôt, doit être instruite conformément aux règles spéciales de la loi de frimaire, et de celle du 27 ventôse an IX (art. 17). Il n'en serait autrement que dans le cas de contestation du tiers-saisi ; car ce dernier, n'étant pas débiteur personnel, ne saurait être privé du droit de se défendre suivant les règles ordinaires de la procédure (1).

Le tiers-saisi est tenu à partir de la dénonciation de la demande en validité, de déclarer les sommes dues au débiteur saisi (art. 564 et 573) ; sa déclaration doit être suivie d'une affirmation au greffe ou devant le juge de paix de son domicile (571). A défaut de déclaration, le tiers-saisi serait déclaré débiteur pur et simple (577).

Enfin, quant au jugement que doit prononcer le tribunal, sur la demande en validité, celui-ci ne doit faire porter son examen que sur deux points : il doit seulement vérifier si l'Administration est fondée en titre, et si les formalités prescrites par la loi ont été remplies ; il n'a point à examiner si le tiers-saisi, qui n'élève aucune contestation, est ou non débiteur du saisi.

La Cour de Cassation a notamment jugé, dans ce sens, par un arrêt du 20 février 1828, qu'une saisie-arrêt pratiquée par l'Administration, sur le prix d'un immeuble appartenant à un mineur, ne peut être annulée par cela seul que, les formes prescrites par

_____

(1) Cass., 28 juillet 1812 ; — 9 février 1814 ; — 7 janvier et 29 avril 1818 ; — 17 mars 1822 ; — 27 juin 1823... ; — Lyon, 28 décembre 1861.

les artictes 953 et suiv. C. Pr., n'ayant pas été observées, la vente est entachée d'une nullité radicale.

II. — Action en reddition de compte. — Il peut
arriver que la voie de la saisie-arrêt ne puisse être
suivie ; il en sera ainsi, toutes les fois qu'étant entre les
mains d'un légataire en usufruit, les biens seront
directement exploités par lui, de telle sorte que les
fruits et revenus soumis au privilège du Trésor, se
seront confondus dans son patrimoine.

Dans cette hypothèse, l'Administration n'est pas
cependant dépourvue de toute action. La jurisprudence admet, en effet, d'une façon constante, que
l'usufruitier peut être actionné en reddition de compte
des revenus perçus par lui (1).

Au reste, en tant qu'il s'agit des droits dus sur la
nue-propriété, il faudra suivre les règles de la procédure ordinaire. Aucune solidarité n'existant entre le
légataire de l'usufruit et le nu-propriétaire, l'usufruitier n'est pas débiteur personnel. Il n'est tenu que
propter rem, à raison de la détention du gage du
Trésor, absolument comme le tiers saisi, en matière
de saisie-arrêt. Il faudra donc, comme à ce dernier,
conserver à l'usufruitier, la défense par le ministère
d'un avoué et le double degré de juridiction.

Les règles de cette procédure sont déterminées
par les articles 527 et suiv. C. pr..

Après une contrainte décernée contre le débiteur
direct de l'impôt, signification sera faite à l'usufruitier, d'un exploit contenant dénonciation de la contrainte,

(1) St-Gaudens, 13 juin 1871 ; J. E. 19217-7; R. p. 3887; — Brioude,
29 novembre 1876; J. E. 20381 ; R. p. 4608 ; — Rouen, 27 avril 1877 ;
J. E. 20586 ; R. p. 4790 ; — Meaux, 12 mai 1886, J. E. 22731.

et sommation d'avoir à rendre compte des fruits perçus par lui. En cas de contestation, l'affaire sera suivie
devant le tribunal, dans les formes ordinaires, avec
constitution d'avoués et plaidoiries.

B. — Recouvrement de la créance du Trésor. —
Lorsque les fruits saisis auront été vendus, ou que
des intérêts auront été saisis-arrêtés entre les mains
des débiteurs du défunt, si le Trésor n'est pas en
concours avec d'autres créanciers, aucune formalité ne
sera nécessaire pour le recouvrement de sa créance.

Mais l'hypothèse contraire sera beaucoup plus fréquente. La nécessité d'un privilège suppose, en effet,
l'existence d'autres créanciers. Aussi bien, le plus souvent, est-ce par voie d'ordre ou de contribution que le
produit des biens du défunt sera distribué entre les
créanciers.

Dans ces différents cas, les formalités prescrites par
la loi du 21 mai 1858, en ce qui touche la procédure
de l'ordre (C. pr. art. 749 et suiv.), ou l'attribution
devant le tribunal, s'il y a moins de quatre créanciers
inscrits (art. 773 et suiv.), doivent être observées. Il
en sera de même des règles posées par les articles 656
et suivants, pour la distribution par contribution.

L'Administration devra notamment produire son titre
comme les autres créanciers privilégiés.

Une question plus délicate s'élève en matière de faillite. Aux termes des articles 491 et suivants C. com., les
créanciers chirographaires doivent, pour être admis
à la distribution des deniers de la faillite, faire vérifier
et affirmer leurs créances. Mais il est difficile de savoir,
si les créanciers hypothécaires et privilégiés sont dis-

pensés des formalités de la vérification et de l'affirmation.

La question est vivement discutée entre les auteurs ; et les décisions de la jurisprudence sont divergentes.

Un point certain, qui résulte formellement de l'article 552 C. com., c'est que, s'ils n'ont pas été payés intégralement sur le prix des biens qui étaient leur gage, et s'ils veulent concourir avec les autres créanciers sur les deniers de la masse chirographaire, ces créanciers devront faire vérifier et affirmer leurs créances.

Si donc, l'Administration, n'ayant pu obtenir le payement intégral des droits exigibles, au moyen de l'exercice du privilège, veut concourir au marc le franc sur les deniers de la masse chirographaire, les prescriptions des articles 491 et suivants devront être observées par elle. Aucune discussion n'est possible sur ce point ; mais il en est autrement quant au privilège.

D'après certains auteurs, les créanciers privilégiés et hypothécaires seraient, comme les créanciers chirographaires, soumis à la vérification et à l'affirmation de leurs créances (1).

Les dispositions du Code de commerce, dit-on dans ce sens, sont absolument générales ; aucune exception n'est faite au profit des créanciers dont les droits sont garantis par un privilège ou une hypothèque.

Au reste, par cela seul qu'il y a faillite, la loi frappe de suspicion toute demande de payement. Sans doute, les garanties accessoires, appartenant à certains créan-

_____

(1) Alauzet : Commentaire du Code de commerce VII, 2606 et suiv. ; — Bédarride: II, 426 ; — Demangeat, sur Bravard, II, 343 note 1 ; — Delvincourt : Instit. de Drot com. II, 263 note 3 ; — Esnault: des Faillites II, nos 360 et 380 ; — Laimné : id. sur l'article 492 ; — Pardessus: III, no 1185 ; — Renouard: des Faillites, I. p. 559

ciers, seront respectées; mais elles ne sauraient être invoquées, pour prouver la bonne foi des parties et la légitimité de leurs créances.

On comprend d'ailleurs, d'autant mieux, que ces créanciers soient soumis à la vérification, que par la nature même de leurs prétentions, ils nuisent plus à la masse que de simples créanciers chirographaires.

Enfin, dit-on, les textes même de la loi sont dans ce sens. L'article 501 dispose que « le créancier dont le privilège ou l'hypothèque seulement serait contesté, sera admis dans les délibérations de la faillite, comme créancier ordinaire ». Ce texte, qui a été introduit pour rappeler et confirmer la doctrine de la jurisprudence, montre clairement que les créances privilégiées et hypothécaires doivent être vérifiées, puisqu'elles sont susceptibles de contestation.

D'autres auteurs soutiennent, au contraire, avec raison, que les formalités de la vérification et de l'affirmation ne sont point applicables aux créanciers dont il s'agit (1).

On fait remarquer d'abord, que, dans le cas où ils entendent se prévaloir uniquement de leurs garanties, les créanciers privilégiés et hypothécaires sont en dehors de la faillite, et ne doivent pas subir les lenteurs des procédures spéciales organisées par le Code de commerce. C'est ainsi, qu'ils peuvent, même après le jugement déclaratif, faire saisir et vendre les biens qui leur sont affectés.

Aucun texte, d'ailleurs, ne subordonne l'exercice de

___

(1) Lyon-Caen et Rénault: *loc. cit.* II, n° 2877 ; — Boistel : Droit com. n° 988 ; — Bravard-Veyrières: V. p. 342 et 343 ; — Laurin : id. n°ˢ 1083 et 1084 ; — *Revue pratique.* XV, p. 77.

leur droit, aux formalités de la vérification ; il n'y a
là aucun danger pour la masse chirographaire ; car les
syndics, qui la représentent, pourront élever un contre-
dit dans l'ordre ouvert sur le prix des immeubles affecté
à ces créanciers (1).

Au surplus, l'art. 552 est absolument décisif. Par
cela même qu'il dispose expressément, que sur la
masse chirographaire les créanciers hypothécaires et
privilégiés pourront concourir avec les autres créanciers
« pourvu toutefois que leurs créances aient été véri-
rifiées et affirmées », il en résulte que, s'ils invoquent
seulement leur privilège ou hypothèque, ils ne sont pas
soumis aux formalités de la vérification et de l'affirmation.

La jurisprudence la plus récente paraît se fixer dans
le sens de ce système (2). Plus spécialement, quant au
privilège du Trésor, le tribunal de Rouen, s'est prononcé dans le même sens, par jugement du 16 mai 1876
(J. E. 20523 ; R. P. 4449).

§ II. — Conditions de temps.

Le privilège du Trésor ne peut être invoqué à toute
époque ; son exercice est subordonné à certaines conditions de temps. Si l'on suppose, par exemple, que des
fruits ont été aliénés et que le prix a été payé par l'ac-

(1) Ce droit des syndics peut servir à expliquer les termes de l'article 501.
Si les garanties de certains créanciers peuvent être contestées, rien ne
prouve que la contestation ne puisse s'élever que dans la procédure de la
vérification.

(2) Paris, 14 oct. 1857 ; — 21 mars 1863. S. 64, 2, 233 ; — Rouen, 11 juillet
1863, S. 65, 2, 30 ; — Nimes, 4 avril 1865, S. 65, 2, 231 ; — Poitiers, 28 janvier
1876 ; S. 78, 2, 301 ; — Lyon, 16 février 1881 ; — S. 82, 2, 44. — Contrà :
Amiens, 27 février 1839, S, 39, 21, 321 ; — Bordeaux, 19 mars 1860 ; S. 60, 2,
495.

quéreur, il est certain, par application de l'Avis du
Conseil d'État de 1810 que le privilège ne pourra être
exercé sur eux. De même, si un ordre a été ouvert pour
la distribution du prix d'aliénation de biens héréditaires, et si le prix a été distribué entre les créanciers,
aucun recours ne sera possible contre ces derniers.

Dans ces hypothèses, il est vrai, il n'existe plus de
biens, sur lesquels puisse être exercé le privilège du
Trésor ; mais il est aussi des cas, où des biens existant
encore, l'exercice de l'action ne se produirait pas
cependant d'une manière utile, parce qu'il intervien-
drait à une époque tardive.

Au reste, quand l'action pourra être utilement
exercée, la créance du Trésor sera le plus souvent exigible ; les délais pour le payement, fixés par l'article 24
de la loi de frimaire seront expirés. Mais on peut se
demander si l'action ne pourrait pas être intentée avant
cette époque, au moins à titre conservatoire ; la question se pose surtout pour la saisie-arrêt.

A. — **Exercice de l'action à titre conservatoire.** —
C'est un principe posé par l'article 1186 C. C., que,
dans le cas d'obligation à terme, le débiteur ne peut
être poursuivi avant l'échéance. Il n'en est autrement
que s'il est constitué en état de faillite, ou lorsque par
son fait il a diminué les sûretés de son créancier
(art. 1188) ; dans ce cas, il est déchu du bénéfice du
terme, et le créancier peut poursuivre immédiatement
l'exécution de l'obligation.

Ces règles sont certainement applicables à la créance
du Trésor pour droits de mutation par décès. Elle est
une créance à terme ; si elle prend naissance au moment
et par le fait du décès, le débiteur jouit pourtant d'un

délai, qui varie entre six mois et deux ans, suivant le lieu où le décès s'est produit. Par suite, tant que le délai ne sera pas expiré, la créance n'étant pas exigible, aucune voie d'exécution ne sera possible, sauf dans les hypothèses prévues par l'article 1188 C. C.

Mais s'il en est ainsi pour les voies d'exécution proprement dites, il n'en est pas de même pour les mesures conservatoires du droit du créancier. Ces mesures sont possibles avant l'échéance.

L'article 1180 C. C. permet, en effet, aux créanciers conditionnels d'exercer tous les actes conservatoires de leur droit, avant que la condition soit accomplie ; et cependant l'obligation n'est point encore née ; elle pourra même ne pas naître. A plus forte raison, dès lors, doit-il en être de même d'une créance à terme ; car l'obligation existe déjà, le terme ne suspendant pas l'existence de l'obligation, mais retardant seulement son exécution (C. C. art. 1185) (1).

Les actes conservatoires sont donc permis aux créanciers à terme, comme aux créanciers conditionnels ; mais il faut qu'il s'agisse de mesures conservatoires proprement dites, et non point d'actes qui constitueraient en réalité des actes d'exécution.

C'est en partant de cette idée, que MM. Aubry et Rau décident (IV § 311) qu'une saisie-arrêt ne peut être pratiquée en vertu d'un contrat conditionnel ou à terme. On peut dire dans ce sens, en effet, que saisir-arrêter ce qui est dû au débiteur, c'est en réalité lui causer un préjudice égal à celui qui résulterait pour

---

(1) De même, en matière judiciaire, dans le cas de concession de délai faite par le Tribunal (C. Pr. art. 122), l'article 125 décide que « les actes conservatoires seront valables, nonobstant les délais accordés. »

lui d'un payement immédiat, qui ne devait avoir lieu
qu'après l'événement de la condition ou l'échéance du
terme.

M. Demolombe, qui admet le principe (1), apporte
cependant une restriction très-importante. Si aucune
saisie-arrêt n'est possible, dit-il, de la part d'un créancier à terme, avant l'échéance, il en doit être autrement au cas où la saisie-arrêt apparaît « en raison de
la nature de la créance et des circonstances de fait,
avec le caractère d'un acte conservatoire indispensable
pour la garantie du créancier. Car alors, il faudrait
aussi, même dans le cas du terme de droit, faire prévaloir son caractère d'acte conservatoire, sur son caractère d'acte d'exécution. » (n° 610). C'est qu'en effet,
d'après le même auteur, il n'est pas absolument vrai de
dire que la saisie-arrêt est un acte d'exécution ; « c'est
un acte mixte, qui a aussi le caractère d'un acte conservatoire ; la preuve en est qu'elle peut être pratiquée en
vertu de titres privés, ou même sans titre (C. Pr. 557 et
558), tandis que l'exécution proprement dite ne peut
avoir lieu qu'en vertu d'un jugement ou d'un acte
authentique et exécutoire (C. Pr. 545). » (n° 604).

On comprend facilement l'intérêt que peut avoir
l'Administration à pratiquer une saisie-arrêt, avant l'expiration du délai accordé à l'héritier ou au légataire
pour le payement de l'impôt.

On peut supposer, par exemple, qu'une créance
vienne à échéance quelques jours avant l'expiration des
six mois. Si l'héritier est insolvable, s'il a des créanciers, il serait de tout intérêt pour le Trésor, de saisir-arrêter la somme due, afin d'obtenir le payement

---

(1) Des obligations, II, n° 369.

de l'impôt, sur le capital ou sur les intérêts courus depuis le jour de l'ouverture de la succession. Mais si le Trésor a ainsi un intérêt incontestable à ce que la saisie-arrêt fut possible, l'Administration peut-elle agir ?

Un cas, qui ne fait aucun doute, est celui où le délai légal étant expiré, une prorogation a été consentie aux héritiers par une décision ministérielle, sous la réserve, faite ordinairement, des mesures conservatoires qui pourraient être nécessaires. Dans ce cas, avant l'expiration du délai prorogé, une saisie-arrêt à titre conservatoire serait possible.

Il doit en être de même avant l'expiration du délai légal. Outre que dans certaines hypothèses, en effet, ce serait compromettre le recouvrement de l'impôt, que de ne pas autoriser l'Administration à saisir-arrêter les seules valeurs qui peut-être constituent son gage, on peut avec raison considérer la saisie-arrêt comme présentant, dans certains cas, un caractère essentiellement conservatoire, et non un caractère d'exécution.

C'est la solution admise par un jugement du Tribunal de Châteauroux du 17 février 1873.

La Cour de Cassation semble également avoir admis la même doctrine. Par un arrêt du 15 décembre 1868 (S. 69, 1, 84 ; D. 69, 1, 293), elle a jugé, quant au droit de condamnation, que, bien que la créance du Trésor ne fut ni liquide ni exigible, l'Administration pouvait pratiquer une saisie-arrêt à titre conservatoire, jusqu'à concurrence de l'évaluation provisoire faite par le juge.

Plus spécialement, pour le droit de succession, elle a décidé par un arrêt du 23 Floréal an IX que « la facul-

« té laissée à la Régie par la loi du 18 fructidor an II, de faire
« les poursuites convenables, si elle est légalement informée du
« décès, fait voir que, pendant la durée du délai accordé aux
« héritiers pour faire leur déclaration, le législateur n'a pas
« entendu constituer la Régie, dans l'impossibilité absolue
« d'agir pour le payement ou la conservation des droits » (1).

B. — **Déchéance de l'Administration.** — S'il est
des cas dans lesquels l'Administration ne peut pas agir
utilement, par suite des restrictions apportées au droit
de suite du Trésor par l'Avis du Conseil d'État de 1810,
il en est d'autres également où, ayant agi tardivement,
elle ne pourra plus invoquer le droit de préférence.
C'est ce qui se produira en matière d'ordre et de distribution par contribution.

I. — Ordre.

1º. — Ordre amiable. — Aux termes de la loi du
21 mai 1858, les créanciers à hypothèque légale, qui
ne l'auront pas fait inscrire antérieurement à la transcription du jugement d'expropriation, en cas d'expropriation forcée (C. Pr. 717), ou dans les délais de la
purge légale, au cas d'aliénation volontaire (art. 772),
conservent cependant le droit d'invoquer sur le prix,
leur droit de préférence, pourvu d'ailleurs que ces créanciers se présentent avant la clôture de l'ordre.

Passé ce delai, leur droit de préférence est éteint ;
et ils se trouvent alors dans la même situation que le
créancier hypothécaire, qui ayant négligé de faire inscrire son hypothèque, serait exclu du règlement définitif, sans pouvoir en contester la validité.

Les articles 717 et 772 ne s'occupent que des créan-

---

(1) C'est aussi la doctrine admise par l'Administration qui, par une solution du 27 juin 1885 (J. E. 22757) a décidé que la saisie-arrêt peut être pratiquée avant l'expiration des six mois, à titre conservatoire.

ciers à hypothèque légale ; mais la même règle doit s'appliquer aux créanciers privilégiés, leur droit de préférence étant également dispensé d'inscription.

C'est l'opinion généralement admi c. « Les créanciers privilégiés, dit notamment M. Dalloz (1), ne doivent pas jouir de plus de faveur que les femmes et les mineurs ; et puisque ces derniers sont soumis à l'obligation de produire à l'ordre dans le même délai que les autres créanciers, il n'y a aucune raison d'en dispenser les créanciers privilégiés ».

De là, il résulte que pour pouvoir invoquer son droit de préférence, l'Administration devra produire avant la clôture de l'ordre.

2°. — Ordre Consensuel. — Les règles, qui précèdent, sont également applicables au cas où les créanciers procèdent entr'eux à la distribution amiable du prix, sans l'intervention du juge.

On pourrait cependant hésiter sur ce point (2), l'article 717 ne s'occupant que de l'ordre judiciaire et amiable. Mais les Travaux Préparatoires sont absolument concluants : « Si l'ordre est amiable, disait devant le Corps législatif, M. Riché, rapporteur de la loi, comme il ne présente pas ces faits successifs bien marqués, à l'un desquels on peut attacher la déchéance, le droit

---

(1) Jurisprudence générale Vᵒ Ordre nᵒ 433. Dans le même sens : Ollivier et Mourlon : *loc. cit.* nᵒ 245 ; — Grosse et Rameau, I, nᵒˢ 262 et 263 ; — Chauveau : Procédure de l'ordre nᵒ 2555-7.

(2) Une difficulté s'est élevée sur l'interprétation de ce texte. D'après certains auteurs, tout créancier requérant sa collocation, devrait joindre ses titres, à l'appui de sa requête ; à défaut de cette production dans le délai de quarante jours, le créancier serait forclos (Houyvel nᵒ 153). D'après d'autres auteurs, au contraire, la forclusion ne serait pas encourue, quand même les pièces justificatives n'auraient pas été produites dans ce délai, pourvu d'ailleurs que la demande en collocation eut été faite (Bioche Vᵒ ordre nᵒ 329). La jurisprudence semble fixée dans ce dernier sens (Cass. 3 juin 1867 ; S. 67, 1, 193 ; D. 67, 1, 200 ; — Limoges, 3 juin 1871; S. 71, 1, 84 ; D. 72, 2, 88)

de préférence pourra être invoqué, tant que l'ordre ne sera pas clos. La nouvelle loi institue une espèce
d'ordre amiable réglé par le juge... ; mais le principe
que le droit de préférence s'exerce jusqu'à la clôture
d'un ordre amiable, ne s'applique pas moins aux formes extra-judiciaires de l'ordre consensuel ».

3°. — Ordre judiciaire. — Quand, à défaut d'ordre amiable entre les créanciers, il y a lieu de recourir
à l'ordre judiciaire (C. Pr. 752 et suiv.), l'article 754
exige que les créanciers produisent leurs titres, dans
les quarante jours de la sommation qui a dû leur être
faite, conformément a l'article 753.

La nécessité de produire à l'ordre dans le même
délai, est également imposée par les articles 717 et 772
aux créanciers à hypothèque légale. Il en résulte que,
les motifs invoqués pour l'ordre amiable s'appliquant
également ici, les créanciers privilégiés, et notamment
le Trésor, devront invoquer leur droit de préférence,
avant l'expiration des quarante jours.

C'est l'opinion qui résulte de deux arrêts de la Cour
de Cassation, dans lesquels elle a admis que la forclusion
prononcée contre tout créancier, qui n'a pas produit
à l'ordre dans le délai fixé par les articles 753 et 754,
s'applique même aux créanciers non inscrits, bien qu'aucune sommation n'ait pu leur être faite (1).

4°. — Ordre par voie d'attribution devant le tribunal. — Dans cette hypothèse, c'est par le jugement
d'attribution que la forclusion se produira.

C'est ce que le rapporteur disait, en 1858, des hypo-

(1) Cass. 19 août 1863; S. 64, 1, 26 ; D. 64, 1, 182 ; — 18 juillet 1870, S. 72,
1, 83 ; D. 71, 1, 342. — Dans le même sens Ollivier et Mourlon, n° 241 ; —
Bioche: n° 283.

thèques légales ; et c'est ce qu'il faut admettre dès lors pour les créanciers privilégiés. « Au cas de jugement d'attribution prévu par l'article 773, les hypothèques égales ne pourront élever de réclamation, qu'autant que les hypothèques inscrites auraient encore ce droit ».

Or, ce droit, disparaissant pour ces dernières, au moment du jugement, que l'on peut assimiler à la clôture de l'ordre, les créanciers à hypothèque légale et les créanciers privilégiés ne pourront invoquer leur droit de préférence qu'en produisant à l'ordre avant le jugement d'attribution.

II. — Distribution et contribution.

1° — Contribution amiable. — Comme en matière d'ordre, la forclusion sera encourue, au moment de la clôture des opérations. Aucune difficulté ne semble pouvoir s'élever sur ce point (1).

2° — Contribution judiciaire. — Aux termes de l'article 560 C. Pr., les créanciers opposants doivent, sous peine d'être forclos, produire leurs titres dans le mois de la sommation à eux faite.

Malgré les termes formels de ce texte, il a été jugé que la production pourrait être faite utilement, même après l'expiration du délai légal, et tant que la clôture des opérations n'aurait pas eu lieu (2).

Cette doctrine ne saurait prévaloir : la majorité des auteurs admet, et des décisions judiciaires ont jugé que la forclusion se produit de plein droit. par la seule expiration du délai fixé par l'article 660 (Cas. 2 juin 1835 ; S. 35, 1, 960).

---

(1) Ollivier et Mourlon : nos 488 et 500, — Grosse et Rameau : I no 118 ; — Duvergier : Collection des lois 1858 p. 160 note 3.

(2) Rennes, 31 mai 1813 ; — Nancy, 27 mars 1848, D. 50, 2, 115.

L'article 660 en effet, est formel ; il prononce une déchéance. Or, l'article 1029 C. Pr. décide qu'aucune des déchéances, prononcées par ce Code, n'est comminatoire. Ce serait donc violer ce texte, que de ne pas appliquer dans toute sa rigueur l'article 660 (1).

Les mêmes règles s'appliqueront également aux créanciers à hypothèque légale et aux créanciers privilégiés. La Cour de Cassation a jugé dans ce sens, que la forclusion prononcée en matière de distribution par contribution s'étend même aux créanciers non opposants, qui cependant n'ont pu recevoir de sommation de produire (2)

Une remarque importante doit être faite, pour toutes les hypothèses qui précèdent.

Quand la forclusion aura été encourue, ce ne sera qu'au regard des créanciers qui auront été parties à l'ordre ou à la contribution, et par rapport aux sommes distribuées. Mais, ni la créance, ni les curetés qui en garantissent le payement ne seront éteintes, de telle sorte que si, après le payement des créanciers, il restait un reliquat, le droit de préférence du Trésor pourrait être invoqué.

---

(1) Carré : Lois de la Procédure, question 2173 ; — Pigeau, II, p. 181 ; — Ollivier et Mourlon, nº 355 ; — Colmet d'Aage : Leçons de Procédure, nº 1028 ; — Chauveau, nº 2560 (ter) ; — Dalloz : *loc. cit.* vº Distribution par contribution nº 83.

(2) Cass. 13 novembre 1861 ; S. 61, 1, 940 ; D. 61, 1, 483 ; — 14 avril 1869 ; S. 70, 1, 76 ; D.59, 1, 408.

CHAPITRE QUATRIÈME

Les privilèges civils se divisent en trois grandes classes : les privilèges sur les meubles, les privilèges sur les immeubles (C.C. art. 2099), et les privilèges portant à la fois sur ces deux catégories de biens (art. 2104 et 2105).

Les premiers sont généraux ou spéciaux (art. 2100): ils portent sur tous les meubles du débiteur (2101), ou seulement sur certains meubles déterminés (2102). Il en est de même des privilèges sur les immeubles : les uns affectent tous les immeubles du débiteur (2101) ; les autres ne grèvent que tel ou tel immeuble (2103). Enfin, si les privilèges de la troisième classe s'étendent à la fois sur les meubles et les immeubles, ils ne portent que subsidiairement sur ceux-ci (2105).

Le privilège du Trésor pour le recouvrement des droits de mutation par décès, ne rentre exactement dans aucune de ces catégories. Il est sans doute un privilège mobilier ; mais on ne peut pas dire qu'il constitue un privilège général ou spécial, de même nature que ceux prévus par les articles 2101 et 2102.

Il ne porte pas, en effet, sur toutes les valeurs mobi-

17

lières du débiteur : il ne grève que les revenus des biens à déclarer ; à ce titre on ne peut le considérer comme un privilège général. En sens inverse, il ne grève pas seulement tel meuble déterminé ; il grève toute une catégorie de valeurs mobilières ; et à ce titre on ne peut le considérer comme un privilège spécial.

Ce privilège tient en réalité des deux caractères : il est spécial, en ce qu'il porte seulement sur les revenus des biens à déclarer ; mais il est aussi général, puisqu'il grève en principe tous les revenus de tous les biens héréditaires.

Si donc, nous le supposons en conflit, soit avec les privilèges qui précédent ou les privilèges établis par le Code de Commerce ou des lois spéciales, soit avec ceux existant au profit du Trésor public, quel rang faudra-t-il lui assigner ?

Mais avant d'aborder cette étude, une remarque doit être faite. Quand il s'agit de déterminer le classement des privilèges spéciaux établis par le Code civil, on distingue deux catégories de privilèges : les premiers, fondés sur l'idée de nantissement ou de gage tacite ; les seconds sur l'idée de mise ou de conservation dans le patrimoine du débiteur, de la chose sur laquelle viennent s'exercer les privilèges.

Il pourrait également, au premier abord, paraître utile de rechercher, pour la détermination de son rang, quel est le fondement du privilège du Trésor. Mais la question de savoir s'il est fondé sur l'une des deux idées qui précédent, ne présente pourtant pas d'intérêt ; car à raison même de son caractère particulier, nous verrons qu'il doit primer tous les privilèges spéciaux,

qui, d'après l'opinion la plus généralement admise,
priment eux-mêmes les privilèges généraux.

SECTION I.

*Classement des privilèges autres que le privilège du
Trésor pour droits de succession* (1).

§ I. — Privilèges établis par le Code civil.

Le législateur n'a pas déterminé le rang qui appartient à chacun des privilèges civils : il n'a déterminé
d'une façon précise que le classement des privilèges
généraux mobiliers entr'eux, dont l'exercice a lieu dans
l'ordre indiqué par l'article 2101 ; — celui de ces mêmes
privilèges, lorsqu'ils concourent, à défaut de mobilier
suffisant, sur les immeubles, avec les privilèges portant
sur ces biens ; auquel cas ils occupent le premier rang
(2105) ; — et le classement, indiqué plus loin, de certains privilèges mobiliers et immobiliers (art. 2102, 1°
et 4° et 2103 1°).

Aussi bien des difficultés considérables s'élèvent-elles
pour les classements non prévus par le législateur. Mais
il ne rentre pas dans le cadre de ce sujet, de faire l'é-
tude complète de ces difficultés ; nous indiquerons seulement les différents systèmes proposés.

A. — **Concours des privilèges spéciaux sur les meubles.** — On a soutenu que le classement de ces privi-

---

(1) Nous ne parlons pas des privilèges civils, établis par le Code de commerce ou par les lois spéciales ; car les règles indiquées plus loin s'appliqueront
également, lorsque le privilège du Trésor se trouvera en conflit avec l'un de
ces privilèges.

lèges devait être déterminé par l'ordre dans lequel les énumerait l'article 2102. Mais aujourd'hui, ce système est complètement abandonné.

Celui qui est le plus généralement suivi, prenant les hypothèses spéciales prévues par la loi, recherche les motifs qui ont déterminé le législateur pour le classement qu'il adopte; et c'est en partant de là que ce système détermine le rang des autres privilèges.

Le premier conflit, prévu par l'article 2102 1°, est celui du bailleur, d'une part avec les créanciers qui ont fourni les semences ou travaillé à la récolte ; et d'autre part avec les créanciers qui ont vendu ou réparé les ustensiles. Dans les deux cas, sur le prix de la récolte ou des ustensiles, le bailleur ne viendra qu'au second rang, et sera primé par les autres créanciers.

Le second conflit est celui du propriétaire de la maison ou de la ferme avec le vendeur d'effets mobiliers non payés (art. 2102, 4°.) Ici la loi distingue : le propriétaire a-t-il su, lors de l'introduction des meubles dans la maison ou la ferme, que le prix en était encore dû par le preneur, la préférence appartient au vendeur ; n'avait-il pas, au contraire, connaissance de ce fait, le vendeur sera primé par lui.

C'est en partant de ces solutions, que l'on pose les règles suivantes :

Lorsqu'on trouvera en présence deux privilèges mobiliers spéciaux, fondés, l'un sur l'idée de gage exprès ou tacite, l'autre sur l'idée de mise ou de conservation dans le patrimoine du débiteur du bien grevé de ces privilèges, le second primera le premier, pourvu d'ailleurs que celui-ci ait profité des frais qui ont été faits, ou de la valeur qui a augmenté la masse.

Toutefois, les privilèges fondés sur l'idée de nantissement, primeront tous ceux dont la chose était grevée, si les créanciers nantis sont de bonne foi, quand elle leur est remise en gage : au cas contraire, ils seront primés par ceux qu'ils savaient exister déjà sur la chose.

De ces deux règles, on[1] conclut que le classement doit se faire dans l'ordre suivant : 1° les privilèges fondés sur l'idée de nantissement ; 2° les privilèges fondés sur l'idée de conservation de la chose ; et 3° ceux fondés sur l'idée d'augmentation du patrimoine du débiteur.

Mais deux observations sont nécessaires : d'une part, les privilèges qui occupent le premier rang seront primés par les autres privilèges, s'il est démontré que les créanciers connaissaient l'existence de ces derniers ; d'autre part, ils seront primés par le conservateur, si les frais de conservation ont été faits postérieurement à la constitution du gage.

B. — **Conflit entre privilèges généraux et spéciaux sur les meubles.** — Les difficultés les plus graves existent pour le classement de ces deux catégories de privilèges.

Il est cependant un privilège, sur le classement duquel, tout le monde est d'accord : c'est celui des frais de justice (2101-1°), qui, d'après l'opinion unanime, passe avant tous les privilèges généraux et spéciaux, pourvu que les frais exposés l'aient été dans l'intérêt de la masse commune.

Ce privilège mis à part, trois systèmes principaux ont été proposés sur le classement des autres privilèges : deux sont absolus, l'autre est intermédiaire. Les deux premiers posent en principe : l'un, la prééminence des privilèges genéraux sur les privilèges spéciaux ; — l'autre, la prééminence de ceux-ci sur les privilèges généraux ; — enfin le troisième système soutient qu'il ne faut tenir compte ni de la généralité, ni de la spécialité des privilèges, et que le classement ne doit être déterminé qu'en tenant compte de la faveur qui s'attache à la créance (1).

C. — **Conflit entre privilèges spéciaux sur les immeubles.** — Le classement de ces privilèges présente peu de difficultés ; car la loi s'est expliquée sur une hypothèse qui permet de déterminer le critérium qu'il faut suivre.

Ces privilèges sont tous fondés sur cette idée que les créanciers ont mis une valeur dans la masse commune. Or, prévoyant le conflit de deux vendeurs successifs (art. 2103, 1°), le législateur décide que le premier sera préféré au second, le second au troisième, et ainsi de suite. On peut donc tirer de cette solution, cette règle que pour déterminer le rang de ces privilèges, il suffira de déterminer exactement quel est celui qui le premier a augmenté la masse commune : c'est à ce créancier qu'appartiendra le premier rang.

§ II. — Privilèges établis au profit du Trésor public.

Aucune difficulté ne peut s'élever sur le classement de ces privilèges, les lois spéciales qui les ont créés, déterminant d'une façon précise le rang qu'il faut leur assigner en présence d'autres créances privilégiées.

A. — **Privilège des douanes.** — Aux termes de l'article 22, titre XIII de la loi des 6-22 août 1791,

---

(1) C'est à ce dernier système que s'est ralliée la Cour de cassation par un arrêt du 19 janvier 1864 (S. 64. 1, 60 ; — D. 64, 1, 80).

confirmée par les lois postérieures du 4 germinal XI
et du 28 avril 1816, (art. 58), le privilège de l'Administration des douanes s'exerce par préférence « à tous
créanciers, sur les meubles et effets mobiliers... des
redevables, à l'exception des frais de justice et autres
privilégiés ».

Malgré leur généralité, ces derniers mots ne doivent
pas être entendus dans un sens trop extensif. En présence de créanciers à privilège général sur les meubles,
l'Administration des douanes sera certainement primée
par eux. Mais il n'en sera plus ainsi, en présence de
créanciers à privilège spécial. Comme l'indique la suite
du texte, le Trésor ne sera primé que par le bailleur,
pour six mois de loyers, et par le vendeur qui revendi-
que ses marchandises, sous les conditions fixées par la
loi.

B. — **Privilège des contributions indirectes.** —
A la différence de l'article 22 de la loi de 1791, l'article
47 du décret-loi du 1er germinal an XIII, qui accorde à
l'Administration des contributions indirectes, un privilège grevant, comme celui qui précède, la généralité
des meubles et effets mobiliers des redevables, ne parle
pas à côté des frais de justice, des autres privilégiés.

Il faut en conclure qu'il passera avant les privilèges
généraux, et ne sera primé que par les frais de justice,
le propriétaire pour six mois de loyers, et le vendeur
sous les mêmes conditions qu'en matière de douanes.

C. — **Privilège des frais de justice.** — Pour le remboursement des frais dont la condamnation est prononcée au profit du Trésor, en matière criminelle, correc-
tionnelle ou de simple police, une loi du 5 septembre
1807 créé un privilège portant à la fois sur tous les meu-

bles et effets mobiliers du condamné (art. 2), et subsidiairement sur les immeubles (art. 3).

Quant au rang, aux termes de l'article 2, le privilège ne pourra s'exercer sur les meubles, qu'après les privilèges des articles 2101 et 2102 C. C, et les sommes dues pour la défense personnelle du condamné ; — et sur les immeubles, qu'après ceux des articles 2101 et 1103 ; les hypothèques légales antérieures au mandat d'arrêt ou au jugement de condamnation ; les autres hypothèques, pourvu qu'elles soient inscrites avant le privilège du Trésor et qu'elles résultent d'actes ayant date certaine avant ledit mandat ou ledit jugement ; enfin les sommes dues pour la défense personnelle des condamnés (art. 4) (1).

D. — Privilège du Trésor sur les biens des comptables. — Une autre loi du 5 septembre 1807, confirmant les lois antérieures de 1791 et de l'an XIII, accorde au Trésor, sur les biens des comptables, pour le payement de leur débet, un privilège général sur les meubles, et un privilège spécial sur les immeubles acquis par eux depuis leur nomination, et même sur ceux acquis par leur femme, depuis la même époque, à moins qu'elles ne justifient avoir fait l'acquisition de leurs deniers

---

(1) Ce classement qui parait résulter des termes formels de la loi, est cependant contesté. Partant de cette idée, que la créance du défenseur n'est point privilégiée, et ne jouit que d'une simple préférence sur les frais de justice, certains auteurs soutiennent qu'elle doit être prélevée sur la collocation accordée au Trésor, ce dernier pouvant d'ailleurs concourir ensuite avec les créanciers chirographaires, pour obtenir cette somme, mais seulement par contribution et au marc-le franc (Tarrible : Répertoire de Merlin, Vo Privilège, Sect. II § 2 no 7 ; — Troplong, I, 35. — C. Rennes 13 août 1878 ; S. 80, 2, 133). — Mais cette opinion est repoussée par la majorité des auteurs qui considère la créance du défenseur, comme privilégiée non-seulement à l'égard du Trésor, mais encore à l'égard des créanciers chirographaires (Pont. I, 46; — Aubry et Rau IV p. 183 note 26 ; — Valette : Privilèges et Hyp no 39 ; — Pardessus IV. 1197).

(art. 2 et 4). Quant aux immeubles acquis antérieurement, ou ceux acquis à titre gratuit postérieurement
à leur nomination, ils sont grevés de l'hypothèque
légale, établie par l'article 2121 C. C.

Quant au rang, le privilège ne peut être exercé, sur
les meubles, qu'après les créances privilégiées des articles 2101 et 2102 ; sur les immeubles, qu'après les privilèges établis par les articles 2101 et 2103, et les
hypothèques légales, indépendamment de toute inscription, ou tout autre hypothèque valablement inscrite
(art 5).

E. — **Privilège des contributions directes.** — La
loi du 11 brumaire an VII, qui établissait un privilège
sur les immeubles, pour une année échue et l'année
courante, ne s'appliquait qu'à la contribution foncière.
La loi du 12 novembre 1808 a comblé la lacune existant pour les autres contributions directes.

Le privilège pour la contribution foncière de l'année
échue et de l'année courante, est spécial : il affecte les
récoltes, fruits, loyers et revenus des biens immeubles,
sujets à la contribution. Celui pour le recouvrement
des autres contributions, mobilière, portes et fenêtres,
patentes, est général : il porte sur tous les meubles et
effets mobiliers des redevables (art. 1).

Quant au rang, la loi de 1808, disant d'une façon
générale et sans aucune restriction, que le privilège
s'exerce « avant tout autre », on décide qu'il s'exercera
avant tous les créanciers privilégiés quelconques, même
avant les privilèges spéciaux de l'article 2102, et notamment de ceux du bailleur et du créancier-gagiste.

Il faut cependant faire une exception pour les frais
de justice, c'est-à-dire pour les frais de vente faits pour

parvenir à la réalisation du gage, et les frais de distribution par contribution. Quelque absolus que soient les termes de l'article 1er de la loi de 1808, l'exception est universellement admise.

F. — **Privilège des droits et amendes de timbre.** — La loi des finances du 28 avril 1816 dispose que les droits et amendes de timbre « jouiront, soit dans les successions, soit dans les faillites ou tous autres cas, du privilège des contributions directes », (art. 76). Comme ce privilège dès lors, il primera toutes les autres créances privilégiées, à l'exception des frais de justice.

SECTION II.

Classement du privilège du Trésor pour droits de succession.

A la différence des lois qui créent au profit du Trésor public des privilèges spéciaux, la loi de frimaire ne détermine pas d'une façon précise le rang du privilège. Si l'article 32 ne dit pas, comme l'article 1er de la loi de 1808, que ce privilège s'exercera « avant tout autre », il ne dit pas davantage, comme l'article 2 de la loi du 5 septembre 1807, relative au privilège sur les biens des comptables, qu'il ne prendra rang, qu'après les privilèges des articles 2101 et 2102.

On peut cependant déterminer assez facilement le rang qu'il faut assigner au privilège créé par la loi de frimaire, en se référant soit au texte de l'article 32, soit à l'esprit dans lequel il paraît avoir été écrit.

L'intention du législateur, avons-nous dit, avait été de donner au Trésor des garanties plus sérieuses que

celles résultant des règles admises en matière de privilèges mobiliers ; il avait attaché au privilège sur le
revenu des biens le droit de suite et le droit de préférence. Plus tard sans doute, l'avis du Conseil d'État de
1810 est venu restreindre la première de ces prérogatives ; mais il n'a en rien touché la seconde, qui pourra
dès lors être invoqué dans les termes ou l'autorise l'article 32 lui-même.

Or, ce texte est conçu dans les termes les plus larges ;
c'est « en quelques mains qu'ils se trouvent, » que le
Trésor peut atteindre les revenus affectés au recouvrement de sa créance. Il le pourra, par conséquent, entre
les mains d'un créancier quelconque, et primera, en
principe, tout créancier, quelque privilège que ce dernier puisse invoquer (1).

L'esprit de la loi est aussi dans le même sens. Si,
comme cela parait résulter des Travaux Préparatoires,
le législateur a voulu garantir par des sûretés sérieuses
le recouvrement de l'impôt, il a dû nécessairement
réserver au profit exclusif du Trésor, les biens formant
l'objet de la garantie, alors surtout que ces biens étaient
limitativement déterminés à une portion très-restreinte
de la succession.

Il doit, d'ailleurs, en être d'autant plus ainsi que
très-souvent la créance du Trésor se trouvera en conflit
avec d'autres créances, garanties par un privilège dont
l'objet ne s'appliquera pas seulement aux revenus des
biens. Or, si dans ces hypothèses, le privilège du Trésor ne venait qu'au second rang, ce serait détruire
complètement sa garantie ; car les créanciers, en conflit

----

(1) C'était la règle admise dans l'ancien droit (Claude de Ferrières, cité plus
haut).

avec lui, ne manqueraient pas de se payer d'abord sur les revenus.

Au reste, si telle est la règle, une exception doit être faite pour le privilège des frais de justice. De même qu'il est unanimement admis en matière civile que ce privilège prime tous les autres privilèges, de même aussi la créance des frais faits pour la réalisation du gage et pour la distribution du prix, sera préférée à la créance du Trésor.

Ces principes posés, il est facile d'en faire l'application au cas où le privilège pour droits de succession se trouve en présence des privilèges établis par le Code civil, ou de ceux établis par des lois spéciales au profit du Trésor public.

§ I. — Concours avec les privilèges établis par le Code civil.

A. — **Privilèges mobiliers.** — La créance des frais de justice mise à part, le privilège, qui nous occupe, doit toujours avoir le premier rang, qu'il se trouve en conflit avec les privilèges généraux de l'article 2101, ou les privilèges spéciaux de l'article 2102.

On comprend d'abord qu'il en soit ainsi, quand il se trouve en présence des privilèges généraux.

Les créanciers de l'article 2101, ont en effet, pour gage, non-seulement les revenus, mais encore tous les biens du débiteur, meubles et immeubles. Faire passer, dès lors, avant eux, le Trésor, ce n'est point leur porter un préjudice sérieux, tandis que c'est au contraire, le seul moyen d'assurer d'une manière efficace le recouvrement de l'impôt (1).

(1) Dans ce sens, Avignon, 26 novembre 1879 (J. E. 24630).

Quant aux privilèges spéciaux, pour les auteurs qui admettent la prééminence des privilèges généraux sur ces privilèges, la détermination du rang de la créance du Trésor ne présente aucune difficulté. Celle-ci, primant les privilèges généraux qui priment eux-mêmes les privilèges spéciaux, doit également primer ceux-ci, par application du principe : « *vinco vincentem te a fortiori te vinco* ».

Au reste, quelle que soit l'opinion que l'on admette sur le classement des privilèges généraux et spéciaux entr'eux, la prééminence du privilège du Trésor sur les privilèges spéciaux doit être admise.

Il doit d'abord en être ainsi, à l'égard des créances qui ne sont pas seulement garanties par les revenus des biens, et auxquels s'applique le motif invoqué pour les créances garanties par un privilège général.

Quant au privilège pour frais de récolte, qui porte exclusivement sur les revenus, ce motif n'étant pas applicable, l'on peut hésiter sur le classement des deux privilèges.

Par un arrêt du 3 janvier 1809 (S. C. N. III, 1, 2), la Cour de Cassation a jugé que sur le prix des récoltes, le Trésor devait avoir le premier rang. Quoiqu'on l'ait contesté (1), c'est l'opinion qui nous paraît être admise.

On objecte d'abord, en sens contraire, que les débours qui ont été utiles pour créer ou pour conserver une chose, sont garantis par un privilège supérieur à tous les autres, pourvu qu'ils aient profité à ces der-

---

(1) Naquet, loc. cit III p. 281 ; — Dans le même sens : Château-Chinon 24 novembre 1854 ; Avignon, 29 avril 1875. Mais ce dernier jugement a été infirmé par la Cour de Rennes, par arrêt du 9 février 1876 (S. 77, 2, 317 ; — D. 76, 2, 217.

niers : or les frais de récolte ayant été certainement utiles au Trésor, doivent primer sa créance.

Vraie en thèse générale, cette solution ne saurait, dans l'espèce, être admise. Elle est, en effet, contraire au texte qui crée le privilège, et qui, loin d'établir une restriction quelconque, ou de permettre l'application des principes généraux, semble exclure cette application par ces termes mêmes. Au surplus, les expressions « en quelques mains qu'ils se trouvent » peuvent être rapprochées de celles de l'article 1ᵉʳ de la loi du 12 novembre 1808 qui déclare que le privilège, créé par elle, s'exercera « avant tout autre ». Or, il est généralement admis que ce privilège doit occuper le premier rang, en présence de tout privilège, à la seule exception de celui pour frais de justice.

On objecte ensuite l'Avis du Conseil d'État de 1810.

Mais cette objection n'est nullement concluante. Si cette décision est, en effet, venue restreindre la portée de l'article 32 quant au droit de suite, elle ne l'a pas restreinte en ce qui touche le droit de préférence ; car elle s'occupe des tiers acquéreurs et non des créanciers.

On peut donc conclure de ce qui précède, que le privilège du Trésor prime tous les privilèges de l'article 2102.

B. — **Privilèges immobiliers.** — Les mêmes règles admises pour les privilèges mobiliers s'appliqueront à ces privilèges, pour les mêmes motifs. Sur les intérêts dus par le tiers acquéreur, le Trésor sera payé par préférence à tous les autres créanciers privilégiés, à l'exception du privilège pour frais de justice.

§ II. — Concours avec les privilèges du Trésor public.

Les règles qui précèdent étant posées, la question de savoir si le privilège pour droits de succession, doit ou non primer les autres privilèges au profit du Trésor, est facile à résoudre.

Le plus grand nombre de ces privilèges, en effet, sont classés par les lois qui les créent, après ceux des articles 2101, 2102 et 2103 : tels sont les privilèges des douanes, des frais de justice et de celui portant sur les biens des comptables. Il en résulte que le privilège qui nous occupe, primant les autres privilèges, doit également primer ces derniers, par application de la règle : « *Vinco vincentem te, a fortiori te vinco.* »

Quant aux privilèges des contributions indirectes, la question, a-t-on dit, est plus douteuse ; car la loi du 1er germinal an XIII prend soin de déterminer quelles sont les créances qui priment le privilège qu'elle établit ; et elle ne mentionne point parmi ces privilèges, celui des droits de succession.

Cette considération n'est nullement déterminante : le privilège des contributions indirectes ne porte pas, en en effet, seulement sur les fruits et revenus des biens ; il porte sur les meubles et effets mobiliers des redevables. Or, de même que le privilège pour droits de succession prime les privilèges généraux mobiliers, de même aussi il doit primer le privilège des contributions indirectes qui présente ce caractère.

Au reste, il faut bien le remarquer, la question ne présente guère d'intérêt ; car c'est toujours une créance du Trésor, qui est en jeu.

Il n'y a donc en réalité que deux privilèges qui priment celui de la loi de Frimaire ; ce sont : le privilège de la loi du 12 novembre 1808, parce que le texte formel de l'article 1er déclare qu'il doit s'exercer « avant tout autre » ; et 2° le privilège de la loi du 28 avril 1816, que l'article 76 assimile à ce dernier.

CONCLUSION

De toutes les explications qui précédent, il résulte d'une manière évidente, et sans qu'il soit nécessaire d'insister, que le Trésor ne jouit pas de garanties suffisantes pour assurer le recouvrement des droits de succession.

Sans parler en effet, des biens improductifs, le tarif, applicable à ces droits, s'élève bien vite au-dessus du taux de 3 à 5 0[0, qui peut être considéré comme le revenu moyen des immeubles. Seule, la ligne directe est au-dessous de ce taux (1.25 0[0 y compris les décimes). Les successions entre époux sont tarifiées, en effet, au droit de 3 francs 75 ; entre frères et sœurs, neveux et nièces, oncles et tantes, au droit de 8.125 0[0 ; le tarif peut même s'élever au droit de 11.25 0[0, entr'étrangers.

Au surplus, il y aura lieu le plus souvent d'ajouter aux droits qui précèdent, un demi-droit ou un droit en sus, suivant que la déclaration aura été tardive, insuffisante ou incomplète. On arrivera donc ainsi, même pour les successions entr'époux, à un taux supérieur au revenu maximum des biens (5.625 et 7.50 0[0).

Aussi bien une réforme législative s'impose ; et celà d'autant plus qu'elle présenterait ce double avantage,

18

d'assurer d'une manière efficace le recouvrement de l'impôt, et d'éviter de nombreuses décisions judiciaires.

Ce double but pourrait être atteint, il semble, par les dispositions suivantes, qui permettaient de faire consacrer législativement le système admis par Cour de Cassation, sur l'action de l'article 32 de la loi de Frimaire.

Art. I. — A compter du jour du décès, le Trésor public jouit, pour le recouvrement des droits simples et en sus, dus sur les successions, du privilège établi par l'article 32 de la loi du 22 Frimaire an VII, sur les fruits et revenus quelconques des biens à déclarer, et d'un privilège sur tous les biens meubles de la succession.

Art. II. — Le privilège sur les revenus s'exerce avant tout autre, à l'exception de celui des frais de justice, du bailleur pour six mois de loyer, et de celui des contributions directes. Le privilège sur les meubles s'exerce après ceux mentionnés par les articles 2101 et 2102 C. C., et les articles 191 et 549 C. Com.

Art. III. — Tous les immeubles de la succession sont, à partir du même jour, légalement hypothéqués, à la charge d'une inscription dans les trois de l'expiration du délai fixé pour souscrire la déclaration.

Art. IV. — L'Avis du Conseil d'État des 4-21 septembre 1810 est abrogé.

POSITIONS

DROIT ROMAIN

1. — Le mariage n'existe que par l'établissement de la vie commune entre les époux.

2. — A l'origine, le vendeur sous condition résolutoire ne jouit pas, lors de l'événement de la condition, du droit de choisir entre une action personnelle et une action réelle en résolution.

3. — Les societates vectigalium sont les seules sociétés jouissant à Rome de la personnalité civile.

4. — L'arbitratus prononcé par le juge n'est pas un ordre, mais seulement une invitation, même à l'époque classique.

DROIT CIVIL

1. — L'héritier réservataire renonçant, qui a reçu une libéralité du de cujus ne peut retenir cette libéralité que jusqu'à concurrence du disponible.

2. — Sous l'empire du Code civil, la propriété était transférée, dans les actes à titre onéreux, par le seul consentement des parties, même au regard des tiers.

3. — La séparation des patrimoines n'est pas un privilège.

4. — Les privilèges spéciaux priment les privilèges généraux, à la seule exception de celui des frais de justice.

PROCÉDURE CIVILE

1. — La réintégrande et la complainte sont deux actions possessoires distinctes.

2. — La saisie-arrêt ne frappe pas d'une indisponibilité absolue la dette du tiers saisi.

DROIT INTERNATIONAL PRIVÉ

1. — Le prélèvement établi par l'article 2 de la loi du 14 juillet 1819 ne peut être exercée que si la succession, qui comprend à la fois des biens français et étrangers, est régie par la loi française.

2. — Les tribunaux français sont compétents pour connaître des contestations entre étrangers.

ENREGISTREMENT

1. — Le droit de 0,50 0/C, établi par l'article 69 § 2 n° 8, est applicable aux indemnités judiciaires comme aux indemnités conventionnelles.

2. — Le droit de mutation par décès est dû sur les successions vacantes.

3. — Pour la liquidation du droit gradué, il y a lieu de tenir compte de tous les apports quelconques faits par les associés, et notamment de l'apport d'industrie.

4. — L'impôt de 3 0/0 établi par la loi du 29 juin 1872, est soumis à la prescription trentenaire et non à la prescription quinquennale de l'article 2277 Code civil, ou à la prescription biennale de l'article 61 de la loi de Frimaire.

Vu par le Président de la Thèse,

VIGIÉ. Vu et permis d'imprimer,
Le Recteur de l'Académie,
Correspondant de l'Institut,

G. CHANCEL.

TABLE DES MATIÈRES

DROIT FRANÇAIS

Imp. G. Saint-Aubin, Saint-Dizier (Haute-Marne) 30, passage Verdeau, Paris

www.ingramcontent.com/pod-product-compliance
Lightning Source LLC
Chambersburg PA
CBHW070247200326
41518CB00010B/1718